四訂版

3ランク方式
基礎からのマスター

大学入試漢字 TOP 2000

谷本 文男＝著

いいずな書店

はしがき

漢字は、日本中のほとんどの大学で出題される。漢字の知識は、得点に直結する知識である。大学入試に必要な知識の中で、知っているか否かがストレートに得点に反映するという点では、漢字に及ぶものはない。

また漢字の知識が貧弱では評論を読みこなせないことは、皆さん先刻ご承知のことであろう。中心となるキーワード、抽象的な概念を表す語は大抵漢語である。書き取りや読みを出題されるのも多くはそのような語彙である。是非とも良書を手に入れて漢字を学習する必要がある。

本書の前身である『ＴＯＰ２０００三訂版』を世に問うたのは四年前、初版は十三年前のことになる。私自身が作成している入試漢字のデータベースはその間にますます充実したものとなった。そのデータに基づいて全面的に見直した結果、一割強入れ替えると同時に、出題頻度最上位の漢字は相変わらずよく出題されていることが確認された。本書の特長である必修語のコラムを書き下ろし、間違えやすい漢字・語句の意味・表現などをまとめた頁を十二頁新設するなど、新たな内容も加わった。このようにして作成された本書は、近年の大学入試における漢字出題の傾向を正確に反映していると自信を持って断言できる。

漢字の出題は、重要なものは繰り返し繰り返し出題されるので、過去の傾向は未来をうつす鏡となる。どうか本書を手にとって見てほしい。受験生の皆さんを合格へと導く道標となるにちがいない。

谷本文男

目次

本書の構成と使い方

本書は、大学入試で出題された漢字問題をデータベース化し、それをもとに頻出漢字二〇〇〇語を厳選し、学びやすいように配列を考えた大学入試漢字帳です。

第1章　必修語

大学入試で出題されたやさしめの漢字を漢検級8～5級（小学校で習う漢字。ただし読みは中学・高校も含む）に分類し掲載しています。

第2章　重要語

頻度順の3ランク方式で掲載しています。

ランクA　入試で必ず押さえたいよく出る漢字

ランクB　入試で確実に点数を取るための漢字

ランクC　入試で知っていると差がつく漢字

第3章　似形・同音・同訓

出題頻度の高い、似形（字形のよく似た漢字）・同音（同音異義語）・同訓（同訓異字）を掲載しています。

付録

「四字熟語」「慣用句・和語」いずれも、入試でよく問われる語、覚えておきたい語を五十音順に掲載しています。

---

①頻出漢字と出題大学

前見返しに「書き取りTOP30」、後ろ見返しに「読み取りTOP50」を掲載しています。頻出漢字の中でも上位に入る漢字と、それが出題された大学名が確認できます。

②ベスト100チェック

「書き取り」「読み取り」それぞれの上位100語を掲載しています。付属のチェックシートで隠して学習できます。

③常用漢字以外の漢字

入試では常用漢字以外の漢字も出題されることがあります。第2章「書き取り」問題などでは、常用漢字以外の漢字を含むものに「＊」を付け、解答の該当する漢字に「⋯⋯」（破線）を付けました。常用漢字以外の漢字についても意識しながら学習できます。

④コラム

全4回にわたり、必修語の分析と学ぶ意義、出題形式の分析、「書き取り」の選択問題、をテーマに取り上げて解説しています。入試漢字への理解が深まります。

⑤見開き構成

一回の学習が見開きで終わるように、全回見開きの構成としています。

第1章・第2章

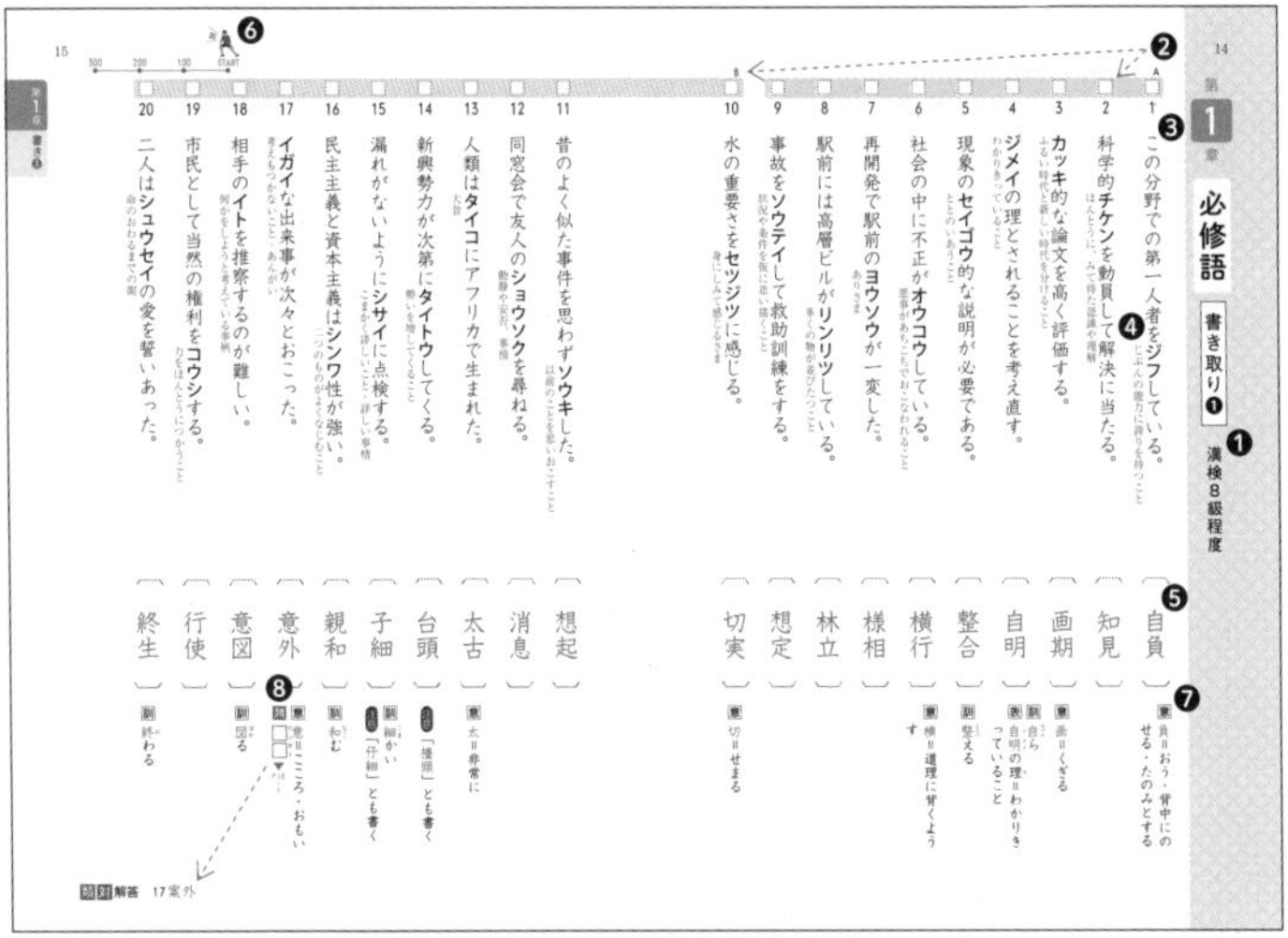

❶漢検級…第1章「必修語」のみ。

❷ランク表示…第1章「必修語」の「書き取り」ランク**A**（　）・ランク**B**（　）のみ。

❸例文…第1章「必修語」は十六字前後と短めにしています。第2章「重要語」は二十字前後とやや長めにしています。

❹出題漢字の意味…漢字の意味を確認できます。付属のチェックシートで隠せます。

❺解答…付属のチェックシートで隠せます。

❻達成度グラフ…学習した漢字数がわかります。

❼脚注…脚注の記号は次の通りです。

訓　訓読み。

音　音読み。［　］内は、該当漢字を含む熟語。

対　対義語。反対の意味の語。

類　類義語。語形は異なるが意味が似ている語。

表　表現。慣用句などその語がよく使われる表現。

意　漢字の意味。

注意　間違えやすい字や補足など。

❽脚注問題…脚注にある一部の類義語・対義語を問題にしています（解答は同見開き内の左ページ下）。該当する漢字が本書のどのページにあるかわかるように参照ページを付けています。

まとめページ

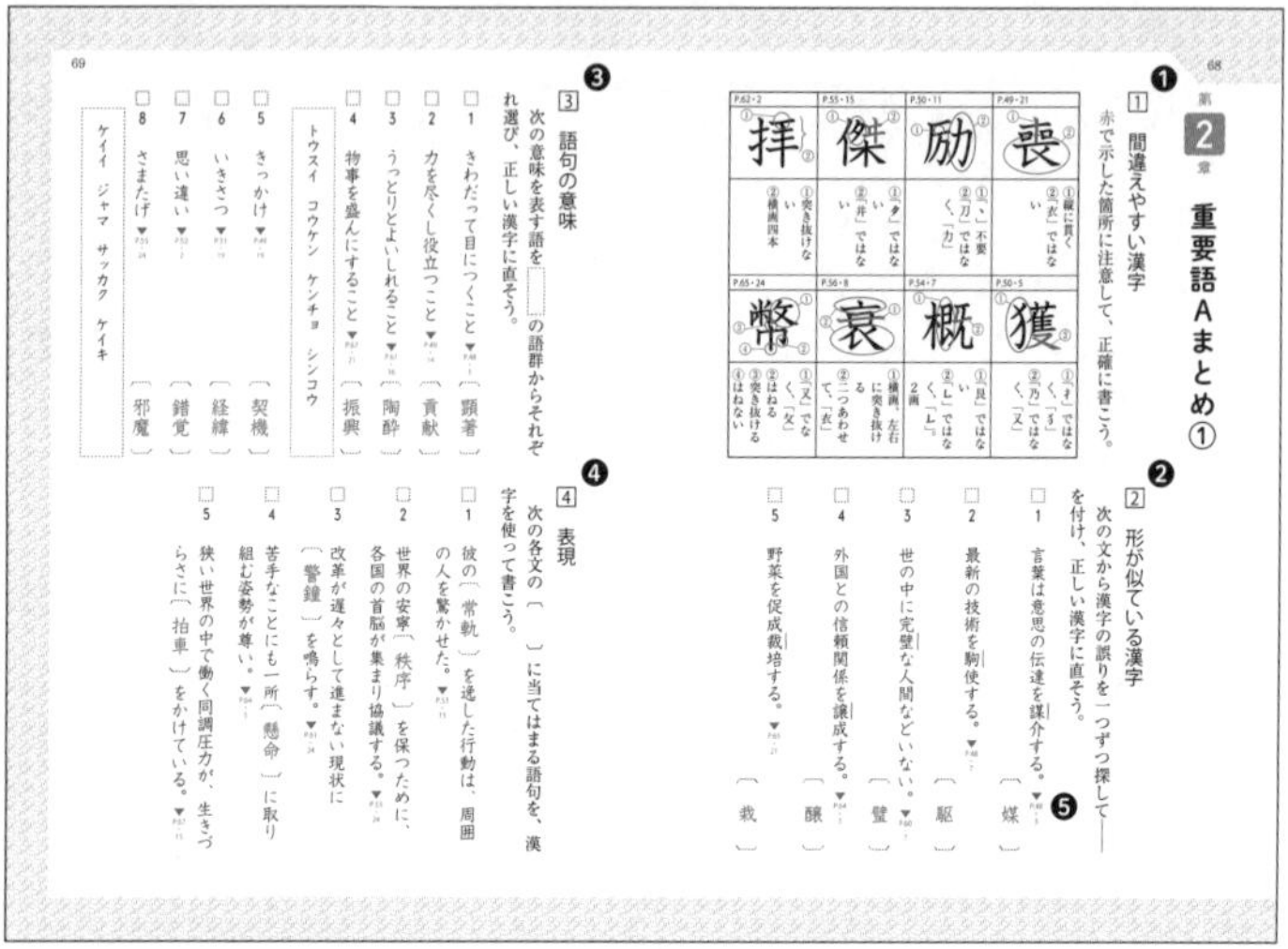

68

第2章 重要語Aまとめ①

❶ 1 間違えやすい漢字

赤で示した箇所に注意して、正確に書こう。

P.49・21	P.50・11	P.55・15	P.62・2
喪	励	傑	拝
①縦に貫く ②「衣」ではない	①「丶」不要 ②「刀」ではなく、「力」	①「夕」ではない ②「井」ではない	①突き抜けない ②横画四本
P.50・5	P.54・7	P.56・8	P.65・24
獲	概	衰	弊
①「犭」ではなく、「犭」 ②「乃」ではなく、「又」	①「艮」ではない ②「乚」ではなく、「乚」。2画	①横画、左右に突き抜ける ②二つあわせて、「衣」	①「又」でなく、「攵」 ②はねる ③突き抜ける ④はねない

❷ 2 形が似ている漢字

次の文から漢字の誤りを一つずつ探して――を付け、正しい漢字に直そう。

1 言葉は意思の伝達を媒介する。❺ 〔媒〕
2 最新の技術を駒使する。〔駆〕
3 世の中に完璧な人間などいない。〔璧〕
4 外国との信頼関係を譲成する。〔醸〕
5 野菜を促成栽培する。〔栽〕

69

❸ 3 語句の意味

次の意味を表す語を□の語群からそれぞれ選び、正しい漢字に直そう。

1 きわだって目につくこと〔顕著〕
2 力を尽くし役立つこと〔貢献〕
3 うっとりとよいしれること〔陶酔〕
4 物事を盛んにすること〔振興〕

トウスイ　コウケン　ケンチョ　シンコウ

5 きっかけ〔契機〕
6 いきさつ〔経緯〕
7 思い違い〔錯覚〕
8 さまたげ〔邪魔〕

ケイイ　ジャマ　サッカク　ケイキ

❹ 4 表現

次の各文の〔　〕に当てはまる語句を、漢字を使って書こう。

1 彼の〔常軌〕を逸した行動は、周囲の人を驚かせた。
2 世界の安寧〔秩序〕を保つために、各国の首脳が集まり協議する。
3 改革が遅々として進まない現状に〔警鐘〕を鳴らす。
4 苦手なことにも一所〔懸命〕に取り組む姿勢が尊い。
5 狭い世界の中で働く同調圧力が、生きづらさに〔拍車〕をかけている。

第1章「必修語」・第2章「重要語」には「まとめページ」(全6回)を掲載しました。間違えやすい漢字・形が似ている漢字・語の意味・表現といった読み書きとは違う観点から入試漢字を確認できます。

入試頻度が高く今後も出題が予想される第2章「重要語」ランクAは3回に分けて掲載しています。

❶間違えやすい漢字

書き間違えやすい漢字を表にまとめています。書き間違えやすい箇所に番号などを付け、解説しています。

❷形が似ている漢字

形が似ていて間違えやすい漢字をまとめています。

❸語句の意味

語句の意味を押さえたい漢字をまとめています。

❹表現

慣用表現や四字熟語など、覚えておきたい表現をまとめています。

❺参照ページ

該当する漢字が本書のどのページにあるかがわかるように参照ページと問題番号をすべてに付けています。

第3章

□ 1 ❶勢力の均コウを保つ。 ❷釣り合いがとれていること 〔❸衡〕
□ 2 意見がショウ突する。 ぶつかること 〔衝〕

□ 45 学校と家を往フクする。 行って戻ること 〔復〕
□ 46 問題がフク雑になる。 こみ入って入りくんでいるさま 〔複〕
□ 47 目ヒョウを定める。 目的を達成するためのめあて 〔標〕
□ 48 大海でヒョウ流する。 ただよい流れること 〔漂〕
□ 49 紡ショク工場に勤める。 糸を紡ぐことと布をおること 〔織〕
□ 50 ショク員会議が始まる。 仕事を担当する人 〔職〕

❹読めるかな？ (1) 雉 (2) 啄木鳥

❶**例文**…紛らわしい漢字の使われ方を、用例を通して学習できます。
❷**語の意味**…漢字の意味を確認できます。付属のチェックシートで隠せます。
❸**解答**…付属のチェックシートで隠せます。
❹**読めるかな**…動植物名や地名などの難読語を出題しています（解答は次のページ）。クイズ感覚で学習できます。

付録

四字熟語

□ 1 ❶曖マイ模糊とした状態。 〔❷曖昧模糊・あいまいもこ〕 ❸ぼんやりとはっきりしないようす
□ 2 悪セン苦闘して仕上げた。 〔悪戦苦闘・あくせんくとう〕 困難に打ち勝つために必死に努力すること

❶**例文**…四字熟語の使われ方を、用例を通して学習できます。
❷**解答**…付属のチェックシートで隠せます。
❸**語の意味**…漢字の意味を確認できます。付属のチェックシートで隠せます。

慣用句・和語

□ 1 ❶あたかも ❷まるで
□ 2 ありてい ありのまま
□ 3 居心地《いごこち》が悪《わる》い その場にいてよい気分がせず決まりが悪い

❶**慣用句・和語**…漢字の読みを付属のチェックシートで隠せます。
❷**語の意味**…漢字の意味を確認できます。付属のチェックシートで隠せます。

書き ベスト100チェック

入試での出題数ベスト100です。漢字を確認したらチェックをして、その日付を下の欄に記入しよう！

学習日
① ／
② ／

- □ 1 示唆《しさ》
- □ 2 媒介《ばいかい》
- □ 3 浸透《しんとう》
- □ 4 顕著《けんちょ》
- □ 5 喚起《かんき》
- □ 6 把握《はあく》
- □ 7 駆使《くし》
- □ 8 頻繁《ひんぱん》
- □ 9 端的《たんてき》
- □ 10 過剰《かじょう》
- □ 11 輪郭《りんかく》
- □ 12 膨大《ぼうだい》
- □ 13 発揮《はっき》
- □ 14 排除《はいじょ》
- □ 15 遭遇《そうぐう》
- □ 16 還元《かんげん》
- □ 17 崩壊《ほうかい》
- □ 18 契機《けいき》
- □ 19 依然《いぜん》
- □ 20 放棄《ほうき》
- □ 21 依拠《いきょ》
- □ 22 典型《てんけい》
- □ 23 眺《なが》める
- □ 24 喪失《そうしつ》
- □ 25 獲得《かくとく》
- □ 26 貢献《こうけん》
- □ 27 普遍《ふへん》
- □ 28 衝動《しょうどう》
- □ 29 維持《いじ》
- □ 30 享受《きょうじゅ》
- □ 31 厄介《やっかい》
- □ 32 交錯《こうさく》
- □ 33 擁護《ようご》
- □ 34 繊細《せんさい》
- □ 35 徹底《てってい》
- □ 36 基盤《きばん》
- □ 37 露呈《ろてい》
- □ 38 権威《けんい》
- □ 39 増殖《ぞうしょく》
- □ 40 余儀《よぎ》
- □ 41 覆《おお》う
- □ 42 漠然《ばくぜん》
- □ 43 蓄積《ちくせき》
- □ 44 洞察《どうさつ》
- □ 45 錯覚《さっかく》

□ 46 指摘《してき》
□ 47 包摂《ほうせつ》
□ 48 犠牲《ぎせい》
□ 49 枯渇《こかつ》
□ 50 絡《から》める
□ 51 回避《かいひ》
□ 52 克服《こくふく》
□ 53 拘束《こうそく》
□ 54 規範《きはん》
□ 55 不断《ふだん》
□ 56 脅《おびや》かす
□ 57 奨励《しょうれい》
□ 58 衝撃《しょうげき》
□ 59 循環《じゅんかん》
□ 60 駆逐《くちく》
□ 61 普及《ふきゅう》
□ 62 根拠《こんきょ》
□ 63 概念《がいねん》
□ 64 模索《もさく》
□ 65 厳密《げんみつ》
□ 66 秩序《ちつじょ》
□ 67 融合《ゆうごう》
□ 68 脅威《きょうい》
□ 69 忌避《きひ》
□ 70 謙虚《けんきょ》
□ 71 緊張《きんちょう》
□ 72 皆無《かいむ》
□ 73 君臨《くんりん》
□ 74 逸脱《いつだつ》
□ 75 提唱《ていしょう》
□ 76 傑作《けっさく》
□ 77 崩《くず》れる
□ 78 渇望《かつぼう》
□ 79 経緯《けいい》
□ 80 遮断《しゃだん》
□ 81 干渉《かんしょう》
□ 82 貫徹《かんてつ》
□ 83 潜《ひそ》む
□ 84 含蓄《がんちく》
□ 85 培《つちか》う
□ 86 連鎖《れんさ》
□ 87 隔《へだ》たり
□ 88 素朴《そぼく》
□ 89 証拠《しょうこ》
□ 90 矛盾《むじゅん》
□ 91 継承《けいしょう》
□ 92 巧妙《こうみょう》
□ 93 抽出《ちゅうしゅつ》
□ 94 途方《とほう》
□ 95 要請《ようせい》
□ 96 摂取《せっしゅ》
□ 97 洗練《せんれん》
□ 98 我慢《がまん》
□ 99 邪魔《じゃま》
□ 100 到底《とうてい》

知っている漢字はどれくらいあったかな。一画一画をよく見て、正確な漢字を書いて覚えていこう。

読み ベスト100 チェック

入試での出題数ベスト100です。漢字を確認したらチェックをして、その日付を下の欄に記入しよう！

学習日
① ／
② ／

□ 1 示唆《しさ》★
□ 2 覆《おお》う★
□ 3 遡《さかのぼ》る
□ 4 破綻《はたん》
□ 5 脅《おびや》かす★
□ 6 担《にな》う
□ 7 著《いちじる》しい
□ 8 浸《ひた》す
□ 9 絡《から》める★

□ 10 潜《ひそ》む★
□ 11 携《たずさ》わる
□ 12 恣意《しい》
□ 13 糧《かて》
□ 14 赴《おもむ》く
□ 15 辿《たど》る
□ 16 厄介《やっかい》★
□ 17 遂行《すいこう》
□ 18 紡《つむ》ぐ

□ 19 倣《なら》う
□ 20 免《まぬか（まぬが）》れる
□ 21 否応《いやおう》
□ 22 混沌《こんとん》・渾沌
□ 23 乖離《かいり》
□ 24 溢《あふ》れる
□ 25 晒《さら》す・曝す
□ 26 歪曲《わいきょく》
□ 27 齟齬《そご》

□ 28 享受《きょうじゅ》★
□ 29 流布《るふ》
□ 30 凝《こ》らす
□ 31 払拭《ふっしょく》
□ 32 精緻《せいち》
□ 33 素人《しろうと》
□ 34 被《こうむ》る・蒙る
□ 35 造詣《ぞうけい》
□ 36 暫《しばら》く

□ 37 敷衍《ふえん》
□ 38 些末《さまつ》・瑣末
□ 39 拮抗《きっこう》
□ 40 膨大《ぼうだい》★
□ 41 駆逐《くちく》★
□ 42 培《つちか》う★
□ 43 隔《へだ》たり★
□ 44 促《うなが》す
□ 45 痕跡《こんせき》

□ 46 顧《かえり》みる

□ 47 翻《ひるがえ》る

□ 48 操《あやつ》る

□ 49 翻弄《ほんろう》

□ 50 遵守《じゅんしゅ》・順守

□ 51 傲慢《ごうまん》

□ 52 些細《ささい》

□ 53 醸《かも》す

□ 54 範疇《はんちゅう》

□ 55 収斂《しゅうれん》

□ 56 嗜好《しこう》

□ 57 窺《うかが》う

□ 58 誤謬《ごびゅう》

□ 59 甦《よみがえ》る・蘇る

□ 60 軋轢《あつれき》

□ 61 排斥《はいせき》

□ 62 頻繁《ひんぱん》★

□ 63 怠惰《たいだ》

□ 64 拘泥《こうでい》

□ 65 捨象《しゃしょう》

□ 66 所作《しょさ》

□ 67 折衷《せっちゅう》

□ 68 曖昧《あいまい》

□ 69 葛藤《かっとう》

□ 70 遮《さえぎ》る

□ 71 据《す》える

□ 72 如実《にょじつ》

□ 73 氾濫《はんらん》

□ 74 瓦解《がかい》

□ 75 市井《しせい》

□ 76 萌芽《ほうが》

□ 77 希有《けう》・稀有

□ 78 隠蔽《いんぺい》

□ 79 変貌《へんぼう》

□ 80 疎《うと》い

□ 81 真摯《しんし》

□ 82 終焉《しゅうえん》

□ 83 淘汰《とうた》

□ 84 育《はぐく》む

□ 85 憤《いきどお》る

□ 86 常套《じょうとう》

□ 87 伝播《でんぱ》

□ 88 無垢《むく》

□ 89 羨《うらや》む

□ 90 横溢《おういつ》

□ 91 静謐《せいひつ》

□ 92 対峙《たいじ》

□ 93 安堵《あんど》

□ 94 稀《まれ》

□ 95 時雨《しぐれ》

□ 96 夥《おびただ》しい

□ 97 孕《はら》む

□ 98 屹立《きつりつ》

□ 99 交錯《こうさく》★

□ 100 均衡《きんこう》

★は書きベスト100にも入っている漢字。読みをマスターしたら漢字を書く練習もしておこう。

コラム

第1章必修語について

●必修語のランク分け

第1章必修語三〇〇語を、第2章重要語にならって、ABCの三ランクに分類してみたところ、下記のようになった。

第1章必修語全体では、ABCそれぞれ、ほぼ均等に三分されているが、書き取りはAとBでほぼ二分されているのに対し、読み取りは九割以上がCであるという、際立った違いがある。

ランク	書き	読み	合計
A	91	8	99
B	108	1	109
C	1	91	92
合計	200	100	300

第1章必修語は、漢検の級で言えば八級から五級に相当する、小学校で学習する漢字で構成されている語句である。当然、基本的なやさしい漢字が多いから、読みの難しい要注意の語句が多くないことは容易に想像できる。その中で読みのランクAに分類される「所作《しょさ》・育《はぐく》む・委《ゆだ》ねる・都《つ》度《ど》・唱《とな》える・無造作《むぞうさ》・必定《ひつじょう》・工面《くめん》」の八語は、いずれもやや言葉として難易度が高く、小学生が知っていそうにない言葉も含まれている。

●書きベスト100と読みベスト100

ちなみに読みベスト100のうち、三分の一近い三二もの語句が常用漢字外の漢字を含んでいて、漢字語句の読み取りの難易度は、漢字そのものの難易度と直結していることがわかる。

逆に書きベスト100の中には、常用漢字外の漢字は一つも含まれておらず、第1章必修語が「発揮・典型・不断・厳密・君臨・提唱・洗練」の七語含まれている。

「フダン」という音を聞いて思い浮かべる熟語は「不断（七級＋六級）」だろうか、それとも「普段（四級＋五級）」だろうか。入試で問われるのは、まず間違いなく前者である。一つ一つの漢字の難しさと、入試における語句の重要度・難易度が一致しない例である。

●漢字学習のウォーミングアップ

書き取りの必修語は、それ自体入試漢字として大事なものばかりである。読み取りもあわせて、なじみのある漢字で十分ウォーミングアップを行った上で、入試現代文の根幹を成す漢字の森を本格的に探索してもらいたい。一頁あたりの語数を少なめに、例文の長さも第2章重要語に比べるとやや短く、導入部として第1章必修語を設定した。

二〇一七年に告示され二〇二〇年から施行された新小学校学習指導要領において、学年別漢字配当表が改定され、四年（七級）までに全都道府県の漢字が習得できるようになった。これにより必修語に収録可能となった語の例として、「分岐・岐路」がある。最新の漢字政策の動向が本書に及ぼした影響として紹介しておく。

第1章

この章は、出題頻度の高い漢字で、かつ小学校で習う漢字のみで構成されている熟語を、漢検の級で分類して配列した、ウォーミングアップの章です。

やさしい漢字ばかりですが、熟語となると侮りがたいものもあります。読み取り①の1所作（P.34）は、「所」も「作」も漢字そのものは小学校2年生で習いますが、この言葉を知っている小学校2年生はまずいないでしょう。また、書き取り④の16典型（P.21）、書き取り⑦の1発揮（P.26）は、大学入試での出題頻度が常に上位にある漢字です。

まずは、このようになじみのある漢字でできている熟語300語で、十分に肩ならしをしましょう。

書き取り❶

漢検8級程度

番号	問題	意味	解答	解説
1 (A)	この分野での第一人者を**ジフ**している。	じぶんの能力に誇りを持つこと	自負	意 負＝おう・背中にのせる・たのみとする
2	科学的**チケン**を動員して解決に当たる。	ほんとうに、みて得た認識や理解	知見	
3	**カッキ**的な論文を高く評価する。	ふるい時代と新しい時代を分けること	画期	意 画＝くぎる
4	**ジメイ**の理とされることを考え直す。	わかりきっていること	自明	訓 自《みずか》ら 表 自明《ジメイ》の理《り》＝わかりきっていること
5	現象の**セイゴウ**的な説明が必要である。	ととのいあうこと	整合	訓 整《ととの》える
6	社会の中に不正が**オウコウ**している。	悪事があちこちでおこなわれること	横行	意 横＝道理に背くようす
7	再開発で駅前の**ヨウソウ**が一変した。	ありさま	様相	
8	駅前には高層ビルが**リンリツ**している。	多くの物が並びたつこと	林立	
9	事故を**ソウテイ**して救助訓練をする。	状況や条件を仮に思い描くこと	想定	
10 (B)	水の重要さを**セツジツ**に感じる。	身にしみて感じるさま	切実	意 切＝せまる

11 昔のよく似た事件を思わず**ソウキ**した。
以前のことを思いおこすこと
〔想起〕

12 同窓会で友人の**ショウソク**を尋ねる。
動静や安否、事情
〔消息〕

13 人類は**タイコ**にアフリカで生まれた。
大昔
〔太古〕
意 太＝非常に

14 新興勢力が次第に**タイトウ**してくる。
勢いを増してくること
〔台頭〕
注意 「擡頭」とも書く

15 漏れがないように**シサイ**に点検する。
こまかく詳しいこと・詳しい事情
〔子細〕
訓 細《こま》かい
注意 「仔細」とも書く

16 民主主義と資本主義は**シンワ**性が強い。
二つのものがよくなじむこと
〔親和〕
訓 和《なご》む

17 **イガイ**な出来事が次々とおこった。
考えもつかないこと・あんがい
〔意外〕
意 意＝こころ・おもい
類 □□《アンガイ》 ▼P.18・7

18 相手の**イト**を推察するのが難しい。
何かをしようと考えている事柄
〔意図〕
訓 図《はか》る

19 市民として当然の権利を**コウシ**する。
力をほんとうにつかうこと
〔行使〕

20 二人は**シュウセイ**の愛を誓いあった。
命のおわるまでの間
〔終生〕
訓 終《お》わる

類対解答 17 案外

A

1. 私は人生の**ブンキ**（わかれめ）点に立っている。 〔分岐〕
   意 岐＝えだみち
2. 社会構造が変動する**チョウコウ**（物事が起こる前ぶれ）がある。 〔兆候〕
   注意 「徴候」とも書く
3. 出家は思想の当然の**キケツ**（落ちつくところ・終わり）とも言える。 〔帰結〕
   類 □《キ》□《チャク》 ▼P.182・4
4. 学校の規則の**シュウチ**（広くしれわたっていること）徹底をはかる。 〔周知〕
   意 周＝広くすみずみまで
5. 多くの事情を**ネントウ**（こころ・胸のうち）に置いて考える。 〔念頭〕
   表 念頭《ネントウ》に置《お》く＝覚えていて心にかける
6. 商人が宝塔を**コンリュウ**（寺院などをたてること）して寄進する。 〔建立〕
   訓 建《た》てる
7. 作者の考え方に**キョウメイ**（他人の意見や思想と同じように考えること）する。 〔共鳴〕
8. 意欲的な試みだが**トロウ**（むだな骨折り）に終わった。 〔徒労〕
   意 徒＝むだに
9. 絶対や**キュウキョク**（物事のきわまったところ）の真理などない。 〔究極〕
   訓 究《きわ》める・極《きわ》める
10. 自由であることを**キキュウ**（願いもとめること）する。 〔希求〕
    意 希＝ねがう

11 社会には**コユウ**の文化や習慣がある。
そのものだけにあること

12 詳しいことは資料を**サンショウ**する。
引き比べてさんこうにすること

13 歴史は偶然の**ショサン**だとも言える。
うみだしたもの

14 変化をすぐに**サッチ**することができる。
推し量ってしること

B

15 文学への**ミレン**を残したままである。
心残り・あきらめきれないこと

16 うれいを**オ**びた暗い表情が印象的だ。
ふくむ・身につける

17 不満をぶつける**ヒョウテキ**となった。
攻撃などのまと

18 不人気な雑誌の誌面を**サッシン**する。
悪い点を除去してあたらしくすること

19 昨年の実績を**シヒョウ**にして計画する。
見当をつける目印

20 **キセン**を制するものが戦いに勝利する。
物事が起こる直前

〔固有〕 注意 ×個

〔参照〕 訓 照《て》らす

〔所産〕 訓 産《う》む

〔察知〕

〔未練〕 訓 練《ね》る

〔帯〕 音 帯《タイ》 ［帯同《タイドウ》］

〔標的〕 訓 的《まと》

〔刷新〕 訓 刷《す》る

〔指標〕 意 標＝しるし

〔機先〕 表 機先《キセン》を制《セイ》する＝さきに行動して有利になる

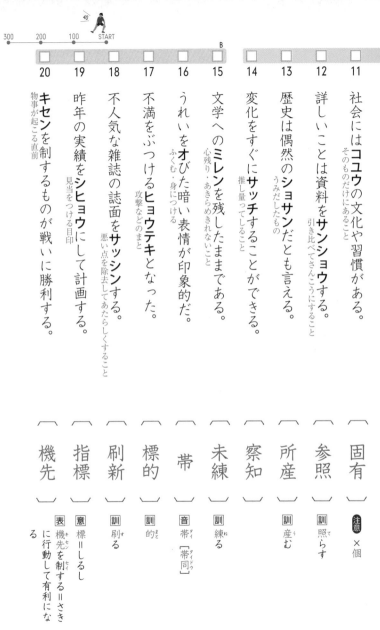

B

1. 国王と市民が**タイキョク**にある国。
（正はんたいの二つの事柄）
〔対極〕 訓 極《きわ》める

2. 年齢により言語の**イソウ**が異なる。
（変化する物が特定の場合にとる姿）
〔位相〕 訓 位《くらい》

3. **キョドウ**不審な人間の侵入を阻止する。
（立ち居振る舞い）
〔挙動〕

4. 仕事は細かい作業の**シュウセキ**である。
（あつまりつみ重なっていること）
〔集積〕

5. お茶を飲みながら皆で**ダンショウ**する。
（うちとけてわらい話すこと）
〔談笑〕 訓 笑《わら》う

6. 製作の最終工程を**イッキョ**に仕上げた。
（いちどに事をなすこと）
〔一挙〕 訓 挙《あ》げる

7. 人間は**アンガイ**強いものだとわかった。
（思いのほか）
〔案外〕 類 □《イ》□《ガイ》 ▼P.15・17

8. 社長には人の上に立つ**キリョウ**がある。
（立場にふさわしい才能）
〔器量〕 訓 量《はか》る

9. **ビンジョウ**値上げをしてはならない。
（都合よくチャンスを利用すること・他人の車についでに乗ること）
〔便乗〕 訓 便《たよ》り 音 便《ベン》［便利《ベンリ》］

10. 目立たぬように**ソクメン**から支援する。
（正めんに対して左右のめん・わきの立場）
〔側面〕 訓 側《がわ》

11 気分転換に家具のハイチを変えてみた。（それぞれのところに割り当てること）
〔配置〕 訓 配《くば》る・置《お》く

12 人生のキロで大きな決断に迫られる。（分かれ道）
〔岐路〕 意 岐＝わかれる

13 勝利の瞬間に部員がゴウキュウした。（大声をあげてなくこと）
〔号泣〕 訓 泣《な》く

14 食べすぎて消化キカンのぐあいが悪い。（体の中で形を持ち働きを備えた部分）
〔器官〕 意 器＝特定の働きをする構造体

15 タイキするための安全な場所をさがす。（準備を整えてまつこと）
〔待機〕 訓 待《ま》つ

16 国民には納税の義務がカされている。（負担すべきものとして引き受けさせること）
〔課〕

17 私と彼とでは義務のカンネンが違う。（物事に対するとらえ方や考え）
〔観念〕 意 観＝ものの見方、考え方

18 寄付をキョウヨウすることはつつしむ。（むりやりもとめること）
〔強要〕 訓 強《し》いる

19 常識をコンテイから覆す新説を主張する。（物事の土台となる部分）
〔根底〕 訓 底《そこ》

20 必要とあらば対決をもジさない。（（否定の形で）ためらわずに行うさま）
〔辞〕

類対解答　7意外

A

1 毎日フダンに努力を積み重ねる。
絶え間ないこと
〔不断〕
注意 ×普段＝つねひごろ

2 科学者が新理論をテイショウする。
あることを示して主張すること
〔提唱〕
訓 唱《とな》える

3 実験をもとに理論をコウチクする。
組み立ててきずくこと
〔構築〕
訓 構《かま》える・築《きず》く

4 口承文学をレンメンと受けついできた。
途切れずに長く続くさま
〔連綿〕
訓 連《つら》なる・綿《わた》

5 仕事のカテイで様々な人と出会った。
通りすぎた道筋
〔過程〕
訓 過《す》ぎる・過《あやま》ち

6 口を挟むヨチはほとんどなかった。
事をなし得る機会・ゆとり
〔余地〕
訓 余《あま》る

7 ごみがサイゲンなく増えていく。
かぎり・最後のところ
〔際限〕
訓 際《きわ》

8 新製品のできばえは私がホショウする。
確かだとうけあうこと
〔保証〕
意 証＝あかし
注意 ×保障 ▼P.27・11

9 順序を見直してコウリツを上げる。
成果とそれに費やした労力の割合
〔効率〕
類 能率《ノウリツ》

10 領土のキゾク問題について話し合う。
ある決まった団体の所有となること
〔帰属〕
意 帰＝あるべき所に落ち着く

300 200 100 START

11 □ 大きな**コウセキ**をあげて褒められた。
手柄

12 □ 日本文化の**コンカン**は変わらない。
物事のおおもと

13 □ 年齢差に**キイン**する誤解を取り除く。
物事のげんいんとなる事柄

14 □ 官僚組織の**ヒダイ**化を防止する。
太っておおきくなること

15 □ 年来の願いを**グゲン**化する道を考える。
じっさいに形をもってあらわれること

16 □ 社会のあり方を示す**テンケイ**的な事例。
最もよくその特徴をあらわしたもの

17 □ 急がば回れとは**ギャクセツ**的言い方だ。
真理に反しているようで一面の真理を表すせつ

18 □ 子をしかるには愛情が**ゼンテイ**となる。
ある物事が成立するもととなる条件

19 □ 多数の中から**ニンイ**の一つを選び取る。
心のまま

20 □ **ヘンキョウ**は文明の交差点である。
中央から遠く離れたところ

---

11 〔功績〕
注意 ×積
類 □□《ギョウセキ》 ▼P.24・3

12 〔根幹〕
訓 幹《みき》
類 □□《カクシン》 ▼P.56・10

13 〔起因〕
注意 「基因」とも書く

14 〔肥大〕
訓 肥《こ》える

15 〔具現〕
訓 現《あらわ》す

16 〔典型〕
注意 ×形

17 〔逆説〕
注意 ×逆接＝文や句が予想とは違う意味で前から後へつながること

18 〔前提〕
訓 提《さ》げる

19 〔任意〕
訓 任《まか》す

20 〔辺境〕
訓 辺《あた》り・境《さかい》

類対解答 11 業績　12 核心

書き取り❺

漢検6級程度

A

番号	問題	意味	解答	補足
1	細かく**ケンショウ**する必要がある。	実地に調べて明らかにすること	検証	意 検＝調べる
2	**ケンアク**な気配が立ちこめている。	状況がけわしくわるいこと	険悪	訓 険《けわ》しい　対 良好《リョウコウ》
3	**コイ**に作品を未完成にしておく。	わざと	故意	意 故＝わざと
4	国際情勢について学生に**コウギ**する。	学説を口頭で説明すること	講義	注意 ×議
5	派手な**カッコウ**をして外出する。	すがた・形・身なり	格好	注意 「恰好」とも書く
6	自立することは**ヨウイ**ではない。	たやすいこと	容易	対 □□《コンナン》 ▼P.181・24
7	われながら**ヨウリョウ**よくできた。	物事をうまく処理する手順やこつ	要領	訓 要《かなめ》

B

番号	問題	意味	解答	補足
8	始めと終わりがうまく**ショウオウ**する。	二つが互いにたいおうすること	照応	訓 照《て》らす
9	日本経済は長く**テイメイ**している。	良くないありさまが続いていること	低迷	意 迷＝はっきりしないさま
10	若手に仕事を任せたのは**エイダン**だ。	思い切りの良いすぐれたけつだん	英断	訓 断《ことわ》る・断《た》つ

11 □ 日本語の文法に**キョウミ**を持っている。
物事に心がひかれおもしろいと感じること
［興味］
訓 興《おこ》す 音 興《コウ》［興隆《コウリュウ》］

12 □ 関係を**シュウフク**するのに手間どる。
もとの良いありさまに戻すこと
［修復］
訓 修《おさ》める

13 □ **ショウタイ**席に案内されて座った。
客をまねいてもてなすこと
［招待］
意 待＝もてなす

14 □ 主婦に**ショウジュン**を定めて宣伝する。
ねらいを定めること
［照準］
訓 照《て》らす

15 □ すぐに決めずに回答を**リュウホ**する。
すぐ行わないで一時差しひかえること
［留保］
訓 留《と》める 類 保留《ホリュウ》

16 □ 始まってすぐに勝利を**カクシン**した。
かたくしんじて疑わないこと
［確信］
訓 確《たし》か

17 □ 国を支える**キカン**産業を育成する。
物事の一番中心となるもの
［基幹］
訓 幹《みき》

18 □ 計画全体の**コウソウ**が見直される。
物事の骨組みや内容についてまとめた考え
［構想］
訓 構《かま》える

19 □ 人類の知の**キテイ**には言葉がある。
きそとなる事柄
［基底］
訓 基《もと》

20 □ 平和を**シコウ**する団体が一堂に会する。
心がある目当てにむかって働くこと
［志向］
訓 志《こころざし》
注意 ×指向＝物理的にある方向にむかうこと

類 対 解答　6 困難

書き取り❻

漢検6級程度

B

1 □ 両国の間を自由に**オウライ**する。
行ったりきたりすること
〔往来〕

2 □ 相手のわがままを**キョヨウ**する。
ゆるすこと
〔許容〕 訓 許《ゆる》す

3 □ 私の恩師は大きな**ギョウセキ**を残した。
成し遂げた仕事やそのできばえ
〔業績〕 注意 ×積

4 □ **セイヤク**が多くてよいものができない。
条件をつけて自由にさせないこと
〔制約〕

5 □ 事件の真相はいまだ**ハンゼン**としない。
はっきりとわかること
〔判然〕

6 □ 見やすいように**ヒョウシキ**を設置する。
目印として設けられたもの
〔標識〕 意 標＝しるし

7 □ **キカク**に合わない製品は出荷できない。
寸法や品質などの決められた目安
〔規格〕

8 □ 外国への援助は**コウザイ**相半ばする。
良い点と悪い点・手柄とつみ
〔功罪〕

9 □ 人間もゴリラも**コウギ**には猿と同類だ。
ひろい意味
〔広義〕 対 □《キョウ》□《ギ》 ▼P.80・8

10 □ 仏陀は**コウケツ**な人柄で知られる。
精神がけだかく清らかなこと
〔高潔〕 対 野《ヤ》卑《ヒ》

11 外部からの苦情に**テキカク**にこたえる。
まとを外れずたしかなこと

12 精神と身体は**フカブン**であるとされる。
わけることができないこと

13 **フジョウリ**な目にあった人を助ける。
筋道が通らないこと・どうりに合わないこと

14 戦後社会の**キチョウ**を形づくる。
一貫してあるおおもとの傾向

15 準備にかなりの時間を**ツイ**やした。
つかってなくす

16 機械を導入して仕事の**セイド**を高める。
せいかくさのどあい

17 原則を**カクリツ**することが大事だ。
しっかりとうちたてること

18 今度の作品で新しい**キョウチ**を開いた。
ある段階に達した心の状態

19 子どもの**リョウブン**を尊重する。
勢力の及ぶ範囲・なわばり

20 シャトルバスが**カンダン**なく運行する。
切れ目・途切れること

---

11 〔的確〕 訓 的《まと》・確《たし》か

12 〔不可分〕

13 〔不条理〕 意 条＝すじみち 理＝ことわり・すじみち

14 〔基調〕 訓 基《もと》

15 〔費〕

16 〔精度〕 意 精＝くわしい

17 〔確立〕

18 〔境地〕

19 〔領分〕 意 領＝おさめる

20 〔間断〕 訓 断《た》つ・断《ことわ》る 表 間断《カンダン》なく＝途切れることなく

類 対 解答　9 狭義

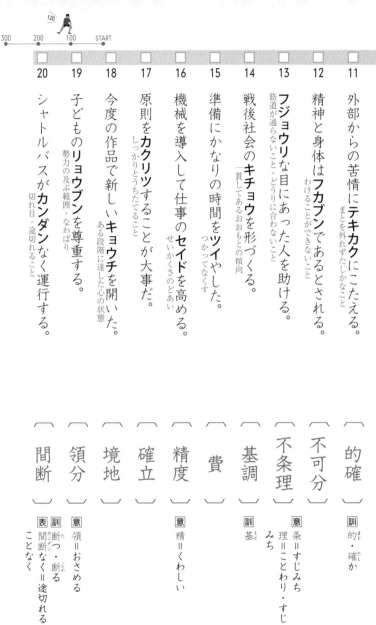

書き取り❼

漢検5級程度

A

1. 強いリーダーシップを**ハッキ**する。
（持っている力や性質を表すこと）
〔発揮〕 意 揮＝ふるう

2. 意識は身体の上に**クンリン**している。
（強い力を持って他を圧倒すること）
〔君臨〕 訓 臨《のぞ》む

3. **ゲンミツ**に論証することができない。
（細かい点まできびしく行うこと）
〔厳密〕 訓 厳《きび》しい

4. ごみのぽい捨ては**カンカ**できない。
（見すごすこと・大目に見ること）
〔看過〕 意 看＝みる

5. 文化が**センレン**されていた時代。
（あかぬけたものにすること）
〔洗練〕 対 野《ヤ》暮《ボ》 □《ソ》□《ヤ》 ▼P.71・16

6. ハンドルをみごとに**ソウサ**する。
（あやつって動かすこと）
〔操作〕 訓 操《あやつ》る

7. 十分に**ケントウ**されたとは言えない。
（詳しく調べ考えること）
〔検討〕 訓 討《う》つ

8. 目標がようやく**シャテイ**に入ってきた。
（力の及ぶ範囲・弾丸の届く距離）
〔射程〕

9. 時代の**チョウリュウ**を読んで行動する。
（世の中のながれ）
〔潮流〕 訓 潮《しお》

10. 具体的な事物を**シャショウ**する。
（共通性を取り出し他をすてること）
〔捨象〕 訓 捨《す》てる

11 □ 国民の自由と安全を**ホショウ**する。（損害のないよう守ること）
12 □ **コウフン**して変なことを口走った。（感情が高まること）
13 □ 文学には地方性が**コクイン**されている。（消しがたい証拠がつくこと）
14 □ 太陽の光度を**セイミツ**に測定する。（詳しく細かいこと）
15 □ 学者が国民の心の底を**カンパ**した。（隠れているものをみやぶること）
16 □ 悲運の武将は**マイキョ**にいとまがない。（一つ一つ数え上げること）
17 □ そう**シンコク**に考える必要はない。（切実で重大なさま）
18 □ 次々と新たな問題が**ハセイ**する。（もとからわかれてできること）
19 □ 事態の**シュウシュウ**がつかない。（混乱をおさめること）
20 □ 自宅を**タンポ**に銀行から融資を受ける。（借金などの返済の約束に預けるもの）

11 〔保障〕 注意 ×保証 ▼P.20・8
12 〔興奮〕 訓 興《おこ》る・奮《ふる》う 音 興《キョウ》［興趣《キョウシュ》］
13 〔刻印〕 訓 刻《きざ》む・印《しるし》
14 〔精密〕 意 密＝すき間がない
15 〔看破〕
16 〔枚挙〕 表 枚挙《マイキョ》にいとまがない＝数が多いことのたとえ
17 〔深刻〕 訓 刻《きざ》む
18 〔派生〕 意 派＝わかれる
19 〔収拾〕 訓 収《おさ》める・拾《ひろ》う 注意 ×収集＝物を集めること
20 〔担保〕 訓 担《かつ》ぐ・担《にな》う

類対解答　5粗野

必修語

書き取り❽

漢検5級程度

A

1 地球的**キボ**で温暖化が進んでいる。
物事のしくみの大きさや広がり
（規模）
音 模《モ》［模型《モケイ》］

2 夜ふかしで勤務にも**シショウ**が出る。
さしつかえること
（支障）
訓 障《さわ》る

3 時の**スイイ**が問題をうまく解決した。
うつりかわること
（推移）
訓 推《お》す
類 □□《ヘンセン》 ▼P.83・24

4 学問の最新の**リョウイキ**に挑戦する。
関わりを持ったり力が及んだりする範囲
（領域）

5 一年前に比べると**カクダン**に進歩した。
はなはだしく程度の異なること
（格段）

6 内部に信号**ソウチ**が組み込まれている。
ある目的のためのしかけ
（装置）

7 両者の間には**ゲンゼン**たる区別がある。
いかめしく動かしがたいさま
（厳然）
訓 厳《おごそ》か

8 女帝は中国の歴史上**トクイ**な存在だ。
他のものと比べてとくに違っているさま
（特異）

9 悲惨な情景が**ノウリ**から離れない。
頭の中
（脳裏）
意 裏＝うち・うちがわ
注意「脳裡」とも書く

10 知らぬ間に悪い行いに**カタン**している。
支援して力を貸すこと
（加担）
注意「荷担」とも書く

160
300 200 100 START

□ 11 人間のソンゲンを冒してはならない。
とうとくおごそかなこと

□ 12 伝統を軽んじるフウチョウがある。
世の中の情勢や傾向

□ 13 町の中を気ままにサンサクする。
ぶらぶらと歩くこと

□ 14 曲芸飛行機のソウジュウをしてみたい。
思うままにあやつり動かすこと

□ 15 水に落としたインクがカクサンした。
広がりちること

□ 16 祖父は気むずかしくゲンカクな人だ。
きびしくていい加減にしないこと

□ 17 現場のサイリョウに委ねられている。
自分で判断し処理すること

□ 18 炎天下で草引きにジュウジする。
しごとに携わること

□ 19 法律違反国に経済セイサイをくわえる。
懲らしめのため罰すること

□ 20 決定に対してイギを申し立てる。
不賛成の意見

11 〔尊厳〕 訓 尊《とうと》い・厳《おごそ》か

12 〔風潮〕 意 潮＝世のなりゆき

13 〔散策〕 類 散歩《サンポ》

14 〔操縦〕 訓 操《あやつ》る 意 縦＝思うまま

15 〔拡散〕

16 〔厳格〕 訓 厳《きび》しい 対 □□《カンヨウ》 ▼P.54・11

17 〔裁量〕 訓 裁《さば》く

18 〔従事〕 訓 従《したが》う

19 〔制裁〕 注意 ×栽

20 〔異議〕 訓 異《こと》 注意 ×異義＝意味が違うこと

類対解答　3変遷　16寛容

必修語

書き取り❾

漢検5級程度

1 各分野のセンモン家に意見を聞く。
（特定の分野を研究すること）
〔専門〕 訓 専《もっぱ》ら　注意 ×問

2 匠はジュクレンのわざを持っている。
（慣れていてじょうずなこと）
〔熟練〕 訓 熟《う》れる・練《ね》る

3 国際紛争のチュウサイ役を買って出る。
（争いの間に入って和解させること）
〔仲裁〕 訓 裁《さば》く

4 脳に多くの情報がチョゾウされる。
（たくわえておくこと）
〔貯蔵〕 意 貯＝たくわえる

5 国民のフタンを少しでも軽くする。
（身に引き受けること）
〔負担〕 訓 負《お》う・担《にな》う

6 人間の機能をホカンする道具がある。
（足りないところをおぎなうこと）
〔補完〕 訓 補《おぎな》う

7 役所の手続きがカンソ化された。
（むだがなくつつましいこと）
〔簡素〕 意 素＝飾り気がない

8 文学賞の有力なコウホ作品が二つある。
（ある地位につく選考の対象になること）
〔候補〕

9 問題のコンゲンを苦労して突き止める。
（物事のおおもと・こんぽん）
〔根源〕 注意 「根元」「根原」とも書く

10 住民の意見を政治にハンエイさせる。
（影響が及んで現れること）
〔反映〕 訓 映《うつ》る・映《は》える

11 市の中心部の道路を**カクチョウ**する。
広げて大きくすること
〔拡張〕
意 拡＝ひろげる

12 現実の経験から**キノウ**して考える。
個々の具体的な事実から一般的な法則を導き出すこと
〔帰納〕
対 演繹《エンエキ》

13 薬の効果で症状が**ゲキテキ**に改善した。
げきを見ているように感動や緊張を覚えるさま
〔劇的〕

14 私の車は古くて**コショウ**が絶えない。
正常な働きが損なわれること
〔故障〕
訓 障《さわ》る

15 悪徳議員の政治**シセイ**を糾弾する。
事に当たる態度・体の構え
〔姿勢〕
訓 姿《すがた》・勢《いきお》い

16 会社は利益を**シジョウ**のものとする。
このうえもないこと
〔至上〕
類 □□《キュウキョク》
▼P.16・9

17 敵を欺くための**ホウサク**を考える。
はかり事・物事を処理する手立て
〔方策〕

18 登場人物の**ヨウシ**が詳しく描写される。
すがた・かおかたち
〔容姿〕
訓 姿《すがた》

19 おもしろそうな本を**ロウドク**する。
十分に声を出してよむこと
〔朗読〕
訓 朗《ほが》らか

20 論理の**テンカイ**を丁寧にたどる。
くり広げること
〔展開〕

類対解答 16 究極

B

	問題	意味	答	補足
1	土器の表に紋様が**キザ**みこまれている。	刃物で物を細かく切る・物の形を彫りつける	〔刻〕	音 刻《コク》 〔彫刻《チョウコク》〕
2	成長過程で他者との**サイ**に思いいたる。	他と比較してのちがい	〔差異〕	注意 「差違」とも書く
3	文章が**カンケツ**に書けるようになる。	手短で要領を得ていること	〔簡潔〕	訓 潔《いさぎよ》い 対 □□《ジョウチョウ》 ▼P.76・2
4	難民**キュウサイ**のための寄付を募る。	すくいたすけること	〔救済〕	訓 済《す》む
5	短期間に完成させるのは**シナン**の業だ。	この上なくむずかしいこと	〔至難〕	訓 至《いた》る
6	裁判長が無罪放免を**センコク**した。	つげ知らせること	〔宣告〕	訓 告《つ》げる
7	展望台からの眺めは**アッカン**だ。	全体の中で一番優れた部分	〔圧巻〕	意 巻＝まきもの・書物
8	**キキ**に直面したときに能力が問われる。	あぶない状態	〔危機〕	訓 危《あぶ》ない・危《あや》うい
9	誰もが**ケイエン**する課題に取り組む。	わざと避けること・うやまうふりをしてとおざけること	〔敬遠〕	訓 敬《うやま》う
10	指揮**ケイトウ**が整わないと動けない。	全体が一つのまとまりとして順序立てて機能するようまとめたもの	〔系統〕	訓 統《す》べる

11 人間の探究活動の**ゲンセン**は好奇心だ。
ものの生ずるみなもと
〔源泉〕
訓 源《みなもと》

12 昔の人の著作が**シシン**となり得る。
物事を進めるべき方向
〔指針〕
訓 指《さ》す・針《はり》

13 大国に**ジュウゾク**せずひとりだちする。
強いものや中心となるものにしたがうこと
〔従属〕
対 自立《ジリツ》

14 多くの人に期待されて**フンキ**する。
気力をふるいたたせること
〔奮起〕
訓 奮《ふる》う

15 社会の**カイソウ**間のへだたりが大きい。
社会的地位が同程度の人々の集団
〔階層〕

16 部長を**ホサ**するのが副部長の役目だ。
人についてその仕事を助けること
〔補佐〕
訓 補《おぎな》う

17 流れ者が**トトウ**を組んで村を荒らす。
あることをたくらんで集まった仲間
〔徒党〕
意 党＝なかま・やから

18 思い出が脳の中に**カクノウ**されている。
しまっておくこと
〔格納〕
訓 納《おさ》める

19 新しい商品を大々的に**センデン**する。
商品の効能や主張などを広くつたえ知らせること
〔宣伝〕
訓 伝《つた》える

20 古代からの歴史を**タイケイ**的に学ぶ。
個々のものを一定の原理によって組織したもの
〔体系〕
注意 ×大系＝ある分野の著作などを集めてまとめたもの

類対解答 3冗長

必修語

読み取り❶

漢検8級程度

□ 1 基礎の反復で**所作**を身につける。
所作：身のこなし・振る舞い
〔しょさ〕
類 動作《ドウサ》

□ 2 入学金の**工面**を親にお願いする。
工面：金銭や品物をやりくりして集めること
〔くめん〕
意 工＝たくむ・作る
注意 「グメン」とも読む

□ 3 国益は外交官の手に**委**ねられている。
委ねる：人に任せる
〔ゆだ〕
音 委《イ》〔委任《イニン》〕

□ 4 気がついたらその**都度**注意する。
都度：そのたびごと
〔つど〕

□ 5 少しずつ積極的な姿勢が**育**まれる。
育む：養いそだてる
〔はぐく〕
音 育《イク》〔育児《イクジ》〕

□ 6 遠くギリシャに**由来**する様式の家。
由来：事の起こり・はじまり
〔ゆらい〕
類 □《ユイ》□《ショ》 ▼P.75・23

□ 7 あちらこちらに人の**気配**を感じる。
気配：何となく感じられるようす
〔けはい〕
訓 配《くば》る

□ 8 多様さを**画一**化してほしくない。
画一：型にはめてそろえること
〔かくいつ〕
対 □《タ》□《サイ》 ▼P.178・11

□ 9 敵に塩を送るつもりは**毛頭**ない。
毛頭：少しも
〔もうとう〕
表 毛頭《モウトウ》ない＝少しも意図はない

□ 10 許しがたい**所行**が繰り広げられた。
所行：行い・しわざ
〔しょぎょう〕
注意 「所業」とも書く

□ 11 **定石**通りに打つのが上達の早道だ。
定石：決まったやり方
〔じょうせき〕
訓 定《さだ》める

□ 12 全世界に向けて**門戸**を開放する。
門戸：外部と交流するための入り口
〔もんこ〕
訓 戸《と》

□ 13 すさまじい**形相**でにらみつける。
形相：激しい感情の表れた顔つき
〔ぎょうそう〕
意 相＝すがた・かたち

□ 14 いろいろなことに**食指**を動かす。
食指：人差し指
〔しょくし〕
表 食指《ショクシ》を動《うご》かす＝興味を持って働きかける

□ 15 紫式部**直筆**の『源氏物語』は現存しない。
直筆：自分自身で書くこと、また書いたもの
〔じきひつ〕

□ 16 道**半**ばにして病気になってしまった。
半ば：物事の途中
〔なか〕

□ 17 出発の日が**間近**にせまっている。
間近：時間・距離がすぐのところに近づいていること
〔まぢか〕
音 間《カン》［間道《カンドウ》］ 間《ケン》［世間《セケン》］

□ 18 せいいっぱい体を後ろに**反**らす。
反らす：後ろの方に弓なりに曲げる
〔そ〕

□ 19 **世間**を騒がす大事件が続発する。
世間：世の中・社会
〔せけん〕
表 世間体《セケンテイ》＝世間の人に対する体面

□ 20 **直**ちに計画の実行にとりかかる。
直ちに：時間をおかずに物事を行うさま
〔ただ〕
音 直《チョク》［直接《チョクセツ》］ 直《ジキ》［直伝《ジキデン》］

類対解答　6 由緒　8 多彩

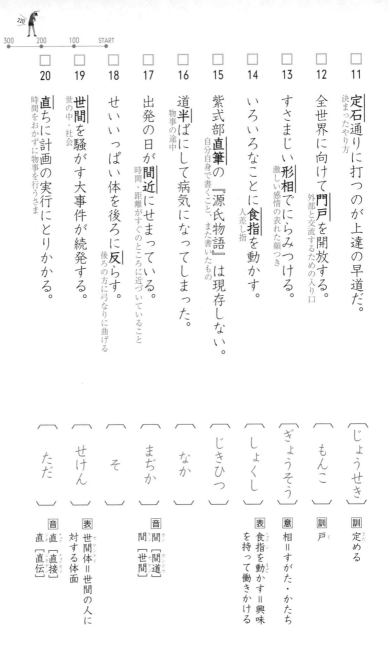

読み取り❷

漢検7級程度

	問題	意味	読み	補足
□1	新しい説を**唱**えるには勇気がいる。	主張する・声に出して言う	〔とな〕	類 □□《テイショウ》 ▼P.20・2
□2	このままでは失敗は**必定**である。	そうなると決まっていること	〔ひつじょう〕	訓 必《かなら》ず
□3	解決すべき課題が**山積**している。	山のようにたくさんたまること	〔さんせき〕	訓 積《つ》む 注意「やまづみ」とも読む
□4	異端の説が世間の注目を**浴**びている。	水や光などを全身に受ける・ある作用を受ける	〔あ〕	音 浴《ヨク》［浴槽《ヨクソウ》］
□5	冷静に自分の言動を**内省**するべきだ。	自己を振り返ってよく考えること	〔ないせい〕	訓 省《かえり》みる
□6	**天然**記念物に指定して保護する。	人の手が加わらずに自然のままであること	〔てんねん〕	対 人工《ジンコウ》
□7	次々と訪れる**試練**に必死で耐えている。	決心や実力を試されるような苦難	〔しれん〕	訓 試《こころ》みる・試《ため》す
□8	正当化する**方便**を持ち合わせていない。	ある目的を達するための都合のよい手段	〔ほうべん〕	
□9	新会社の設立に当初から**参画**する。	計画の立案に加わること	〔さんかく〕	
□10	**昨今**言葉を大事にしない風潮がある。	このごろ	〔さっこん〕	

☐ 11 細かい説明は**省**いてもかまわない。
不要のものとして取り除く
（はぶ）

☐ 12 子どもが**健**やかにすくすくと育つ。
体が丈夫で元気なさま
（すこ）

☐ 13 会議では議長が議事進行を**司**る。
役目としてそのことに当たる
（つかさど）
音 司《シ》［司会《シカイ》］

☐ 14 祖父は**末期**の言葉を言い残した。
人の死のうとするとき
（まつご）

☐ 15 みんなの気持ちを一つに**束**ねる。
中心になって全体をとりまとめる
（たば）
音 束《ソク》［約束《ヤクソク》］

☐ 16 **口伝**によって後世に伝えられていく。
技術などを口頭で教え授けること
（くでん）
訓 伝《つた》える

☐ 17 町並みとは家々の**連**なりである。
たくさんのものが一列に並んで続くこと
（つら）
音 連《レン》［連続《レンゾク》］

☐ 18 選挙のポスターをカラーで大量に**刷**る。
版木などの面にインクなどをつけて紙を当てて写しとる
（す）
音 刷《サツ》［印刷《インサツ》］

☐ 19 **建前**にこだわって生きるのはつらい。
表向きの方針原則
（たてまえ）
対 本音《ホンね》

☐ 20 病後の**養生**にと温泉にでかけた。
病気の回復につとめること・健康の増進を図ること
（ようじょう）
訓 養《やしな》う

類 対 解答　1 提唱

□ 1 木の葉を**無造作**にはらいのける。
手軽にやるようす
（ むぞうさ ）
注意 「無雑作」とも書く

□ 2 あらっぽい作りに**感興**をそがれた。
おもしろみ
（ かんきょう ）
類 □《キョウ》□《ミ》 ▼P.23・11

□ 3 **因習**を打破するための策を講じる。
古くから伝わるよくない習わし
（ いんしゅう ）
訓 習《なら》う
注意 「因襲」とも書く

□ 4 農業は人間の根源的**営**みである。
生活のためにする仕事
（ いとな ）
音 営《エイ》［営業《エイギョウ》］

□ 5 和解のための話し合いの機会を**設**ける。
あることのために機会を前もって用意する
（ もう ）
音 設《セツ》［設備《セツビ》］

□ 6 生物は**代謝**をして生命を維持している。
必要なものを取り入れ不要なものを外へ出すこと
（ たいしゃ ）
表 新陳代謝《シンチンタイシャ》＝新旧の入れ替わり

□ 7 大王が大いに自国の**版図**を広げた。
一国の領土
（ はんと ）
音 図《ズ》［図面《ズメン》］

□ 8 **不易**のものとして社会に定着する。
かわらないこと
（ ふえき ）
表 不易流行《フエキリュウコウ》＝永遠性と新鮮味、ともに根本は一つだということ

□ 9 **確固**たる信念を持って行動する。
しっかりとして動かないこと
（ かっこ ）
注意 「確乎」とも書く

□ 10 神社に参詣して無病**息災**を願った。
身にさわりのないこと・元気なこと
（ そくさい ）
意 息＝やむ

□ 11 組織防衛や**保身**を動機に不正がおこる。
自分の地位・名誉・安全などを守ること

□ 12 労働が社会の**便益**を増大させる。
都合がよく有益なこと

□ 13 一種**名状**しがたい感じにとらわれた。
物事のありさまを言葉で言い表すこと

□ 14 **挙句**の果てに財産を全て失った。
結果・最後に

□ 15 世界一美しいと言っても**過言**ではない。
大げさな言い方

□ 16 嫌な顔をせずに**快**く引き受けてくれた。
気持ちがよいさま

□ 17 内容の**重複**に注意してスピーチする。
かさなりあうこと

□ 18 前触れ無く全会員に**招集**がかかった。
人を招き集めること

□ 19 研究ばかりしていて**世故**に暗い。
世間の事情

□ 20 祖父は**至極**まっとうな生き方をした。
この上ないこと

11 〔ほしん〕 訓 保《たも》つ

12 〔べんえき〕 音 便《ビン》 〔便乗《ビンジョウ》〕

13 〔めいじょう〕

14 〔あげく〕 表 挙句《あげく》の果《は》て＝最後の最後・とどのつまり 注意 「揚句」とも書く

15 〔かごん〕

16 〔こころよ〕 音 快《カイ》 〔快適《カイテキ》〕

17 〔ちょうふく〕 注意 「ジュウフク」とも読む 訓 重《かさ》なる

18 〔しょうしゅう〕 訓 招《まね》く

19 〔せこ〕 類 世事《セジ》

20 〔しごく〕 訓 至《いた》る・極《きわ》める

類対解答 2 興味

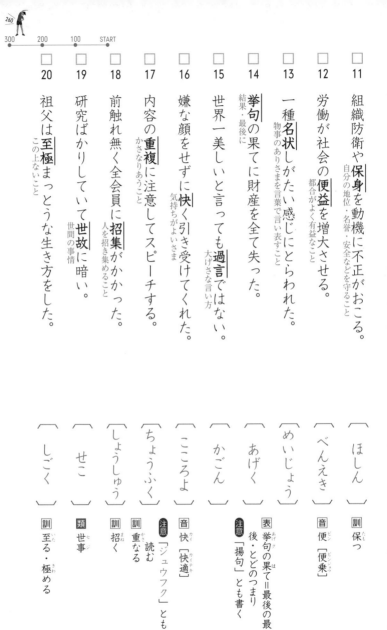

必修語

読み取り❹

漢検5級程度

□1 臣下が王に対して**従順**な態度を示す。
すなおで人に逆らわないこと
〔じゅうじゅん〕

□2 運河が**縦横**にめぐらされている。
たてとよこ・思うまま
〔じゅうおう〕

□3 新しい国が新しい文化を**創出**する。
新しく作り出すこと
〔そうしゅつ〕

□4 電子手帳をとても**重宝**している。
便利なものとしてよく使うこと
〔ちょうほう〕

□5 十分な準備をして大事な会議に**臨**む。
向かい合う
〔のぞ〕

□6 前後から**類推**して見当をつける。
似ている箇所から他の事を推し量ること
〔るいすい〕

□7 二つの**背反**する性質をつきあわせる。
あいいれないこと・道理に背くこと
〔はいはん〕

□8 仲間の声に**呼応**して人員が集まる。
片方が呼べば相手が応えること・互いに気持ちを通ずること
〔こおう〕

□9 会社の収支は**早晩**赤字に転落する。
遅かれ早かれ
〔そうばん〕

□10 得意げに**机上**の空論を振り回す。
机の上
〔きじょう〕

類 □《ス》□《なお》 ▼ P.183・21

訓 縦《たて》・横《よこ》

訓 創《つく》る 意 創＝はじめる

注意 「調法」とも書く

音 臨《リン》［臨場《リンジョウ》］

訓 類《たぐ》い・推《お》す

訓 背《そむ》く

訓 呼《よ》ぶ・応《こた》える

訓 早《はや》い

表 机上《キジョウ》の空論《クウロン》＝実際には役立たない意見

□ 11 王子様のわがままに家来は**閉口**する。
困り果てること
〔へいこう〕
訓 閉《し》める・閉《と》じる

□ 12 **簡便**な方法を用いるようにする。
簡単で便利なこと
〔かんべん〕
類 簡易《カンイ》

□ 13 **専横**な国王に人民が苦しめられる。
好き勝手に振る舞うこと
〔せんおう〕
訓 専《もっぱ》ら

□ 14 出費は予算の範囲内に**収**まった。
ものがある範囲内にきちんと入る
〔おさ〕
音 収《シュウ》［収納《シュウノウ》］

□ 15 富士山の**頂**には雪が積もっている。
一番高いところ
〔いただき〕
音 頂《チョウ》［頂上《チョウジョウ》］

□ 16 若い頃から**備忘**録をつける習慣がある。
忘れたときのためにあらかじめ用意しておくこと
〔びぼう〕
訓 備《そな》える

□ 17 **養蚕**はかつて日本の主要な産業だった。
蚕を飼って繭をとること
〔ようさん〕
訓 蚕《かいこ》

□ 18 ぼんやりと**窓外**の景色をながめる。
窓の外
〔そうがい〕

□ 19 自分の蔵書を一般の使用に**供**する。
広く使えるようにする
〔きょう〕

□ 20 **障子**を通して外の明かりを室内に導く。
室内の仕切りとして立てる和紙を張った建具
〔しょうじ〕
訓 障《さわ》る

類対解答　1素直

□ 1 木漏れ日が地面に斑の**模様**をつくる。
物の表面に表れた図柄
〔もよう〕
訓 様《さま》

□ 2 長年無人であった家は**損傷**が激しい。
こわれ傷つくこと
〔そんしょう〕
訓 損《そこ》なう

□ 3 **賃貸**住宅を社宅として借り上げる。
一定の金額を受け取って貸すこと
〔ちんたい〕
訓 貸《か》す

□ 4 子どもと過ごす休日は**至福**の時だ。
この上ない幸せ
〔しふく〕
訓 至《いた》る

□ 5 おそるべき**異形**のいで立ちに驚く。
普通とは違ったあやしい姿
〔いぎょう〕

□ 6 大好きな作家の**生誕**の地を訪ねる。
うまれること
〔せいたん〕
類 □□《タンジョウ》 ▼P.171・15

□ 7 **著名**な政治学者の講演記録を読む。
名高いこと
〔ちょめい〕
類 有名《ユウメイ》

□ 8 うっかり悪事に手を**染**めてはいけない。
事に関係する・色をつける
〔そ〕
音 染《セン》［染色《センショク》］

□ 9 彼を説得するのは**一筋縄**ではいかない。
普通のやり方
〔ひとすじなわ〕

□ 10 **染色**家として独り立ちすることが夢だ。
布や糸に染料をしみこませて色を着けること
〔せんしょく〕
訓 染《そ》める

□ 11 教えと学びは本来**相補**的なものだ。
互いに不足を補うこと
（そうほ）
訓 補《おぎな》う

□ 12 問題なしとして現状が**追認**された。
過去にさかのぼって事実を認めること
（ついにん）
訓 認《みと》める

□ 13 **装丁**に工夫を凝らして本を仕上げる。
書物の表紙などの体裁を整えること
（そうてい）

□ 14 名画の**模写**を家の壁に飾っておく。
まねて写すこと・写したもの
（もしゃ）
音 模《ボ》［規模《キボ》］

□ 15 新鮮な空気を**呼吸**して生き返った。
息を吸うことと吐くこと
（こきゅう）
訓 呼《よ》ぶ・吸《す》う

□ 16 英語の辞書を**座右**に備えておく。
座っているところのかたわら・身辺
（ざゆう）
表 座右《ザユウ》の銘《メイ》＝いつも身辺に書き記しておいて戒めとする言葉

□ 17 人間は共同体的動物であるという**至言**。
物事の本質を適切に言い表した言葉
（しげん）

□ 18 **純正**品のみを用いて料理を作る。
まじりけがなく本来のものであること
（じゅんせい）

□ 19 各人の考えを最大限に**尊重**する。
価値のあるものとして大切にあつかうこと
（そんちょう）
訓 尊《とうと》ぶ・尊《たっと》ぶ

□ 20 商品の**値札**がはがれかけている。
値段を書いて商品につけるちいさな紙
（ねふだ）

類対解答　6誕生

第1章

必修語まとめ

1 間違えやすい漢字

赤で示した箇所に注意して、正確に書こう。

参照	漢字	注意点
P.23・16, 25・11, 25・17	確	①貫いている ②「宀」と「隹」ではない
P.30・1, 41・13	専	①「丶」不要 ②「寸」、「丶」必要
P.31・13	劇	①とらがしら「虍」 ②「ヒ」ではない ③いのこ「豕」
P.39・17	複	①「ネ」でなく「衤」 ②「亠」ではなく「𠂉」 ③「又」ではなく「夂」
P.28・6, 43・13	装	①「土」ではなく、「士」 ②必要 ③「衣」
P.30・6, 30・8	補	①「ネ」ではなく、「衤」 ②必要
P.32・6, 33・19	宣	①横画を忘れない ②「且」ではない
P.42・6	誕	①「壬」ではない ②「辶」ではなく、「廴」

2 形が似ている漢字

次の文から漢字の誤りを一つずつ探して――を付け、正しい漢字に直そう。

□ 1 人類は大古にアフリカで生まれた。 ▼P.15・13 〔太〕

□ 2 文化は多様な物の集績である。 ▼P.18・4 〔積〕

□ 3 二人は検悪なようすだ。 ▼P.22・2 〔険〕

□ 4 国際情勢について学生に講議する。 ▼P.22・4 〔義〕

□ 5 歴史を体係的に学ぶ。 ▼P.33・20 〔系〕

3 語句の意味

次の意味を表す語を［　］の語群からそれぞれ選び、正しい漢字に直そう。

□1 見当をつける目印 ▼P.17・19 〔指標〕
□2 立場にふさわしい才能 ▼P.18・8 〔器量〕
□3 懲らしめのため罰すること ▼P.29・19 〔制裁〕
□4 何となく感じられるようす ▼P.34・7 〔気配〕

キリョウ　シヒョウ　ケハイ　セイサイ

□5 ありさま ▼P.14・7 〔様相〕
□6 わかれめ ▼P.16・1 〔分岐〕
□7 てがら ▼P.21・11 〔功績〕
□8 わざと ▼P.22・3 〔故意〕

ヨウソウ　コイ　コウセキ　ブンキ

4 表現

次の各文の〔　〕に当てはまる語句を、漢字を使って書こう。

□1 仕事をする上でチームワークが大切だということは〔自明〕の理である。 ▼P.14・4
□2 現代の日本社会が抱えている問題は〔枚挙〕にいとまがない。 ▼P.27・16
□3 有利な条件を付けた提案に〔食指〕を動かした。 ▼P.35・14
□4 組織を活性化するためには、絶えず新陳〔代謝〕を図る必要がある。 ▼P.38・6
□5 現場に出ずに〔机上〕の空論を振り回すのは困ったものだ。 ▼P.40・10

コラム

書き取りの記述問題が全体の六割

●漢字問題の出題形式別割合

ここ十八年間の、漢字問題の出題形式別の割合を示すと次のグラフのようになる。

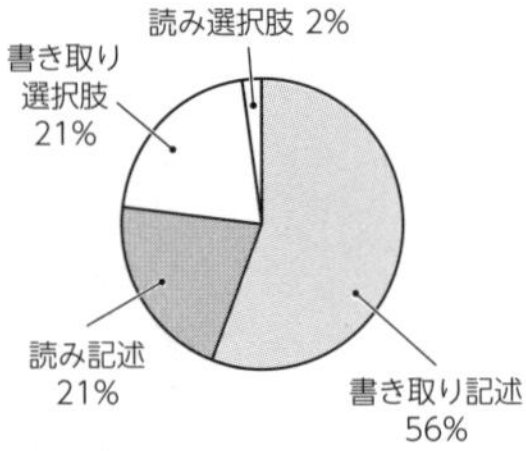

おおよそ、書き取りの記述が六割、読み取りの記述が二割、書き取りの選択肢が二割と考えてよい。**つまり記述が全体の八割。**漢字の力を見るには実際に書かせてみるのが、最も簡単で手っ取り早い方法なのである。なお、書き取りの選択肢は共通テストをはじめ多くの私立大学に出題される重要な形式である。さらに、限られた大学ではあるが、読み取りの選択肢がわずかながら出題されている。選択肢形式の出題については次のコラム以降に記す。

また書き取りの方が、読み取りよりも圧倒的に多く出題されている。記述に限っても七割強が書き取り、全体では四分の三強が書き取りの出題となっている。

●書き取り読み取り両方要注意の漢字二〇

冒頭に書きベスト100と読みベスト100のチェックをそれぞれ掲載しているので是非参考にしてほしい。漢字によって書き取りと読み取りのどちらに多く出題されるかの傾向があることが多いが、次の二十例は書き取り読み取りの両方要注意の漢字である。

語	読み	書き出題	読み出題	合計
示唆	しさ	45	14	59
頻繁	ひんぱん	34	6	40
膨大	ぼうだい	31	7	38
覆う	おおう	20	14	34
厄介	やっかい	22	9	31
享受	きょうじゅ	22	8	30
脅かす	おびやかす	18	12	30
絡める	からめる	19	10	29
交錯	こうさく	21	5	26
潜む	ひそむ	15	10	25
駆逐	くちく	17	7	24
破綻	はたん	10	13	23
担う	になう	10	12	22
培う	つちかう	15	7	22
隔たり	へだたり	15	7	22
遂行	すいこう	12	9	21
忌避	きひ	16	5	21
携わる	たずさわる	11	10	21
紡ぐ	つむぐ	11	9	20
浸す	ひたす	9	11	20

●漢字を忘れないコツ

きちんと書けること、正しく読めることはもちろん、意味も一緒に覚えるのが漢字を忘れないコツである。熟語の読みはほとんど音読みであるが、ここで漢字の訓読みも一緒に覚えると意味とつながって記憶に残る。多角的に覚えると、記憶は再生されやすくなる。

第2章

この章は、入試頻出漢字1700語を、出題頻度の高いほうからA・B・Cの3ランクに分けて配列した、本格的に大学入試漢字を学習する章です。

A：**『知ってて当然』レベル**：受験する大学の難易度に関わらず万人に必須の内容です。ひとつ残らず習得しましょう。

B：**『知らないと損』レベル**：ランクAより頻度は低くなりますが、漢字で点を落としたくない人は、うっかり足もとをすくわれないよう、抜かりなく学習しましょう。

C：**『知ってると得』レベル**：このランクになると、普段あまり目にしない熟語もちらほら。でもそれこそがねらい目、漢字を得点源にしたいなら逃してはいけません。

第2章 重要語 A

書き取り❶

1. 多くの事実が彼の無実を**シサ**している。（それとなく気づかせること）
　〔示唆〕 訓 唆《そそのか》す

2. 自己責任の原則が社会に**シントウ**している。（しみとおること）
　〔浸透〕 注意 ×侵

3. コミュニケーションの**バイカイ**手段である言語。（なかだちをすること）
　〔媒介〕

4. 見る行動が結果として話す行動を**カンキ**する。（よびおこすこと）
　〔喚起〕 意 喚＝よぶ

5. エコロジーへの関心が**ケンチョ**に見られる。（きわだって目につくこと）
　〔顕著〕 訓 著《いちじる》しい

6. 会社の置かれている状況を**ハアク**する。（しっかりと理解すること）
　〔把握〕 訓 握《にぎ》る

7. コンピュータを**クシ**して作品を作り上げる。（自由につかいこなすこと）
　〔駆使〕 訓 駆《か》ける

8. 人の往来が**ヒンパン**になって活気が戻ってきた。（ひっきりなしに行われること）
　〔頻繁〕 意 頻＝しきりに

9. 霧で建物の**リンカク**がぼやけて見える。（物のまわりをふちどっている線・物事の概要）
　〔輪郭〕

10. 問題点を**タンテキ**に浮き彫りにした記事を読む。（てっとりばやく明白なさま）
　〔端的〕 訓 端《はし》

11. 聞き流さずに**カジョウ**に反応してしまう。（適度を超えて多すぎること）
　〔過剰〕 類 □《ヨ》□《ジョウ》 ▼P.174・7

12. 最新の技術を用いて**ボウダイ**な富を生み出す。（非常におおきいこと）
　〔膨大〕 訓 膨《ふく》らむ 注意 「厖大」とも書く

13 □ 「自由民権」が盛んになる時代に**ソウグウ**した。
思わぬ場面に不意にであうこと
（遭遇）
訓 遭《あ》う

14 □ 世界平和のために少しでも**コウケン**したい。
力を尽くし役立つこと
（貢献）
訓 貢《みつ》ぐ

15 □ 不当な圧力を**ハイジョ**して仕事をやり遂げる。
押しのけとりのぞくこと
（排除）
訓 除《のぞ》く

16 □ 利益の多くの部分を消費者に**カンゲン**する。
もとに戻すこと
（還元）
意 還＝かえる・めぐる

17 □ スキャンダルで政権があっけなく**ホウカイ**した。
くずれこわれること
（崩壊）
訓 崩《くず》れる・壊《こわ》れる

18 □ 生態系の中で滞りなく水が**ジュンカン**する。
ひとまわりしてもとに戻ることを繰り返すこと
（循環）
意 環＝めぐる

19 □ 新しい文化芸術を創造する**ケイキ**になる。
ある事象を生じさせるきっかけ
（契機）
訓 契《ちぎ》る

20 □ 独自の考え方に**イキョ**して組織を編成する。
よりどころとすること
（依拠）
音 拠《コ》［証拠《ショウコ》］

21 □ 心のむなしさや自己**ソウシツ**にあえいでいる。
うしなうこと・なくすこと
（喪失）
訓 喪《も》

22 □ 自己の責任を**ホウキ**するのは愚行である。
なげすてること
（放棄）
意 棄＝すてる

23 □ 効率を上げるために安全性を**ギセイ**にした。
ある目的のためにそれに伴う損失を無視すること
（犠牲）
注意 ×儀・×性

24 □ 歴史を川の流れに例える発想は**フヘン**性がある。
すべてのものに当てはまること
（普遍）
対 □□《トクシュ》 ▼P.118・5

25 □ **イゼン**として不平等である状態に変わりはない。
もとのままであるようす
（依然）

類対解答 11 余剰 24 特殊

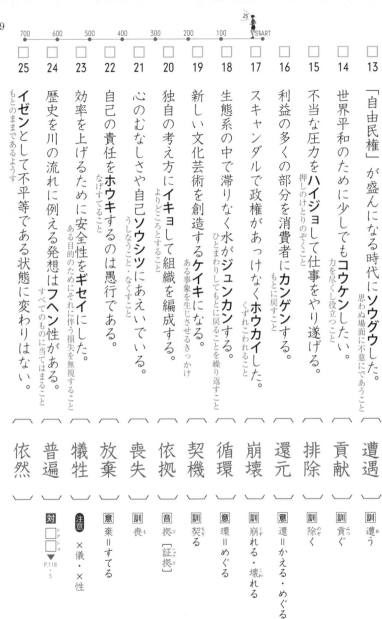

第2章 重要語 A

書き取り❷

□1 驚くべき科学の進歩を**キョウジュ**している。
うけ取って楽しむこと
【享受】
意 享＝うける

□2 歴史を勝利者の立場から**ナガ**めてみる。
遠くを見渡す
【眺】
音 眺《チョウ》［眺望《チョウボウ》］

□3 会社を**イジ**していくために組織の改編を行う。
状態を保ち続けること
【維持】

□4 全てを捨ててしまいたい**ショウドウ**にかられる。
心をつきうごかされるような欲求
【衝動】
意 衝＝つく・あたる

□5 候補者は三十万票以上を**カクトク**して当選した。
努力して手に入れること
【獲得】
訓 獲《え》る

□6 一瞬のうちに複雑な思いが**コウサク**する。
いくつかのものが入りまじること
【交錯】
意 錯＝まじる

□7 地球全体で資源が**コカツ**しつつあるのは事実だ。
つき果ててなくなること
【枯渇】
訓 枯《か》れる・渇《かわ》く

□8 実験が失敗した原因を**テッテイ**的に究明する。
最後までつらぬきとおすこと
【徹底】

□9 日本料理は**センサイ**な味わいをもつと言われる。
こまやかで上品なこと
【繊細】

□10 ハクスリーは進化論の強力な**ヨウゴ**者であった。
かばい守ること
【擁護】
意 擁＝たすける
注意 ×養護＝施設で人の世話をすること

□11 助けあいによる地域社会育成を**ショウレイ**する。
よいこととして強くすすめること
【奨励】
訓 励《はげ》ます

□12 無用な混乱を**カイヒ**するために対策を立てる。
悪くならないようにさけること
【回避】
訓 避《さ》ける

13 政府の経済政策の限界が**ロテイ**し始めた。
隠れているものが現れること
露呈
意 露＝あらわれる

14 働きすぎて次第に疲労が**チクセキ**する。
たくわえて大きくなること
蓄積
注意 ×畜

15 核の**キョウイ**が地球全体を覆っている。
おびやかされおどされること
脅威
訓 脅《おど》す・脅《おびや》かす

16 差別や貧困に関わる問題を**コクフク**する。
努力を重ね困難にうちかつこと
克服
意 克＝うちかつ

17 浄土宗の**ケンイ**である師の法話を記録した。
第一人者・他を従わせる力
権威

18 ネット上に情報が急激に**ゾウショク**した。
ふえて多くなること
増殖
注意 ×植

19 歴史的**ケイイ**も含めて事件をとらえ直す。
事のいきさつ
経緯
意 経＝縦糸 緯＝横糸

20 自分以外の何ものにも**コウソク**されない。
行動の自由を制限すること
拘束

21 成功してからも**ケンキョ**さを保ち続ける。
ひかえめですなおなこと
謙虚
類 謙《ケン》遜《ソン》

22 内面の**ドウヨウ**を隠して平静を装った。
気もちが不安定になること
動揺
訓 揺《ゆ》れる

23 自分の役割を**バクゼン**としか認識していない。
ぼんやりしてはっきりしないさま
漠然

24 以心伝心を**キバン**とした共同体的空間。
物事の土台
基盤
類 □《キ》□《ソ》 ▼P.66・2

25 人間性に対する深い**ドウサツ**により書かれた本。
物事の本質を見通すこと
洞察
訓 洞《ほら》

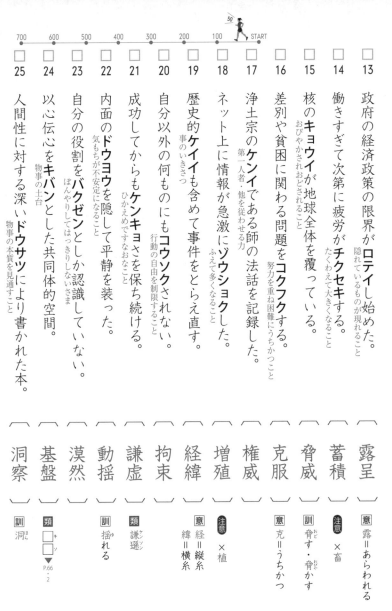

第2章 重要語A 書き取り❸

□ 1 情勢の変化により大幅な修正を**ヨギ**なくされた。
他の方法
〔余儀〕
注意 ×義・×議
表 余儀《ヨギ》ない＝やむを得ない

□ 2 科学が万能であるかのように**サッカク**する。
思い違い
〔錯覚〕
訓 覚《おぼ》える・覚《さ》める

□ 3 国民が外国の情報を**カツボウ**している。
しきりにのぞむこと
〔渇望〕
類 切望《セツボウ》

□ 4 塀によって外部からの侵入を**シャダン**する。
さえぎり止めること
〔遮断〕
訓 遮《さえぎ》る

□ 5 困難を乗り越えて初志を**カンテツ**する。
つらぬきとおすこと
〔貫徹〕
訓 貫《つらぬ》く

□ 6 運動施設の**フキュウ**が健康な体を作る。
広く一般に行き渡ること
〔普及〕
訓 及《およ》ぶ

□ 7 労働はしばしば否定的に捉えられ**キヒ**される。
嫌ってさけること
〔忌避〕
訓 忌《い》む

□ 8 合理主義が非合理なものを社会から**クチク**した。
追い払うこと
〔駆逐〕
注意 ×遂

□ 9 他人のすることに**カンショウ**すべきではない。
口出しして従わせようとすること
〔干渉〕
訓 干《ほ》す

□ 10 老人の**ガンチク**に富む話に若者もうなずく。
深い意味を内に蔵すること
〔含蓄〕
訓 含《ふく》む・蓄《たくわ》える

□ 11 空白の時間の価値を見直すべきだと**シテキ**する。
問題となる事を示すこと
〔指摘〕
注意 ×適

□ 12 微生物も生物という概念に**ホウセツ**される。
ある概念がより一般の概念に含まれること
〔包摂〕
訓 包《つつ》む
類 □□《ナイホウ》
▼P.183・13

700 600 500 400 300 200 100 75 START

13 □ 日本古来の伝統的な技法を**トウシュウ**する。（今までのやり方を受けつぐこと）
〔踏襲〕
訓 襲《おそ》う

14 □ 冷静な筆致で**ショウゲキ**的な事件を記録する。（激しく揺さぶり動かされた心）
〔衝撃〕
意 衝＝つく・あたる

15 □ 感情がたかぶって**ジョウキ**を逸した行動をする。（普通に行われるやり方）
〔常軌〕
表 常軌《ジョウキ》を逸《イッ》する＝常識では考えられない行動をする

16 □ 社会的弱者に対する税制優遇**ソチ**を実施する。（取りはからって始末をつけること）
〔措置〕

17 □ 確かな事実を**コンキョ**として新説を唱える。（行為や議論のよりどころ）
〔根拠〕
意 拠＝よりどころ

18 □ 生物は食物**レンサ**の調和の中に生きている。（次々につながっていること）
〔連鎖〕
訓 鎖《くさり》

19 □ 裁判に備えて**ショウコ**を集めるべきである。（事実認定のよりどころ）
〔証拠〕
音 拠《キョ》［論拠《ロンキョ》］

20 □ 調和と**ムジュン**という対立する二つの相。（前後のつじつまが合わないこと）
〔矛盾〕
訓 矛《ほこ》・盾《たて》

21 □ 毛筆を用いて花を**コクメイ**に写生した絵。（細かくていねいなこと）
〔克明〕
注意 ×刻

22 □ 異様な**キンチョウ**がその場を支配していた。（はりつめてゆるみのないこと）
〔緊張〕
対 □□《*シカン》 ▼P.142・8

23 □ 以前は共同体の**キハン**を誰もが遵守していた。（従うべき基準・手本）
〔規範〕
注意 「軌範」とも書く

24 □ 社会を支えてきた**チツジョ**を保持していく。（物事の正しい筋道）
〔秩序〕
表 安寧秩序《アンネイチツジョ》＝世の中が平和で規律正しいこと

25 □ 人間は誰一人**ダイタイ**可能なものはいない。（他のものでかえること）
〔代替〕
訓 替《か》える

類 対 解答　12 内包　22 弛緩

第2章 重要語A

書き取り④

□ 1 旅行中いろいろな**ベンギ**を図ってもらった。
都合のよいこと・適当な処置

□ 2 相手にあわせて**コウミョウ**に対応を変える。
たくみなこと

□ 3 どうしたらよいかわからず**トホウ**に暮れている。
手段・筋道

□ 4 地球は人類によって**サクシュ**され続けてきた。
利益をわけ与えずに独占すること

□ 5 **ソボク**な人柄にみんな好感を持っている。
かざりけがなく自然なさま

□ 6 社会の中に多様な不満が**センザイ**している。
表面に現れず内にひそみかくれていること

□ 7 **ガイネン**は言葉によって作り上げられる。
事物の本質をとらえる思考の形式

□ 8 **テイネイ**な仕事ぶりが評価されている。
注意深くいきとどいていること

□ 9 明治の文学者は言文一致を**モサク**していた。
あれこれとさがすこと

□ 10 社会の規範から大きく**イツダツ**している。
本筋からそれはずれること

□ 11 失敗した者に対して**カンヨウ**な態度で接する。
広い心で受け入れること

□ 12 社会は対立と**ダキョウ**を繰り返して発展する。
折り合いをつけてまとめること

1 〔便宜〕

2 〔巧妙〕
訓 巧《たく》み
対 稚拙《チセツ》・拙劣《セツレツ》

3 〔途方〕
表 途方《トホウ》に暮《く》れる＝どうしてよいかわからず困る

4 〔搾取〕
訓 搾《しぼ》る

5 〔素朴〕

6 〔潜在〕
対 □《ケン》□《ザイ》 ▼P.60・6

7 〔概念〕
注意 ×慨

8 〔丁寧〕
意 寧＝ねんごろ

9 〔模索〕
意 索＝もとめる
注意 ×策

10 〔逸脱〕
意 逸＝それる

11 〔寛容〕
類 □《カン》□《ダイ》 ▼P.72・12

12 〔妥協〕
意 妥＝おだやか

13 □ 個別の死と種の**ケイショウ**はわけて扱う。
受けつぐこと
（継承）
訓 継《つ》ぐ・承《うけたまわ》る

14 □ 猛勉強をして知識量で他人を**アットウ**する。
段違いの力で他をおさえること
（圧倒）

15 □ 普遍性を獲得したものが**ケッサク**となる。
すぐれたさくひん
（傑作）
対 駄作《ダサク》

16 □ 神学的立場が知識人を**ソクバク**している。
制限を加えて自由にさせないこと
（束縛）
訓 束《たば》・縛《しば》る

17 □ 興味深い記事が雑誌に**ケイサイ**される。
新聞や雑誌などにのせること
（掲載）
訓 掲《かか》げる・載《の》せる

18 □ 西洋文明の**オンケイ**を受けて近代化がなされた。
めぐみ・利益や幸福をもたらすこと
（恩恵）
訓 恵《めぐ》む

19 □ **ヨクヨウ**をつけずに台本を読み上げる。
高低の調子の変化
（抑揚）
訓 抑《おさ》える・揚《あ》げる

20 □ 迷信が科学への目覚めを**ソシ**している。
はばみとどめること
（阻止）
訓 阻《はば》む

21 □ 情勢の変化についていけずに**サクゴ**を犯す。
あやまり・間違い
（錯誤）
意 錯＝あやまち

22 □ 人間の技術は自然を**モホウ**していると言われる。
まねをすること
（模倣）
対 創造《ソウゾウ》

23 □ 均衡していた勢力のバランスが**クズ**れた。
くだけこわれる・乱れる
（崩）
音 崩《ホウ》［崩壊《ホウカイ》］

24 □ 思考をする上で先入観が**ジャマ**になる。
さまたげ
（邪魔）
意 邪＝正しくない

25 □ 文系と理系の**ユウゴウ**が目下の課題である。
とけあって一つになること
（融合）
意 融＝とける

類 対 解答　6 顕在　11 寛大

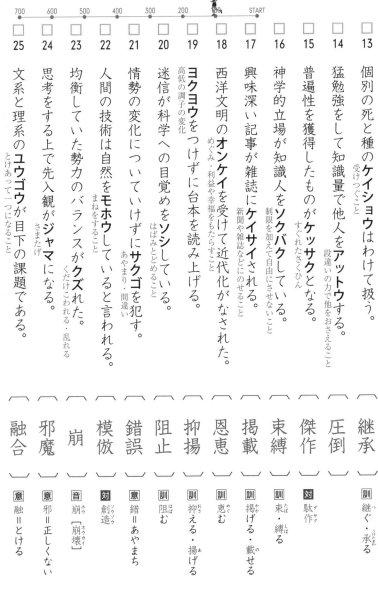

第2章

重要語 A

書き取り⑤

1 俗に染まらぬ**コウショウ**な精神が求められる。
（程度がたかく上品なこと）
（高尚）
対 低俗《テイゾク》

2 会社が事故の**バイショウ**責任を負っている。
（損害をつぐなうこと）
（賠償）
訓 償《つぐな》う

3 新会社に**ジュンタク**な資金が流れ込んだ。
（十分にあること）
（潤沢）
類 豊富《ホウフ》

4 偽物をつかまされた苦い経験を**ヒロウ**する。
（広く発表すること）
（披露）
意 露＝あらわす

5 世界の名画を思う存分**カンショウ**する。
（芸術を理解しあじわうこと）
（鑑賞）
訓 鑑《かんが》みる
注意 ×観賞＝自然物を見て楽しむこと

6 今までの考えを変えるよう**ヨウセイ**する。
（強く願い求めること）
（要請）
訓 要《い》る・要《かなめ》・請《う》ける・請《こ》う

7 外来文化を**セッシュ**して近代化をなしとげた。
（とり入れて自分のものとすること）
（摂取）
意 摂＝とる

8 王の悪政が帝国を**スイタイ**へと導いた。
（おとろえくずれること）
（衰退）
訓 衰《おとろ》える
類 □□*《チョウラク》 ▼P.157・22

9 理論を**ジッセン**に移すには準備が大事だ。
（じっさいに行うこと）
（実践）
意 践＝ふみ行う

10 物事の**カクシン**を突く質問がなされた。
（物事の最もたいせつなところ）
（核心）

11 発表会で彼女の持ち味が**イカン**なく発揮された。
（思い通りに行かず残念なこと）
（遺憾）
表 遺憾《イカン》なく＝十分に

12 現代人は**ジンソク**な情報交換を求める。
（すみやかなこと）
（迅速）
意 迅＝はやい

700 600 500 400 300 200 100 START

13 □ 講演中に居眠りをしている人は**カイム**だった。（まったくないこと）
【皆無】
類 絶無《ゼツム》

14 □ ランダムにサンプルを**チュウシュツ**する。（抜きだすこと）
【抽出】
意 抽＝ひく・ぬく

15 □ 頭脳の優秀さは昔の偉人に**ヒッテキ**する。（同等であること）
【匹敵】
訓 敵《かたき》

16 □ 新しいものには常に**ケイカイ**の目を向ける。（用心して備えること）
【警戒】
訓 戒《いまし》める

17 □ 彼の反対は**カンジョウ**に入れていなかった。（考え合わせること・計算をすること）
【勘定】

18 □ 過去の研究成果が**ホウカツ**的に示される。（一つに合わせくくること）
【包括】
訓 包《つつ》む

19 □ 考える力や感情・感性の発達が**ソガイ**される。（さまたげること）
【阻害】
訓 阻《はば》む

20 □ システムを理解しているとは**トウテイ**思えない。（どうしても・とても）
【到底】
注意 ×倒

21 □ 互いに**アンモク**のうちに理解しあっている。（だまって何も言わないこと）
【暗黙】
訓 黙《だま》る

22 □ 技術の進歩が**チセツ**な段階にとどまっている。（子どもじみてへたなこと）
【稚拙】
意 稚＝おさない 拙＝へたである
対 □□《コウミョウ》 ▼P.54・2

23 □ 苦労のかいあって事業が**キドウ**に乗った。（みちすじ・経路）
【軌道】
表 軌道《キドウ》に乗《の》る＝順調にいく

24 □ 日本文学の正統な**ケイフ**をつぐ作家が誕生した。（物事や一族代々のつながり）
【系譜】

25 □ 責任を**テンカ**するのは恥ずべき行いだ。（罪などを他人になすりつけること）
【転嫁】
訓 転《ころ》ぶ・嫁《とつ》ぐ・嫁《よめ》

類対解答　8 凋落　22 巧妙

第2章 重要語 A

書き取り❻

1. **チュウショウ**論ばかりでは話がすすまない。
　共通した性質を抜き出すこと
　〔抽象〕
　対 具体《グタイ》・具象《グショウ》

2. 夏の高温多湿の気候には**ガマン**できない。
　耐え忍ぶこと
　〔我慢〕

3. 著書の中に彼の考えが**ギョウシュク**されている。
　まとまること・固まってちぢまること
　〔凝縮〕
　訓 凝《こ》る

4. **キョクタン**に変形して元の形がわからない。
　はなはだしくかたよっていること
　〔極端〕

5. 仕事場にはりつめた空気が**タダヨ**っている。
　辺りに流れる・ゆらゆらする
　〔漂〕
　音 漂《ヒョウ》［漂流《ヒョウリュウ》］

6. 国の**イセイ**者の腐敗を国民が監視する。
　せいじに携わること
　〔為政〕
　訓 為《な》す

7. 真夏の太陽が**ヨウシャ**なく地面を照りつける。
　手加減すること・ゆるすこと
　〔容赦〕
　注意 「用捨」とも書く

8. 目前の課題に**シバ**られて視野が狭くなった。
　行動や思考の自由を制限する
　〔縛〕
　音 縛《バク》［緊縛《キンバク》］

9. **シュウトウ**に準備を進めたので成功した。
　よく行き届いて手落ちのないこと
　〔周到〕
　注意 ×倒

10. 日本の社会システムが持つ**ヘイガイ**が現れる。
　がいとなる悪いこと
　〔弊害〕

11. 人間の知に関する**タクエツ**した理論を構築した。
　抜きんでて優れていること
　〔卓越〕
　意 卓＝ぬきんでる

12. 研究論文中の論理的**ヒヤク**を指摘する。
　正しい順序をふまずに先にすすむこと
　〔飛躍〕
　訓 躍《おど》る

13 販売をソクシンする手立てをいろいろ考える。
はかどるように働きかけること

14 ボンヨウな作品を読んでも感動しない。
ありきたり・優れたところがないこと

15 あの人から受けた恩はショウガイ忘れない。
この世にいきている間

16 道具の使用には手の働きがカイザイしている。
間にはさまっていること

17 国内全土における人心の荒廃がケネンされる。
気にかかって不安に思うこと

18 判断のダトウ性が検証されることになる。
適切であること

19 現代では人間関係がキハクになりつつある。
乏しいこと・うすいこと

20 強敵に対してカカンに戦いを挑もうとする。
強い決断力をもって大胆に物事を行うさま

21 検察官が大臣の汚職を厳しくキュウダンした。
罪状を調べ上げて非難すること

22 新技術の応用が産業の発展をウナガす。
活発化する・しむける

23 ひとつひとつの言葉にカンガイをにじませる。
身にしみてかんじること

24 寮生活をエンカツにすごすための秘訣《ひけつ》がある。
とどこおりのないこと・なめらかなこと

25 哲学的シサクに耽《ふけ》るのを無上の喜びとする。
筋道をたてて深く考えること

13 〔促進〕 訓 促《うなが》す
14 〔凡庸〕 類 平凡《ヘイボン》 対 非凡《ヒボン》
15 〔生涯〕 意 涯＝はて
16 〔介在〕
17 〔懸念〕 訓 懸《か》かる
18 〔妥当〕 類 適当《テキトウ》
19 〔希薄〕 対 □□《ノウコウ》 ▼P.115・23 濃密《ノウミツ》 ▼P.134・9
20 〔果敢〕 意 敢＝あえて
21 〔糾弾〕 類 弾劾《ダンガイ》
22 〔促〕 音 促《ソク》〔促進《ソクシン》〕
23 〔感慨〕 注意 ×概
24 〔円滑〕 訓 滑《すべ》る・滑《なめ》らか
25 〔思索〕 類 □□《*シイ》 ▼P.177・20

類対解答　19 濃厚　25 思惟

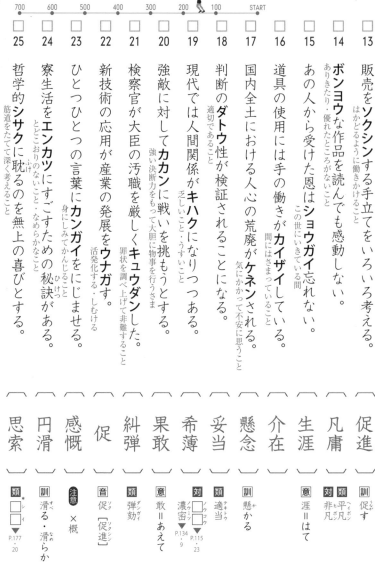

第2章 重要語A 書き取り❼

1 社会全体が**ダラク**していく様子が目に浮かぶ。
ダラク：不健全で劣悪になること
〔堕落〕 意 堕＝おちる

2 幼児の**ジュンスイ**な気持ちを大切にする。
ジュンスイ：欲や打算のないこと・まじりけのないこと
〔純粋〕

3 発言には少しの**コチョウ**も含まれていない。
コチョウ：大げさに表現すること
〔誇張〕 訓 誇《ほこ》る

4 情報の内容をゆっくり考える**ユウヨ**を与える。
ユウヨ：期日をのばすこと・ぐずぐずすること
〔猶予〕 意 猶＝のばす

5 当時は**ドウリョウ**とよく議論をしたものだ。
ドウリョウ：職場でおなじ地位の人
〔同僚〕

6 教育格差が**ケンザイ**化する可能性がある。
ケンザイ：はっきりと外にあらわれること
〔顕在〕 対 □□《センザイ》 ▼P.54・6

7 相手チームの攻撃に対する守りは**カンペキ**だ。
カンペキ：全く悪い点がないこと
〔完璧〕 注意 ×壁

8 **ナットク**のいく説明をしてもらえない。
ナットク：他人の考えや行動を理解し認めること
〔納得〕

9 人間の欲望は限りなく**ボウチョウ**する。
ボウチョウ：ふくれひろがること
〔膨張〕 注意 「膨脹」とも書く

10 古典にはくめども尽きぬ**ミリョク**がある。
ミリョク：人の心を引きつけるちから
〔魅力〕 意 魅＝人の心を迷わす

11 **ハクシキ**な人が聡明であるとは限らない。
ハクシキ：広く物事を知っていること
〔博識〕 意 博＝ひろい

12 **ヘンケン**にとらわれると判断を誤りやすい。
ヘンケン：かたよったもののみかた
〔偏見〕 訓 偏《かたよ》る

13 □ 都会から遠く**カクゼツ**した山の中で生きる。
ひどくへだたっていること
（隔絶）
訓 隔《へだ》てる

14 □ 果てしない罵声の**オウシュウ**になった。
互いにやりあうこと
（応酬）
意 酬＝むくいる

15 □ モーツァルトの音楽が人々を**ミリョウ**した。
人を引きつけて夢中にさせること
（魅了）
類 □《ミ》□《ワク》 ▼P.73・20

16 □ アイデアの新しさに青年の僕は**トウスイ**した。
うっとりとよいしれること
（陶酔）
訓 酔《よ》う

17 □ **テイサイ**よりもまずは中身を考えるべきだ。
そとから見た形・せけんてい
（体裁）
注意 ×栽

18 □ 株が暴落して世界中が大混乱に**オチイ**った。
良くない状態にはまりこむ
（陥）
音 陥《カン》［陥落《カンラク》］

19 □ 情報が言語**バイタイ**を通じて世界に拡散する。
伝達の仲立ちをするもの
（媒体）
類 メディア

20 □ 呪文が効くのは**カクウ**の世界でのことだ。
想像上のもの・事実でないもの
（架空）
訓 架《か》ける

21 □ 友人の言葉に**ショクハツ**されて歌手を目指した。
刺激されて動き出すこと
（触発）

22 □ 梅雨前線が日本列島の上に**テイタイ**する。
はかどらずにとどこおること
（停滞）
訓 滞《とどこお》る

23 □ 試合前に監督が選手の士気を**コブ**する。
はげましやる気を起こさせること
（鼓舞）
類 鼓吹《コスイ》

24 □ 伝統が壊される危険に**ケイショウ**を鳴らす。
けいかいのために鳴らすかね
（警鐘）
表 警鐘《ケイショウ》を鳴《な》らす＝事態が悪い方に向かっていることを指摘する

25 □ 喜びが**ショウチョウ**的に表現されている。
代表的なしるし
（象徴）
類 シンボル

類対解答 6 潜在 15 魅惑

第2章 重要語A

書き取り❽

□ 1 新しい場所へ**フニン**することに心躍らされる。
仕事を命じられて住む土地へ行くこと
（赴任）
訓 赴《おもむ》く

□ 2 多くの宗教では偶像が**スウハイ**されている。
あがめ敬うこと
（崇拝）
訓 拝《おが》む

□ 3 質素でつつましい生活を**スイショウ**する。
優れていることをあげて人にすすめること
（推奨）
意 奨＝すすめる

□ 4 老年になり人生の**キセキ**を振り返ってみる。
移り変わってきた道筋
（軌跡）
訓 跡《あと》

□ 5 多くの**ケッカン**を修正して理論を仕上げる。
かけて足りないもの・不備
（欠陥）
訓 陥《おち》る

□ 6 便利な電化製品が**モウレツ**な勢いで普及した。
勢いが激しいさま
（猛烈）
意 猛＝いきりたって荒々しい・はげしい

□ 7 ピアノの音色の**ビミョウ**な違いを聞き分ける。
複雑で言い表しにくいこと
（微妙）

□ 8 翌日に**ヒカ**えた入学試験を前に緊張する。
近くにある
（控）
音 控《コウ》［控訴《コウソ》］

□ 9 跳躍は**センカイ**とともに舞踊の中心的な動きだ。
ぐるぐるまわること
（旋回）
意 旋＝めぐる

□ 10 女性が活躍する**カンキョウ**が整いつつある。
まわりの状況やようす
（環境）

□ 11 杓子《しゃくし》定規《じょうぎ》にならずに**ユウズウ**をきかせる。
その場に応じて事を処理すること
（融通）

□ 12 **エイビン**な感覚で時代の最先端を行く。
感覚がはなはだするどいようす
（鋭敏）
訓 鋭《するど》い

13 □ 給料は毎日の労働に対する**ホウシュウ**である。（労働の対価として給付されるお金や物）
〔報酬〕 訓 報《むく》いる

14 □ 画中に神仙郷のイメージが**トウエイ**されている。（ある物事に他の物事が反映して現れること）
〔投影〕 注意 ×映

15 □ 研究者は専門領域の中に**マイボツ**しがちである。（うもれて隠れること）
〔埋没〕 訓 埋《う》まる

16 □ **ケイヤク**書を銀行の貸金庫に保管する。（法律上の効力を持つ取り決め）
〔契約〕 訓 契《ちぎ》る

17 □ 先人の書物から**ケイハツ**を受けている。（知らないようなことについて教えわからせること）
〔啓発〕 類 *□□《ケイモウ》 ▼P.113・24

18 □ 相手からの申し出を即座に**ショウダク**する。（聞き入れること・受け入れること）
〔承諾〕 訓 承《うけたまわ》る

19 □ 硬直化した**カンリョウ**組織を立て直す。（行政をとりおこなう上級の役人）
〔官僚〕 類 □□《カンリ》 ▼P.147・17

20 □ 先生がふさぎこんだ私を**ナグサ**めてくださった。（いたわる・気をまぎらす）
〔慰〕 音 慰《イ》［慰労《イロウ》］

21 □ 教会の神父に包み隠さず本音を**トロ**する。（思いを隠さず述べること）
〔吐露〕 訓 吐《は》く

22 □ 文章を**テンサク**するのに時間をかける。（他人の文章を改め直すこと）
〔添削〕 訓 削《けず》る

23 □ 現実を無視した**クウソ**な議論はしたくない。（形だけで内容が乏しいこと）
〔空疎〕 訓 疎《うと》い

24 □ **ケイシャ**角度の大きい屋根に登るのは危険だ。（かたむいていること）
〔傾斜〕 訓 傾《かたむ》く

25 □ 森林を**バッサイ**して畑に変えてしまう。（樹木を切りたおすこと）
〔伐採〕 意 伐＝木を切りたおすこと

類対解答　17 啓蒙　19 官吏

第2章 重要語A

書き取り⑨

□1 人は旅という言葉に多くの意味を**タク**しすぎる。
あずける・ことよせる

□2 政策により貧困の恐怖がある程度**カンワ**された。
やわらげること・ゆるめること

□3 長い歴史の中で**ジョウセイ**されてきた文化。
雰囲気や状態を次第に作り出すこと

□4 商品の品質を維持することに**フシン**する。
あれこれと気づかって苦労すること

□5 多くの人は毎日を**ケンメイ**に生きている。
せいいっぱいがんばること

□6 工場の煙と排水が環境**ハカイ**を引き起こした。
うちこわすこと

□7 立場の違いによって利害が**ショウトツ**する。
対立すること・ぶつかること

□8 労働条件について会社側と**コウショウ**する。
相手と話し合うこと

□9 **トクメイ**性を利用したいたずらを防止する。
なまえをかくすこと

□10 近代日本人の思想的**エイイ**のすべてを概観する。
いとなみ

□11 寮の規則がこまかくて**キュウクツ**に思える。
束縛され思うままにできないこと

□12 **キソン**の設備を利用して施設を作った。
前からあること

---

1 〔託〕

2 〔緩和〕 訓 緩《ゆる》める・和《やわ》らげる

3 〔醸成〕 訓 醸《かも》す

4 〔腐心〕 類 苦心《クシン》

5 〔懸命〕 表 一所懸命《イッショケンメイ》＝一つの所で力を尽くすこと

6 〔破壊〕 対 建設《ケンセツ》

7 〔衝突〕 訓 突《つ》く

8 〔交渉〕 訓 交《か》わす・交《ま》じる・交《まじ》わる 表 没交渉《ボッコウショウ》＝付き合いがないこと

9 〔匿名〕 注意 ×特

10 〔営為〕 訓 営《いとな》む

11 〔窮屈〕 意 屈＝かがむ

12 〔既存〕 注意 「キゾン」とも読む

13 徹底的に現実を**ギョウシ**して的確な判断を下す。
（目をこらしてじっと見つめること）
凝視
訓 凝《こ》らす

14 話の切り出し方はいかにも**トウトツ**だった。
（不意に・だしぬけ）
唐突
類 突然《トツゼン》

15 **キガ**の状況に置かれた人の体験談を聞く。
（食糧の不足によりうえること）
飢餓
類 飢饉《キキン》

16 他者に対する行き届いた**ハイリョ**が要求される。
（心をくばること）
配慮
訓 配《くば》る

17 むごたらしい事件や**ヒサン**な天災が起こる。
（あまりにひどくいたましいこと）
悲惨
注意 「悲酸」とも書く

18 条約の**ヒジュン**書調印のため使節を派遣した。
（条約に同意すること）
批准
意 准＝ゆるす

19 調査の**ショウサイ**な報告書を提出する。
（くわしくこまかいこと）
詳細
類 □□《イサイ》 ▼ P.131・21

20 外部の研究機関に市場調査を**イライ**する。
（用件を人にたのむこと）
依頼
訓 頼《たの》む・頼《たよ》る

21 促成**サイバイ**の野菜を朝早く市場に出す。
（植物を植え育てること）
栽培
訓 培《つちか》う

22 参考として以前の事例に**ゲンキュウ**する。
（話題がおよぶこと）
言及
訓 及《およ》ぶ

23 歌の**ボウトウ**から厳かな雰囲気が漂う。
（物事や文章のはじめ）
冒頭
訓 冒《おか》す

24 **カヘイ**に換算できない価値を持つものもある。
（商品交換の仲立ちをするもの・お金）
貨幣
注意 ×弊

25 臨時ではなく**コウジョウ**的な対策を講ずる。
（定まっていて変わらないこと）
恒常
類 □□《コウキュウ》 ▼ P.119・21

類対解答　19 委細　25 恒久

第2章

重要語 A

書き取り⑩

□1 わが社の**コウハン**《はんいがひろいこと》な業務のごく一部を紹介する。〔広範〕
意 範＝一定の区切り・わく
注意 「広汎」とも書く

□2 **キソ**《もとになる土台》となる知識をおろそかにしてはならない。〔基礎〕
訓 礎《いしずえ》

□3 新味を欠く**チンプ**《ありふれて古くさく平凡なこと》な解釈には満足しない。〔陳腐〕
対 □□《シンセン》
▼P.161・13

□4 引っ込み思案が出世の**ショウヘキ**《へだて・さまたげ》となる。〔障壁〕
訓 障《さわ》る

□5 社会全体が異様な**フンイキ**《その場を満たしているきぶん》に包まれる。〔雰囲気〕

□6 ライバルと互いに**シゲキ**《精神に外部から強く働きかけること》し合って向上する。〔刺激〕
訓 刺《さ》す

□7 既成の考えにとらわれず**ジュウナン**《融通が利き、場に応じて素直に対処できるさま》に対応する。〔柔軟〕
対 硬直《コウチョク》

□8 **カンキュウ**《おそいこととはやいこと》のリズムをつけて手を動かす。〔緩急〕
訓 緩《ゆる》い

□9 武士道精神を日本人の生活の根本に**ス**《場所をさだめて置く》える。〔据〕

□10 最後まで手を抜かず**タンネン**《心を込めてよく扱うこと》に作品を仕上げる。〔丹念〕
類 入念《ニュウネン》

□11 **シンチョウ**《軽はずみでないこと》な思考と行動が求められている。〔慎重〕
訓 慎《つつし》む

□12 努力や**シンボウ**《つらいことをがまんすること》を信条にして苦難に耐える。〔辛抱〕
訓 辛《から》い

□ 13 駄作をほめるとは**シンビ**眼が曇っている。
うつくしさと醜さを識別すること
（審美）
意 審＝こまごましたことまで明らかなさま

□ 14 ことばにより意思の**ソツウ**が可能になった。
さまたげなくつうじること
（疎通）
意 疎＝とおる

□ 15 新たな意見が出て論争に**ハクシャ**がかかった。
馬の腹部を刺激して走らせる金具
（拍車）
表 拍車《ハクシャ》がかかる＝事の進行に一層力が加わる

□ 16 冬場は**カンソウ**して火事が起こりやすい。
湿りけがなくなること
（乾燥）
訓 乾《かわ》く

□ 17 販路拡充のために効果的な宣伝を**キト**する。
くわだて・もくろみ
（企図）
訓 企《くわだ》てる

□ 18 平家一族の**ハンエイ**を歴史書で調べる。
さかえること
（繁栄）
訓 栄《さか》える

□ 19 ジャーナリズムは**リュウセイ**を極めている。
勢いがさかんなこと
（隆盛）
意 隆＝さかん

□ 20 学習指導要領に**ジュンキョ**した教材を作成する。
よりどころとして従うこと
（準拠）
意 準＝なぞらえる

□ 21 寂れている地域の**シンコウ**策を考える。
物事をさかんにすること
（振興）
訓 振《ふ》るう・興《おこ》す

□ 22 自然から**カクリ**された人工の都会で生きる。
別の場所にへだてはなすこと
（隔離）
訓 隔《へだ》てる

□ 23 宮中で厳かに**ギシキ**が執り行われている。
規則に従って行う正しい方法・その行事
（儀式）
注意 ×議・×義

□ 24 内容を再度**ギンミ**してから最終決定する。
品質などを詳しく調べること
（吟味）

□ 25 苦学生が**ソマツ**な食事に耐えて勉学に励む。
おろそかに扱うさま・品質が悪いこと
（粗末）
訓 粗《あら》い

類 対 解答　3 新鮮

第2章

重要語Aまとめ①

1 間違えやすい漢字

赤で示した箇所に注意して、正確に書こう。

漢字	参照	注意点
喪	P.49・21	①縦に貫く ②「衣」ではない
励	P.50・11	①「丶」不要 ②「刀」ではなく、「力」
傑	P.55・15	①「夕」ではない ②「井」ではない
拝	P.62・2	①突き抜けない ②横画四本
獲	P.50・5	①「扌」ではなく、「犭」 ②「乃」ではなく、「又」
概	P.54・7	①「艮」ではない ②「レ」ではなく、「⺃」。2画
衰	P.56・8	①横画、左右に突き抜ける ②二つあわせて、「衣」
弊	P.65・24	①「又」でなく、「攵」 ②はねる ③突き抜ける ④はねない

2 形が似ている漢字

次の文から漢字の誤りを一つずつ探して——を付け、正しい漢字に直そう。

□ 1 言葉は意思の伝達を謀介する。 ▼P.48・3 〔媒〕

□ 2 最新の技術を駒使する。 ▼P.48・7 〔駆〕

□ 3 世の中に完壁な人間などいない。 ▼P.60・7 〔璧〕

□ 4 外国との信頼関係を譲成する。 ▼P.64・3 〔醸〕

□ 5 野菜を促成裁培する。 ▼P.65・21 〔栽〕

3 語句の意味

次の意味を表す語を□の語群からそれぞれ選び、正しい漢字に直そう。

□ 1 きわだって目につくこと ▼P.48・5 〔顕著〕
□ 2 力を尽くし役立つこと ▼P.49・14 〔貢献〕
□ 3 うっとりとよいしれること ▼P.61・16 〔陶酔〕
□ 4 物事を盛んにすること ▼P.67・21 〔振興〕

トウスイ　コウケン　ケンチョ　シンコウ

□ 5 きっかけ ▼P.49・19 〔契機〕
□ 6 いきさつ ▼P.51・19 〔経緯〕
□ 7 思い違い ▼P.52・2 〔錯覚〕
□ 8 さまたげ ▼P.55・24 〔邪魔〕

ケイイ　ジャマ　サッカク　ケイキ

4 表現

次の各文の〔　〕に当てはまる語句を、漢字を使って書こう。

□ 1 彼の〔常軌〕を逸した行動は、周囲の人を驚かせた。 ▼P.53・15
□ 2 世界の安寧〔秩序〕を保つために、各国の首脳が集まり協議する。 ▼P.53・24
□ 3 改革が遅々として進まない現状に〔警鐘〕を鳴らす。 ▼P.61・24
□ 4 苦手なことにも一所〔懸命〕に取り組む姿勢が尊い。 ▼P.64・5
□ 5 狭い世界の中で働く同調圧力が、生きづらさに〔拍車〕をかけている。 ▼P.67・15

書き取り⑪

1 **ユウチョウ**なことをしているゆとりはない。（ゆったりと構えて気がながいこと）

2 敵の城壁は**ケンゴ**で簡単にはやぶれない。（かたくしっかりしていること）

3 複数の出来事の間に**ミャクラク**をつける。（物事のつながりや筋道）

4 いくつもの事情が**キンミツ**に結びついている。（関係がとても近くて強いこと）

5 革命は大きな価値観の**テンカン**を伴った。（別の方向や方針に変えること）

6 **メイリョウ**な発音で簡潔に指示をする。（はっきりしていること）

7 後継者が育ったので喜んで地位を**ユズ**る。（自分のものを他に与える）

8 時効により権利が**ショウメツ**してしまった。（きえてなくなること）

9 思う存分活動するために**キョテン**を手に入れる。（活動のよりどころになる所）

10 人類は物質的に他者に**イゾン**している。（他のものをたよりにすること）

11 現状を打ちやぶるには**カクゴ**と戦略がいる。（どんな結果も受け入れるという決意）

12 最初から**ムボウ**な計画とは思っていた。（深い考えのないこと）

---

1 〔悠長〕 意 悠＝のんびり

2 〔堅固〕

3 〔脈絡〕 訓 絡《から》む

4 〔緊密〕

5 〔転換〕 訓 換《か》える

6 〔明瞭〕 意 瞭＝あきらか

7 〔譲〕 音 譲《ジョウ》［譲歩《ジョウホ》］

8 〔消滅〕 訓 滅《ほろ》びる

9 〔拠点〕 意 拠＝よりどころ

10 〔依存〕 注意 「イソン」とも読む

11 〔覚悟〕 訓 悟《さと》る

12 〔無謀〕 訓 謀《はか》る

13 □ **ユウキュウ**の昔から川は流れ続けている。
果てしなく続くこと
〔悠久〕 意 悠＝はるか

14 □ **ショクバイ**を用いると反応が迅速に進行する。
そのものは変化せず反応を進める物質
〔触媒〕 訓 触《さわ》る・触《ふ》れる

15 □ 文章の**ガンイ**を読み取ることに必死だ。
おもてには現れないいみ
〔含意〕 訓 含《ふく》む

16 □ **ソヤ**な態度を改めて民衆に受け入れられた。
挙動があらあらしく下品なこと
〔粗野〕 対 □□《センレン》 ▼P.26・5　優雅《ユウガ》 ▼P.121・24

17 □ 悲しみの感情がますます**ゾウフク**される。
物事の程度を強め拡大すること
〔増幅〕 訓 幅《はば》

18 □ 嫌なことは**ソクザ**に忘れるようにしている。
すぐその場
〔即座〕 類 即刻《ソッコク》

19 □ 我が家の家訓では**ロウヒ**を戒めている。
むだづかい
〔浪費〕 対 □□《ケンヤク》 ▼P.83・17

20 □ **カンゲン**すれば自然が豊かだということだ。
別のことばにいいかえること
〔換言〕

21 □ 従来の**ワク**組みを破って新たなものを生み出す。
定められた範囲・限界
〔枠〕 表 枠組《わくぐ》み＝仕組み・大筋

22 □ 機械文明が人間を**ソガイ**する働きを持つ。
人間性を失うこと・仲間はずれにすること
〔疎外〕 訓 疎《うと》い・疎《うと》む

23 □ 今の私が子どものころの自分を**カイコ**する。
昔を振り返ること
〔回顧〕 訓 顧《かえり》みる

24 □ 過去の過ちに対する**カイコン**の情にかられる。
くやんで残念に思うこと
〔悔恨〕 訓 悔《く》いる・恨《うら》む

25 □ 豚を食べることを**キンキ**とする宗教がある。
いむべきものとしてきんずること
〔禁忌〕 訓 忌《い》む

類 対 解答　16 洗練　19 倹約

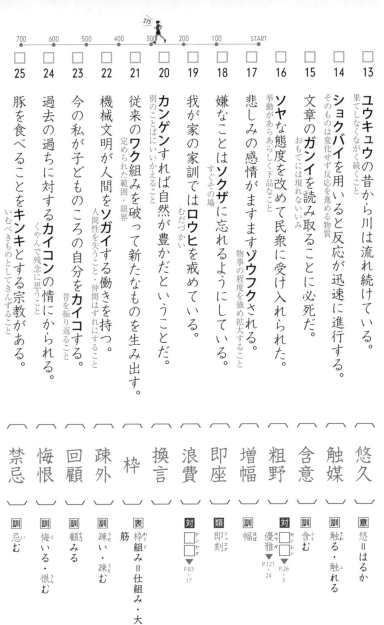

第2章 重要語A

書き取り⑫

	問題	意味	解答	補足
1	練りに練った**チミツ**な計画が実行に移される。	きめ細かく念入りなこと	緻密	対 □《ソ》□《ザツ》 ▼P.118・6
2	各々の地域での**センク**的な実践例に学ぶ。	さきがけ	先駆	訓 駆《か》ける
3	何事にも細心の備えが**カンヨウ**である。	非常に重ようであること	肝要	類 重要《ジュウヨウ》
4	**モウマク**の中心と周辺では機能が異なる。	眼球の視神経の分布しているまく	網膜	訓 網《あみ》
5	向学心**オウセイ**な若者は大成するだろう。	非常にさかんなこと	旺盛	意 旺＝さかん
6	年表には主な事件はすべて**モウラ**されている。	残らず収め入れること	網羅	注意 ×綱
7	なごやかに**ジョウダン**を言い合っている。	ふざけて言う話・むだぐち	冗談	
8	会長は辞任をあくまでも**コバ**む構えだ。	承諾せず断る	拒	音 拒《キョ》［拒否《キョヒ》］
9	荒れ地の**ドジョウ**を改良して農業を営む。	植物を育てるつち	土壌	注意 ×譲
10	自分の考えに**コシュウ**せず相手を尊重する。	自分の意見にこだわること	固執	注意 「コシツ」とも読む
11	**サギ**の被害者を救済する組織を立ち上げる。	だまして金品を取り上げること	詐欺	訓 欺《あざむ》く
12	初犯なので**カンダイ**な処分を期待する。	心が広くおおらかなこと	寛大	類 寛容《カンヨウ》

番号	問題	意味	解答	備考
13 □	オリンピックの**ユウチ**に国を挙げて取り組む。	さそい寄せること	誘致	訓 誘《さそ》う
14 □	思いやりと相互**フジョ**精神に富んだ者たち。	たすけること	扶助	意 扶＝力をかす
15 □	**トウテツ**した理論が新たな局面を切り開いた。	すきとおり明らかではっきりしていること	透徹	訓 透《す》く
16 □	旅行中に学生時代の友人に**グウゼン**出会った。	たまたま・予期しない出来事が起こること	偶然	対 必然《ヒツゼン》
17 □	事件の**ホッタン**は感情的な行き違いである。	物事の始まり	発端	対 終局《シュウキョク》
18 □	修了証書授与式は**ゲンシュク**にとり行われた。	おごそかで心がひきしまるさま	厳粛	訓 厳《おごそ》か
19 □	ゴールの**シュンカン**に会場はどよめいた。	ちょうどその時・きわめてわずかなじかん	瞬間	訓 瞬《またた》く
20 □	彼女の美しい歌声に聴衆が**ミワク**される。	人を引きつけまどわすこと	魅惑	訓 惑《まど》う
21 □	目標に**トウタツ**するために努力をかさねる。	行き着くこと	到達	注意 ×倒
22 □	子どものみが持っている**ダイタン**さと率直さ。	恐れずに思い切ってするさま	大胆	表 大胆不敵《ダイタンフテキ》＝敵を敵とも思わず恐れないこと
23 □	計画の目的や実現の可能性を**カンアン**する。	あれこれ考えあわせること	勘案	
24 □	親の**タイマン**は子どもに悪い影響を及ぼす。	なまけおこたること	怠慢	対 勤勉《キンベン》
25 □	地球温暖化は人類にとって**セッパク**した課題だ。	非常にさしせまること	切迫	類 □□《キンパク》 ▼P.171・21

類対解答　1 粗雑　25 緊迫

第2章 重要語 A

書き取り⑬

番号	問題	意味	解答	解説
1	成功に導くためにいろいろな策を**ホドコ**す。	行う	施	音 施《シ》［実施《ジッシ》］ 施《セ》［施錠《セジョウ》］
2	インターネットの功罪を多角的に**ソウカツ**する。	まとめてしめくくること	総括	意 括＝くくる
3	ヨーロッパで近代哲学の**タンショ**が開かれた。	事のはじまり・いとぐち	端緒	類 □《ホッ》□《タン》▼P.73・17 注意「タンチョ」とも読む
4	格差社会では機会の平等が**ソコ**なわれる。	傷つける・悪い状態にする	損	音 損《ソン》［損害《ソンガイ》］
5	体を**キタ**えるために毎日の運動を欠かさない。	練習をして強固にする	鍛	音 鍛《タン》［鍛錬《タンレン》］
6	暗闇に**マギ**れてどろぼうが人家に忍び込む。	入りまじって区別がつかなくなる	紛	音 紛《フン》［紛失《フンシツ》］ 表 紛《まぎ》れもなく＝間違いなく
7	叔母は私の死んだ母親に**コクジ**している。	きわめてよくにていること	酷似	訓 似《に》る
8	たまりかねて遅れている原稿を**サイソク**する。	早くするように求めること	催促	訓 催《もよお》す・促《うなが》す
9	冷たい対応に**フンガイ**せずにはいられなかった。	ひどく腹を立てること	憤慨	訓 憤《いきどお》る
10	**キョギ**の記載がされていることが発覚した。	うそいつわり	虚偽	訓 偽《いつわ》る・偽《にせ》
11	国力を**コジ**するために軍事パレードを行う。	自慢げにしめすこと	誇示	訓 誇《ほこ》る
12	当局が市場に**カイニュウ**して相場の安定を図る。	第三者が割り込んでかかわること	介入	意 介＝はさまる

□ 13 世の中のあらゆるものに**カイギ**を抱く。（うたがいを持つこと）
〔懐疑〕 訓 懐《ふところ》

□ 14 民族の自決を促す思想に**ケイトウ**する。（心を寄せること・熱中すること）
〔傾倒〕 注意 ×到

□ 15 会社再建のために不動産の**ジョウト**を決断する。（ゆずりわたすこと）
〔譲渡〕 訓 譲《ゆず》る

□ 16 金融恐慌により国内経済が**ヒヘイ**する。（経済などが弱体化すること・つかれ弱ること）
〔疲弊〕 訓 疲《つか》れる

□ 17 恵まれた**キョウグウ**ですくすくと成長する。（立場・身の上）
〔境遇〕 注意 ×隅・×偶

□ 18 **イショウ**を凝らした作品を完成させた。（ものを作る上でのくふう）
〔意匠〕 表 意匠《イショウ》を凝《こ》らす＝デザインにくふうを施す

□ 19 興奮のあまり**ジンジョウ**ではない行動をする。（普通・あたりまえ）
〔尋常〕 訓 尋《たず》ねる

□ 20 大自然の**セツリ**にかなった生活を心がける。（自然界を支配している法則）
〔摂理〕

□ 21 市民団体からの申しいれが**キョヒ**された。（承諾せずはねつけること）
〔拒否〕 訓 拒《こば》む

□ 22 **ヘンキョウ**な考えにこだわらず視野を広く持つ。（せまいこと）
〔偏狭〕 訓 偏《かたよ》る・狭《せま》い

□ 23 父は家宝の**ユイショ**を語り出すと止まらない。（いわれ・来歴）
〔由緒〕 音 由《ユウ》 訓 由《よし》 ［理《リ》由《ユウ》］

□ 24 労働者が雇用主に**タイグウ**改善を要求する。（職場での地位や給料などの取り扱い）
〔待遇〕

□ 25 西洋の文章にはしばしば聖書が**エンヨウ**される。（主張の助けのために他の事実や文献などを引くこと）
〔援用〕 意 援＝たすける

類 対 解答 3 発端

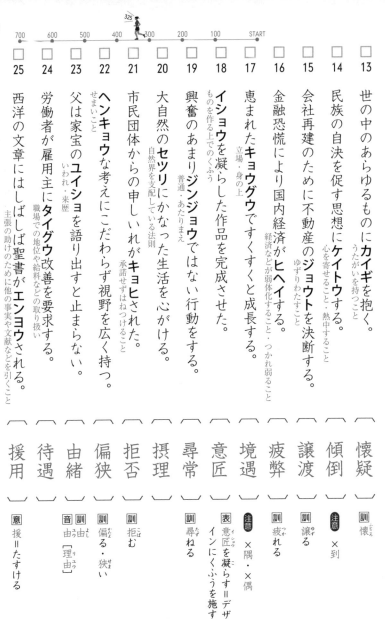

第2章 重要語A 書き取り⑭

1. いずれ両者がぶつかることは**サ**けられない。
   遠ざける・逃れる
2. 彼の書く文章は**ジョウチョウ**でまとまりがない。
   ながたらしくむだのあること
3. 闘争を**セイギョ**して公正な競争をさせる。
   思うようにあやつること
4. 産業廃棄物がうずたかく**タイセキ**されていく。
   つみかさねること
5. 面会を許される**ハンイ**は親族に限られている。
   ある限られた区域
6. 汚濁を嫌い**ケッペキ**を尊ぶ傾向が強い。
   けがれや正しくないことを極度に嫌うこと
7. 自我の解放の**ダイショウ**に不毛な孤独を得た。
   目標に到達するために払う犠牲
8. 特産のブドウの**シュウカク**が終わった。
   取り入れ・成果・得たもの
9. 食物**センイ**を摂取することは体にとって必須だ。
   ほそい糸状の物質
10. 両者間の対立は**ソショウ**に持ち込まれた。
    争いを解決するため裁判の請求をすること
11. 裁判の**バイシン**員を引き受けることになった。
    一般市民がしんぱんに参与する制度
12. 両国の間に**カンショウ**地帯が横たわる。
    ぶつかったときのショックをやわらげること

---

1. 〔避〕 音 避《ヒ》［避《ヒ》難《ナン》］
2. 〔冗長〕
3. 〔制御〕 類 □□《トウギョ》 ▼P.79・17
4. 〔堆積〕 意 堆＝盛りあがってたかい
5. 〔範囲〕
6. 〔潔癖〕 訓 潔《いさぎよ》い
7. 〔代償〕 訓 償《つぐな》う
8. 〔収穫〕 注意 ×獲
9. 〔繊維〕
10. 〔訴訟〕 訓 訴《うった》える
11. 〔陪審〕 注意 ×倍
12. 〔緩衝〕 訓 緩《ゆる》い

700 600 500 400 350 300 200 100 START

13 □ 禁欲の時代の次に**キョウラク**の時代が来る。
たのしみにふけること
〔享楽〕
意 享＝うける

14 □ **カンサン**としていた商店街に活気が戻った。
静かでひっそりとしていること
〔閑散〕
意 閑＝ひま

15 □ 権力に対して**テイコウ**するには覚悟がいる。
外からの力にさからうこと
〔抵抗〕
注意 ×坑

16 □ **サバク**を緑化する計画が進行中である。
岩石や小石、すなからなる広野
〔砂漠〕
注意「沙漠」とも書く

17 □ 改修により部屋の**ソウショク**が新しくなった。
美しくよそおいかざること・かざり
〔装飾〕
訓 装《よそお》う・飾《かざ》る

18 □ 新しい技法を取り入れることを**ガンコ**に拒む。
かたくなで意地っぱりなこと
〔頑固〕
意 頑＝かたくな

19 □ 過ぎ去った青春への**キョウシュウ**を感じる。
ふるさとや昔を懐かしく思うこと
〔郷愁〕
訓 愁《うれ》い

20 □ 山頂から見る風景の中に**ソウゴン**さを感じる。
おごそかでりっぱなこと
〔荘厳〕
訓 厳《おごそ》か・厳《きび》しい

21 □ やむなく多数派に**ゲイゴウ**した生き方をする。
他人の機嫌をとるため調子をあわせること
〔迎合〕
訓 迎《むか》える

22 □ 他人の考えを一切**コリョ**しない態度を改めた。
気にかけること
〔顧慮〕
訓 顧《かえり》みる

23 □ **ユイイツ**の希望が跡形もなく消えてしまった。
ひとつだけで他にないこと
〔唯一〕
表 唯一無二《ユイイツムニ》＝ただひとつだけでふたつと無いこと

24 □ 偉人の**スウコウ**な精神から多くのことを学ぶ。
けだかく偉大なこと
〔崇高〕

25 □ 人間が自然を破壊して**シュウダツ**する。
強制的にうばいとること
〔収奪〕
訓 収《おさ》める・奪《うば》う

類対解答　3 統御

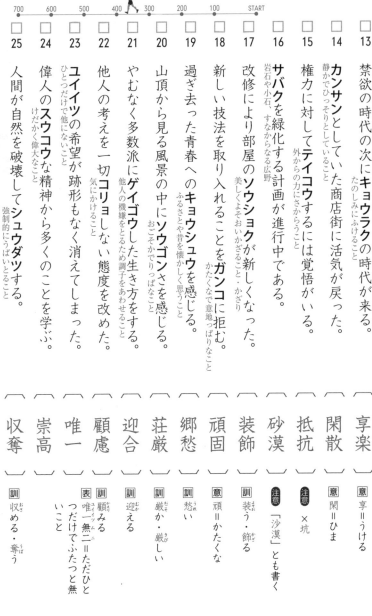

第2章 重要語A 書き取り⑮

□ 1 実現可能であることのショウサを示す。
（事実をあきらかにするよりどころとなるもの）

□ 2 社長の陣頭シキで社内の組織改革を行った。
（さしずすること・演奏をまとめてひきいること）

□ 3 宇宙から地球へキカンすることができた。
（かえってくること）

□ 4 試合を明日に控えて士気がコウヨウする。
（精神や気分などがたかまること）

□ 5 普段はカモクな人が今日に限ってよく話す。
（口数が少ないこと）

□ 6 心を内なるものとしてとらえるケイコウが強い。
（性質や状態などのかたむき）

□ 7 この歌のセンリツは難しくて歌いにくい。
（メロディー・音のながれ）

□ 8 野次により会議の進行がボウガイされた。
（さまたげること）

□ 9 砂漠には生物多様性がケツジョしている。
（かけていること・足りないこと）

□ 10 批判に対してはシンケンに反論していく構えだ。
（まじめ・本気）

□ 11 我々の行く手をハバむものは何もない。
（他のものの動きを抑えて邪魔をする）

□ 12 思いがけずトウライした好機を逃さない。
（やってくること）

1 （証左）

2 （指揮） 意 揮＝ふるう

3 （帰還） 意 還＝かえる

4 （高揚） 訓 揚《あ》げる 注意 「昂揚」とも書く

5 （寡黙） 意 寡＝すくない 対 *□□《ジョウゼツ》 ▼P.100・7

6 （傾向） 訓 傾《かたむ》く

7 （旋律） 注意 ×施

8 （妨害） 訓 妨《さまた》げる

9 （欠如） 音 如《ニョ》［如実《ニョジツ》］

10 （真剣） 訓 剣《つるぎ》 類 □□《シンシ》 ▼P.97・22

11 （阻） 音 阻《ソ》［阻止《ソシ》］

12 （到来） 意 到＝いたる

13 □ 敵の**コウゲキ**を受けて兵士が逃げまどう。
敵をせめること・相手をなじること
〔攻撃〕
対 守備《シュビ》

14 □ 雨の高速道路を自動車が**シッソウ**してゆく。
非常に速くはしること
〔疾走〕
意 疾＝はやい

15 □ 昔の女性は家事労働に**ユウヘイ**されていた。
とじこめること
〔幽閉〕
訓 閉《し》める・閉《と》ざす

16 □ 官から民へというスローガンが**カカ**げられる。
人目につくように示す
〔掲〕
音 掲《ケイ》［掲載《ケイサイ》］

17 □ 万物を**トウギョ**する神の支配が行き渡っている。
まとめ支配すること
〔統御〕
類 統制《トウセイ》

18 □ 今日の教育を**コウハイ**させた元凶を探る。
あれはてること
〔荒廃〕
訓 廃《すた》れる

19 □ 高性能な望遠鏡が人工衛星に**トウサイ**される。
機器を装備すること
〔搭載〕
訓 載《の》せる

20 □ 突然の話に**トウワク**して言葉が出ない。
処置に迷いとまどうこと
〔当惑〕
訓 惑《まど》う

21 □ 外国文学の享受には良質の**ホンヤク**が必要だ。
ある言語を他の言語に直すこと
〔翻訳〕
訓 翻《ひるがえ》す

22 □ 突き刺すような激痛にいきなり**オソ**われる。
おびやかす・いきなり危害を加える
〔襲〕
音 襲《シュウ》［襲撃《シュウゲキ》］

23 □ 通学電車の中は**タイクツ**なので本を読む。
飽きて暇を持て余すこと
〔退屈〕

24 □ 剣術の腕を**ミガ**くために武者修行に出る。
上達する・きれいにする
〔磨〕
音 磨《マ》［研磨《ケンマ》］

25 □ 親しかった友といつのまにか**ソエン**になった。
行き来が途絶えがちになること
〔疎遠〕
訓 疎《うと》い

第2章 重要語 A 書き取り⑯

1 □ **リジュン**追求は資本主義社会の本質だ。
りえき・もうけ
（利潤）　類 利益《リエキ》

2 □ 水平線まで広がる**チョウボウ**を堪能した。
遠くまで見渡したながめ
（眺望）　訓 眺《なが》める

3 □ 一度決定されたことが**クツガエ**された。
根本からひっくりかえす
（覆）　訓 覆《おお》う　音 覆《フク》［覆水《フクスイ》］

4 □ 目次や**サクイン**を手がかりに調べ物をする。
書物の中の字句などを配列した表
（索引）　意 索＝探し出す

5 □ 小説家は人情の**キビ**について熟知している。
かすかなおもむきや事情
（機微）

6 □ もめごとで人間関係に**キレツ**が生じてしまった。
ひびがはいること・さけ目
（亀裂）　訓 裂《さ》く

7 □ 歯並びの**キョウセイ**は子どものうちにしておく。
よくないところを直しただしくすること
（矯正）　訓 矯《た》める

8 □ 用語を**キョウギ**に解釈して内容を把握し損ねる。
せまいほうの意味
（狭義）　対 □《コウ》□《ギ》 ▼P.24・9

9 □ 彼は終始**イッカン**した態度を保っている。
ひとつの考え方を通すこと
（一貫）　訓 貫《つらぬ》く

10 □ 農村の**カソ**化を無策のまま放置してはならない。
人口が少なすぎること
（過疎）　対 過密《カミツ》

11 □ 役所の**カンカツ**が細分化されてわかりにくい。
権限によって支配の及ぶ範囲
（管轄）　意 轄＝とりしまる　注意 ×官

12 □ 話題が**タキ**にわたっており飽きさせない。
おおくの方面に分かれていること
（多岐）　意 岐＝えだみち

13 弱肉強食の世の中は弱者には**カコク**（厳しすぎること）である。

14 講師の話の**カンジン**（重要なこと）なところを聞き逃した。

15 善人が**アザム**（だます）かれることのない世の中にしたい。

16 家の周辺を**フシン**（うたがわしいこと）な人物がうろついている。

17 経費の伸びを**ヨクセイ**（おさえとどめること）する方法を考える。

18 必要のない**マサツ**（合わないこと・もめごと・すれあうこと）を起こさぬように気をつける。

19 アイドルの周りに**イクエ**（多くのかさなり）にも人垣ができていた。

20 俳句の表現法は短詩型文学の**キョクチ**（この上ないおもむき）である。

21 交渉の妥結に向けて**セッショウ**（話し合い・かけひき）をかさねる。

22 **ショウモウ**（使って減りなくなること）品を購入する資金が十分ではない。

23 単なる**ダセイ**（今までの習慣）として片づけられない習慣だ。

24 **オウヘイ**（おごりたかぶって無礼なこと）な客への応対にたいへん気を遣った。

25 祖父の**ショウゾウ**（人物の姿を写しとったもの）画が客間に飾ってある。

---

13 〔過酷〕 意 酷＝きびしい 注意 「苛酷」とも書く

14 〔肝心〕 注意 「肝腎」とも書く

15 〔欺〕 音 欺《ギ》［詐欺《サギ》］

16 〔不審〕 意 審＝事細かくくわしい

17 〔抑制〕 訓 抑《おさ》える

18 〔摩擦〕 訓 擦《す》る

19 〔幾重〕 訓 重《かさ》ねる・重《おも》い

20 〔極致〕 訓 極《きわ》める 音 極《ゴク》［極上《ゴクジョウ》］

21 〔折衝〕 意 衝＝つく

22 〔消耗〕 注意 「耗」モウは慣用音 音 耗《コウ》［心神耗弱《シンシンコウジャク》］

23 〔惰性〕 注意 ×堕

24 〔横柄〕 意 横＝道理に従わない

25 〔肖像〕 意 肖＝似る

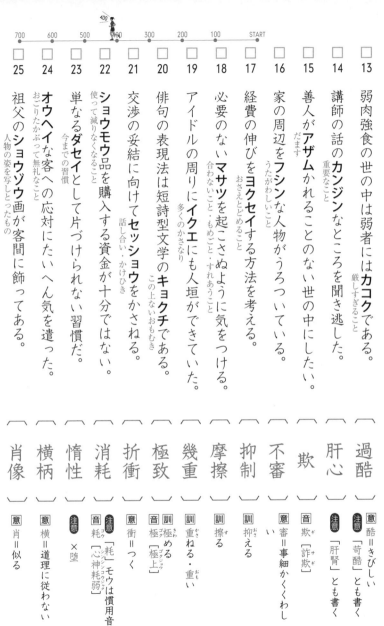

第2章 重要語 A

書き取り⑰

1. 法律改定にフズイする問題が指摘された。（つきしたがうこと）
〔付随〕
注意「附随」とも書く
意 随＝したがう

2. 伝統工芸の技術をエトクするために型がある。（意味をよく理解して自分のものとすること）
〔会得〕

3. キョウリョウな人物とつきあうのはごめんだ。（人を受け入れる心がせまいこと）
〔狭量〕
訓 狭《せま》い・狭《せば》める

4. ケンメイな判断に誰もが首を縦にふった。（かしこくて物事の筋道がよくわかっていること）
〔賢明〕
対 暗愚《アング》

5. 終身コヨウ制度や年功序列賃金制度が崩れた。（やとうこと）
〔雇用〕
対 解雇《カイコ》

6. 暇になるとついモウソウにふけってしまう。（根拠のないそうぞうや考え）
〔妄想〕
意 妄＝いいかげんに・でたらめに

7. フィールドワークは研究のイッカンである。（全体の中のいちぶぶん）
〔一環〕
注意 ×還

8. 孔子は門人をイマシめる言葉をたくさん残した。（教えさとす）
〔戒〕
音 戒《カイ》［訓戒《クンカイ》］

9. ザンシンな表現が多くの人を喜ばせた。（おもむきが際立ってあたらしいこと）
〔斬新〕
対 □《チン》□《プ》 ▼P.66・3

10. 青雲の志を抱く若者が国家のソセキとなった。（物事の土台）
〔礎石〕
訓 礎《いしずえ》

11. 今までのホンポウな生活に終止符を打つ。（思うままにふるまうこと）
〔奔放〕

12. 実りのない話し合いは時間のムダである。（役に立たないこと・しただけのかいがないこと）
〔無駄〕
意 駄＝乗馬に適さない馬

700 600 500 400 300 200 100 START

13 □ 仕事におわれて時間の**ヨユウ**が全くない。（ゆとり・ゆったりしていること）
〔余裕〕
表 余裕綽綽《ヨユウシャクシャク》＝落ち着き払っているさま

14 □ **トウガイ**事件の関係者から事情を聞く。（そのことにあたること・そのもの）
〔当該〕

15 □ 思い切りが悪く心が常に**ユ**れ動いている。（不安定な状態になる）
〔揺〕
音 揺《ヨウ》［動揺《ドウヨウ》］

16 □ 犯罪を**キョウサ**してはならないのは当然だ。（ある事をするようにそそのかすこと）
〔教唆〕
訓 唆《そそのか》す

17 □ 昔の武士は質素**ケンヤク**を旨としていた。（切りつめてむだ遣いしないこと）
〔倹約〕
対 □《ロウ》□《ヒ》 ▼P.71・19

18 □ 地下鉄が五分**カンカク**で運行されている。（あいだのじかん・へだたり）
〔間隔〕
訓 隔《へだ》てる

19 □ 海底に沈んだといわれる財宝を**タンサク**する。（さがし求めること）
〔探索〕
訓 探《さが》す・探《さぐ》る

20 □ 他人の**キゲン**をうかがうことはやめよう。（おもわく・気持ち・気分）
〔機嫌〕
注意 ×気

21 □ **タイキュウ**性に優れている商品を開発する。（丈夫で長持ちすること）
〔耐久〕
訓 耐《た》える

22 □ 警察により容疑者の家宅**ソウサク**が行われた。（さがし求めること）
〔捜索〕
訓 捜《さが》す

23 □ 母の形見の大事な家具を**シュウゼン**に出す。（つくろいなおすこと）
〔修繕〕
訓 繕《つくろ》う

24 □ 時代のスタイルはゆるやかに**ヘンセン**する。（移りかわり）
〔変遷〕
意 遷＝うつる

25 □ かなりの**ニンタイ**を要する仕事である。（たえしのぶこと）
〔忍耐〕
訓 忍《しの》ぶ・耐《た》える

類対解答　9 陳腐　17 浪費

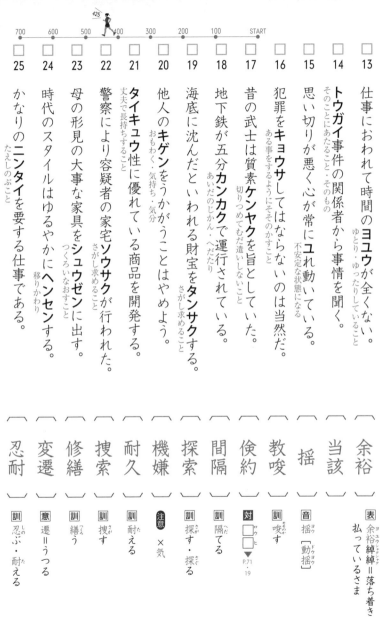

第2章 重要語 A 書き取り⑱

□ 1 何のヘンテツもない景色になぜか心がひかれる。
かわっていること
〔変哲〕
表 変哲《ヘンテツ》もない＝取り立てて言うほどのこともない

□ 2 びっくりギョウテンして尻もちをついた。
非常に驚くこと
〔仰天〕
訓 仰《あお》ぐ 類 □□《＊キョウガク》 ▼P.156・4

□ 3 子ども向けの本のシッピツに携わってきた。
文章を書くこと
〔執筆〕
訓 執《と》る

□ 4 デビュー時のセンレツな印象が記憶に新しい。
あざやかではっきりしていること
〔鮮烈〕
訓 鮮《あざ》やか

□ 5 事のカチュウにあるときは周りが見えない。
ものごとのまっただなか
〔渦中〕
訓 渦《うず》

□ 6 全身の筋肉に少しずつフカをかけて鍛える。
ふたんとなるエネルギーのかさ
〔負荷〕
訓 負《お》う・負《ま》ける・荷《に》

□ 7 絵の特徴は落ち着いた色調とインエイとにある。
かげ・単調ではなく深みがあること
〔陰影〕
訓 陰《かげ》・影《かげ》

□ 8 多くの問題をホウガンしている社会に生きる。
つつみふくむこと
〔包含〕
訓 包《つつ》む・含《ふく》む

□ 9 易しい問題からジョジョに解いていく。
少しずつ進むさま・少しずつ変化するさま
〔徐々〕
注意 ×除

□ 10 筆遣いのビサイな違いも見分けることができる。
きわめてこまかいこと
〔微細〕
意 微＝かすか

□ 11 友人からサークルへの入会をカンユウされた。
すすめさそうこと
〔勧誘〕
訓 勧《すす》める・誘《さそ》う

□ 12 書物はテクストをケンゲンさせるものである。
はっきりとあらわれること
〔顕現〕
訓 現《あらわ》れる

700 600 500 400 300 200 100 START

13 学生時代に大学で教授の**クントウ**を受けた。
徳により人に影響を与えること
（薫陶）

14 横断歩道付近では**ジョコウ**運転をする。
ゆっくりと進むこと
（徐行）

15 状況を**ショウアク**しなければならない。
思い通りにすること・支配下におくこと
（掌握）

16 **ギコウ**を凝らした作品が多く公開されている。
文学や芸術などの表現の腕前
（技巧）

17 数々の**シンサン**をなめた後に成功した。
つらい苦しみ・苦い経験
（辛酸）

18 被災地にいち早く救助隊が**ハケン**された。
命じて行かせること
（派遣）

19 仕事がうまくいかず**ショウソウ**感にかられる。
いらだちあせること
（焦燥）

20 **ホウシ**活動に参加することに喜びを感じる。
つかえること・つくすこと
（奉仕）

21 貿易赤字と財政赤字が両方とも**フク**らむ。
内側から大きくなる
（膨）

22 新しい武器の**イリョク**を見せつけられた。
他を押さえつけ服従させる強いちから
（威力）

23 **シュビ**一貫した姿勢で問題解決に当たる。
始めと終わり・事のてんまつ
（首尾）

24 自然は人間に大きな**エイキョウ**を与える。
他に作用が及ぶこと
（影響）

25 遠い未来の**キョコウ**の物語を創造する。
想像力によって本当のことであるかのように組み立てること
（虚構）

13 訓 薫《かお》る
14 意 徐＝ゆっくり
15 訓 握《にぎ》る
16 訓 巧《たく》み
17 訓 辛《から》い 表 辛酸《シンサン》をなめる＝つらい苦労をする
18 訓 遣《つか》わす
19 訓 焦《あせ》る・焦《こ》げる
20 訓 奉《たてまつ》る・仕《つか》える
21 音 膨《ボウ》［膨張《ボウチョウ》］
22 意 威＝おどす
23 表 首尾《シュビ》一貫《イッカン》＝最初から最後まで筋が貫かれていること
24 訓 響《ひび》く

類対解答 2 驚愕

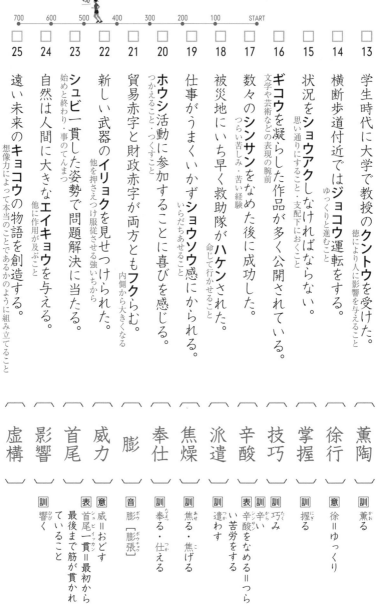

第2章 重要語 A

書き取り⑲

- □ 1 **トウサク**した感情を持つ青年を演じる。
  世の中の規範に反し異常なこと
  （倒錯）
  訓 倒《たお》れる
- □ 2 **ケッシュツ**しているが故に理解されない。
  飛びぬけて優れていること
  （傑出）
  意 傑＝すぐれている
- □ 3 検察は政治家の汚職を厳しく**ツイキュウ**した。
  責めたり問いただしたりしておいつめること
  （追及）
  注意 ×追究 ▼P.173・23 ×追求 ▼P.198・5
- □ 4 有名人の**イツワ**に世間の人は興味を持った。
  世間にあまり知られていないはなし
  （逸話）
- □ 5 自分の**カラ**に閉じこもって心を開かない。
  内部を保護するためにおおう堅い外皮
  （殻）
- □ 6 きわめて**セイコウ**な複製本が刊行された。
  細工が細かくたくみなこと
  （精巧）
  対 □《ソ》□《ザツ》 ▼P.118・6
- □ 7 **ニゴ**った意識の中にふいに母の顔が浮かぶ。
  透明でなくなる・よごれる
  （濁）
  対 □《す》む ▼P.118・10
- □ 8 彼の作品は前衛的で他の**ツイズイ**を許さない。
  あとをおいかけること
  （追随）
  意 随＝したがう
- □ 9 頑張ったのに結果が思わしくなく**ラクタン**した。
  失望しがっかりすること
  （落胆）
  意 胆＝きも
- □ 10 猫が相手を**イカク**するために背を丸めている。
  力を示しておどすこと
  （威嚇）
  意 嚇＝おどす
- □ 11 人民を救うために**ソゼイ**を軽くする措置をとる。
  国などが人民から徴収する金
  （租税）
  意 租＝年貢
- □ 12 独立を果たして国民全体が**カンキ**に包まれた。
  たいそうよろこぶこと
  （歓喜）
  意 歓＝よろこぶ

13 □ 裁判所が被告人を法廷に**ショウカン**する。
裁判所がよびだすこと
〔召喚〕
訓 召《め》す

14 □ 不況のせいで今年度の予算を**サクゲン**する。
けずりへらすこと
〔削減〕
訓 削《けず》る

15 □ 大量のコピーが作られるという**キグ**がある。
おそれること・不安
〔危惧〕
意 惧＝おそれ

16 □ **ヒキン**な例を取り上げてわかりやすく説く。
手ぢかでありふれたこと
〔卑近〕
訓 卑《いや》しい

17 □ 西洋化は近代化の**ヒョウショウ**である。
心に思いうかべられた姿や形
〔表象〕
類 象徴《ショウチョウ》

18 □ **ハクシン**の演技が観客を感動の渦に巻き込んだ。
表現されたものが現実にそっくりであること
〔迫真〕
訓 迫《せま》る

19 □ **カナ**でられたピアノの音が朝の静寂をやぶる。
音楽を演奏する
〔奏〕
音 奏《ソウ》［演奏《エンソウ》］

20 □ コップは使い方**シダイ**で花瓶にもなる。
物事の事情にまかせること
〔次第〕

21 □ 社会にはびこる腐敗を**イッソウ**しようとする。
いちどに残らず払いのけること
〔一掃〕
訓 掃《は》く

22 □ 特別措置法は国会で**ケイゾク**審議となった。
引きついでつづけること
〔継続〕
訓 継《つ》ぐ

23 □ 心の中に**クウキョ**な部分を抱えている。
むなしいこと・内容のないこと
〔空虚〕
意 虚＝むなしい

24 □ 若いころから**ザセツ**の多い人生を歩んできた。
途中でくじけだめになること
〔挫折〕
類 蹉跌《サテツ》

25 □ **グウゾウ**視された偉人の伝記を読んだ。
強い尊敬や崇拝の対象となるもの
〔偶像〕
注意 ×隅・×遇

類対解答　6 粗雑　7 澄

第2章 重要語 A

書き取り 20

1 隠されていた秘密がとうとう**バクロ**された。
悪事や秘密などをあばきだすこと
（暴露）
訓 暴《あば》く

2 太陽エネルギーは莫大《ばくだい》な**ムショウ**の贈り物だ。
ただ・見返りを要求しないこと
（無償）
類 無料《ムリョウ》

3 事件の経緯をありのままに**ジョジュツ**する。
順を追ってのべること
（叙述）
訓 述《の》べる

4 世界の平和に**キヨ**する国際機関を創設する。
社会や人のために役に立つこと
（寄与）

5 戦後の日本はめざましい発展を**ト**げた。
最終的にそうなる・目的を達する
（遂）
音 遂《スイ》［完遂《カンスイ》］
注意 ×逐

6 国によって国民性に**トクチョウ**がある。
他と異なって目立つしるし
（特徴）
注意 ×特長＝とくにすぐれている所

7 国家権力による**ヨクアツ**に激しく抵抗する。
むりやり押さえつけること
（抑圧）
訓 抑《おさ》える
類 □《ソク》□《バク》 ▼P.55・16

8 昔のことははるか**ボウキャク**の彼方《かなた》にある。
すっかりわすれること
（忘却）
訓 忘《わす》れる

9 ことばの**ラレツ**が次第に意味を帯びてくる。
連なり並べること
（羅列）
意 羅・列＝つらねる

10 我が町の偉人の**ケンショウ**碑を建てる。
隠れた功績などを広く世間に知らせること
（顕彰）
意 顕・彰＝あきらか

11 事態が**フンキュウ**しておさまりがつかない。
物事が混乱しもつれること
（紛糾）
訓 紛《まぎ》れる

12 **シュウカン**は第二の天性だと言われる。
日常の決まりきった行い
（習慣）
意 習＝ならわし・ならい

13 □ たまたま手にした書物に**カンメイ**をうける。（忘れられないほど深くかんじること）
（感銘）
注意「肝銘」とも書く

14 □ 母校は多くの人材を**ハイシュツ**してきた。（才能ある人が続々と世にでること）
（輩出）

15 □ ふるさとは**キフク**に富んだ地形をしている。（高低に変化のあるさま）
（起伏）
訓 伏《ふ》す

16 □ 提案を**キョゼツ**するのは得策とは思えない。（こばむこと・受けつけないこと）
（拒絶）
訓 拒《こば》む

17 □ おもちゃの電池が切れたので**コウカン**した。（取りかえること・やり取りすること）
（交換）
訓 換《か》える

18 □ **トボ**しい資源をめぐって人々が争っている。（足りないこと・少ないこと）
（乏）
音 乏《ボウ》［欠乏《ケツボウ》］

19 □ **キバツ**ないでたちが周囲の者を仰天させた。（とっぴなこと・風変わりなこと）
（奇抜）
類 突飛《トッピ》

20 □ できばえのすばらしさに**キョウタン**した。（非常におどろき感じること）
（驚嘆）

21 □ 社会への怒りが変革の活力へと**ショウカ**する。（物事がより高い状態になること）
（昇華）
訓 昇《のぼ》る

22 □ 犯罪の**オンショウ**を徹底的にたたきつぶす。（ある（よくない）ことがうまれ育ちやすい環境）
（温床）
訓 温《あたた》かい・床《ゆか》・床《とこ》
類 □□《ドジョウ》 ▼P.72・9

23 □ 通説をむやみに**シンポウ**するのは考えものだ。（ある考えをしんじて尊ぶこと）
（信奉）
訓 奉《たてまつ》る

24 □ 長い年月の間に水が岩を**シンショク**する。（水や氷、風などが地表面を削ること）
（浸食）
訓 浸《ひた》す
注意「侵食」とも書く

25 □ プロジェクトに関する全ての権限を**フヨ**する。（さずけあたえること）
（付与）
注意「附与」とも書く

第2章

重要語Aまとめ②

1 間違えやすい漢字

赤で示した箇所に注意して、正確に書こう。

P.71・18	P.76・6	P.79・18	P.83・22
即	癖	廃	捜
①「丶」不要 ②「艮」ではない ③「卩」ではない	①「广」ではなく、「疒」 ②「吕」ではない ③「幸」ではなく、「辛」	「厂」や、「疒」ではない	「田」や、「由」ではない

P.74・7, 81・13	P.77・21	P.82・8	P.85・15
酷	迎	戒	掌
①「西」ではなく、「酉」 ②突き抜けない	①「卯」ではない ②「阝」ではない	①必要 ②縦一画だと別字「戎」	「ッ」ではなく、「⺍」

2 形が似ている漢字

次の文から漢字の誤りを一つずつ探して――を付け、正しい漢字に直そう。

□ 1 政府の弾圧に団結して抵坑する。（抗）P.77・15

□ 2 資料を整理して牽引を作成した。（索）P.80・4

□ 3 夢や目標もなく堕性で生きている。（惰）P.81・23

□ 4 新しい考え方が除々に広まる。（徐）P.84・9

□ 5 イスラム教は隅像崇拝を禁じている。（偶）P.87・25

3 語句の意味

次の意味を表す語を［　］の語群からそれぞれ選び、正しい漢字に直そう。

□ 1 物事のつながりや筋道 ▼P.70・3 〔脈絡〕
□ 2 まとめ支配すること ▼P.79・17 〔統御〕
□ 3 思うままにふるまうこと ▼P.82・11 〔奔放〕
□ 4 物事が混乱しもつれること ▼P.88・11 〔紛糾〕

ホンポウ　ミャクラク　フンキュウ　トウギョ

□ 5 いとぐち ▼P.74・3 〔端緒〕
□ 6 もうけ ▼P.80・1 〔利潤〕
□ 7 かけひき ▼P.81・21 〔折衝〕
□ 8 移りかわり ▼P.83・24 〔変遷〕

リジュン　ヘンセン　タンショ　セッショウ

4 表現

次の各文の〔　〕に当てはまる語句を、漢字を使って書こう。

□ 1 祭で巡行される鉾《ほこ》のデザインはそれぞれに〔意匠〕が凝らされている。▼P.75・18
□ 2 私にとって大親友の彼女は〔唯一〕無二とも言っていい存在だ。▼P.77・23
□ 3 何の〔変哲〕もない小さなパン屋だが、おいしいパンがそろっている。▼P.84・1
□ 4 若い頃から〔辛酸〕をなめてきた彼は、人の気持ちのわかる人間である。▼P.85・17
□ 5 彼女は〔首尾〕一貫して社会的弱者の味方という態度を崩さなかった。▼P.85・23

第2章 重要語 A

読み取り❶

□1 市場経済が急速に世界を**覆**いつつある。（全体を包み込む・ふさぐ）
【おお】
訓 覆《くつがえ》す

□2 西洋哲学のイデア論はプラトンに**遡**る。（流れに逆らって上る・立ち返る）
【さかのぼ】

□3 評論家の論じる共同幻想に**破綻**が生じるだろう。（やぶれほころびること）
【はたん】
注意 ×綻《テイ》と読まない

□4 労働者が解雇の危機に**脅**かされている。（危険な状態にする・危うくする）
【おびや】
訓 脅《おど》す　音 脅《キョウ》［脅迫《キョウハク》］

□5 マスメディアが枢要な役割を**担**ってきた。（自分の責任として引き受ける）
【にな】
音 担《タン》［担当《タントウ》］

□6 昨年度に比べて**著**しく売り上げが伸びた。（はっきりとわかる・目立つ）
【いちじる】
音 著《チョ》［著名《チョメイ》］

□7 我々も芭蕉《ばしょう》が身を**浸**していた伝統の中にいる。（ある状態の中にすっぽりと身を置く・液体の中につける）
【ひた】
音 浸《シン》［浸水《シンスイ》］

□8 環境問題と**絡**めたテーマで講演を行う。（関係し合っている）
【から】
音 絡《ラク》［連絡《レンラク》］

□9 満足の裏に不快がぼんやりと**潜**んでいた。（外から見えずかくれている）
【ひそ】
訓 潜《もぐ》る　音 潜《セン》［潜伏《センプク》］

□10 政治に**携**わる人すべてが能弁とは言えない。（ある事柄に従事する・かかわる）
【たずさ】
音 携《ケイ》［提携《テイケイ》］

□11 事実に基づかない**恣意**的な解釈はよくない。（自分勝手な考え）
【しい】
意 恣＝思いのままであること

□12 日々の**糧**にありつくので精一杯である。（食料・活動の源）
【かて】
音 糧《リョウ》［糧食《リョウショク》］ 糧《ロウ》［兵糧《ヒョウロウ》］

13 □ 興味の**赴**くままに本を読むのが至福の時だ。
向かって行く
〔おもむ〕
音 赴《フ》［赴任《フニン》］

14 □ 遠くに海辺の小道を**辿**る人影が見える。
ある方向へ進む
〔たど〕

15 □ 古典を原文で読まなくてはならないのは**厄介**だ。
面倒で手間のかかること
〔やっかい〕

16 □ 情勢が変化して任務の**遂行**が困難になった。
成しとげること
〔すいこう〕
訓 遂《と》げる

17 □ パソコンを使用して指先から言葉を**紡**ぎ出す。
いろいろな素材を組み合わせてつくる・よりをかけて糸をつくる
〔つむ〕
音 紡《ボウ》［混紡《コンボウ》］

18 □ 何事も前例に**倣**うというやり方に慣れている。
手本としてまねをする
〔なら〕
音 倣《ホウ》［模倣《モホウ》］

19 □ 人は誰でも社会に対する責任を**免**れられない。
のがれる
〔まぬか〕
音 免《メン》［免責《メンセキ》］
注意 「まぬが」とも読む

20 □ **否応**なく権力闘争に巻き込まれてしまった。
承知と不承知
〔いやおう〕
音 否《ヒ》［否認《ヒニン》］
表 否応《いやおう》なく＝有無を言わせず

21 □ 勝負の行方は**混沌**として予測がつかない。
物事の区別やなりゆきがはっきりしないこと
〔こんとん〕
対 □□《チツジョ》 ▼P.53・24
注意 「渾沌」とも書く

22 □ 私は理想と現実との**乖離**に苦しんでいる。
そむきはなれること
〔かいり〕
注意 ×乖《スイ》と読まない

23 □ 創業間もない若い会社で活力に**溢**れている。
満ち満ちている
〔あふ〕

24 □ かつて日本は大陸文化の強い影響に**晒**された。
ある状態に置かれたままになる
〔さら〕
注意 「曝す」とも書く

25 □ 権力者の意向で史実が**歪曲**して伝えられる。
事実をわざとゆがめること
〔わいきょく〕
意 歪＝ゆがめる

類対解答　21 秩序

第2章

重要語A

読み取り❷

□ 1 報告文書と活動実態との間には**齟齬**がある。
くいちがい
（そご）
意 齟・齬＝上下の歯がくいちがう

□ 2 メディアを通してイメージのみが**流布**する。
世の中に広まること
（るふ）
意 布＝しく

□ 3 窓外の景色を目を**凝**らしてじっと見つめる。
一か所に集中させる
（こ）
音 凝《ギョウ》［凝視《ギョウシ》］

□ 4 宗教性をできるだけ**払拭**した様式にする。
すっかり取り除くこと
（ふっしょく）
訓 払《はら》う

□ 5 **精緻**を極めた研究が数多くなされている。
きめ細かく抜かりのないこと
（せいち）
類 □□《チミツ》 ▼P.72・1

□ 6 **素人**だけでなく専門家にもよくわからない。
ある物事に経験のない人
（しろうと）
対 玄人《くろうと》

□ 7 あらぬ疑いをかけられるのは御免**被**りたい。
うける
（こうむ）
注意「蒙る」とも書く

□ 8 中国美術に並々ならぬ関心と**造詣**を持っている。
学問や芸術に深い知識があること
（ぞうけい）
意 詣＝いたる

□ 9 **暫**く打ち合わせをした後に作業を開始した。
少しの間・久しいさま
（しばら）
音 暫《ザン》［暫定《ザンテイ》］

□ 10 大事な点をわかりやすく**敷衍**して説明する。
意味を押し広げて述べること
（ふえん）
意 衍＝のばし広げる

□ 11 彼女は**些末**なことは気にしない性質だ。
わずかで取るに足りないこと
（さまつ）
意 些＝少し
注意「瑣末」とも書く

□ 12 **拮抗**するチーム同士の戦いは見ていて面白い。
力がほぼ等しく互いに張り合うこと
（きっこう）
意 抗＝張り合う

13 □ 体験を通して困難に耐える心が**培**われた。（能力や性質を養い育てる）
〔つちか〕
音 培《バイ》［培養《バイヨウ》］

14 □ 双方の主張には依然大きな**隔**たりがある。（離れていること・距離）
〔へだ〕
音 隔《カク》［隔絶《カクゼツ》］

15 □ 輸入品を**排斥**する運動が起こっている。（押しのけしりぞけること）
〔はいせき〕
意 斥＝しりぞける

16 □ わずかな**痕跡**を手がかりに調査を進める。（あとかた）
〔こんせき〕
訓 跡《あと》

17 □ 他人の迷惑を**顧**みる余裕をもって生活する。（気にかける・振り返る）
〔かえり〕
音 顧《コ》［回顧《カイコ》］

18 □ 折からの強風で掲揚台の校旗が**翻**っている。（風にひらひらとする・裏返る）
〔ひるがえ〕
音 翻《ホン》［翻意《ホンイ》］

19 □ 権力を握る人々が背後から大衆を**操**る。（うまくあつかう）
〔あやつ〕
音 操《ソウ》［操縦《ソウジュウ》］

20 □ 祖母は運命に**翻弄**され続けて一生を終えた。（思うままに動かし支配する）
〔ほんろう〕
訓 翻《ひるがえ》る・弄《もてあそ》ぶ

21 □ 法律を**遵守**する精神を養わねばならない。（決まりなどをよく守ること）
〔じゅんしゅ〕
注意 ×遵《ソン》と読まない
「順守」とも書く

22 □ どれほど**傲慢**な主張であるかの自覚がない。（おごり高ぶって人を見下すこと）
〔ごうまん〕
意 傲＝おごる

23 □ 条件の**些細**な違いによって実験結果が異なる。（わずかなさま）
〔ささい〕

24 □ 全体の雰囲気が個人への圧力を**醸**し出す。（ある状態や雰囲気を作り出す）
〔かも〕
音 醸《ジョウ》［醸成《ジョウセイ》］

25 □ 労働の**範疇**は社会によって異なっている。（同じ種類のものの属する部門）
〔はんちゅう〕
意 疇＝たぐい

類対解答　5 緻密

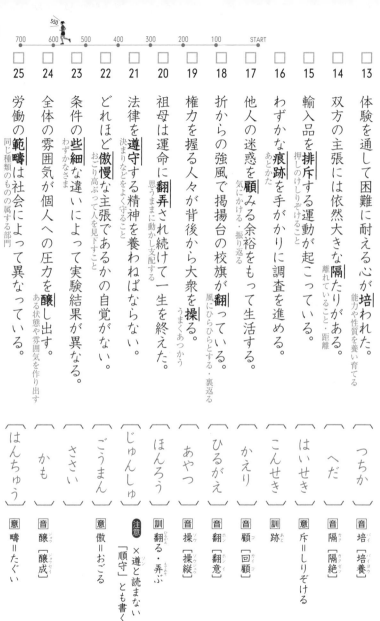

第**2**章

重要語A

読み取り❸

□ 1 人生の目的が幸福を追求することに**収斂**（一点に集まること）される。
〔しゅうれん〕
注意 ×斂《ケン》と読まない　類 収束《シュウソク》

□ 2 大衆の**嗜好**（このみ）に合わせて作品を制作する。
〔しこう〕
意 嗜＝たしなむ

□ 3 他人には自分の**窺**（そっと様子をさぐる）い知れぬ心の領分がある。
〔うかが〕

□ 4 **誤謬**（あやまり・まちがい）を犯さぬように慎重に物事を進める。
〔ごびゅう〕
訓 誤《あやま》る

□ 5 幼い日の記憶がふと**甦**（なくしたものが出てくる・生き返る）ることがあった。
〔よみがえ〕
注意 「蘇る」とも書く

□ 6 自己と他者との**軋轢**（仲が悪くなること・不和）は不可避なものである。
〔あつれき〕
類 □□《マサツ》 ▼P.81・18

□ 7 僕らは当時無気力で**怠惰**（なまけてだらしないこと）な生活を送っていた。
〔たいだ〕

□ 8 細部に**拘泥**（こだわること）せず大局に立って物事を考える。
〔こうでい〕
意 拘＝こだわる

□ 9 日本人は和洋**折衷**（取捨して適当なものをとること）の生活様式で暮らしている。
〔せっちゅう〕
意 衷＝かたよらない

□ 10 失敗の原因を**曖昧**（はっきりしないこと）なままにしては向上しない。
〔あいまい〕
注意 ×味《ミ》と読まない　対 □□《メイリョウ》 ▼P.70・6

□ 11 主人公の心理的**葛藤**（心中に相反するものがあって迷う状態）が見事に描かれている。
〔かっとう〕

□ 12 人権と自由の思想を**遮**（妨げる・じゃまをする）るものは何もない。
〔さえぎ〕
音 遮《シャ》［遮断《シャダン》］

□ 13 額の汗が彼の緊張感を**如実**に物語っている。（ありのままであること）（にょじつ）
音 如《ジョ》 ［欠如《ケツジョ》］

□ 14 **氾濫**する情報の海におぼれないようにする。（あふれるほど出回っていること）（はんらん）
意 氾・濫＝あふれる

□ 15 社会全体の秩序が**瓦解**寸前の危機にある。（一部の崩れから全体が崩れること）（がかい）
訓 瓦《かわら》

□ 16 **市井**の片隅で居候として日々を過ごしている。（まち・世間）（しせい）
訓 井《い》

□ 17 全員の意識の中に公共性の**萌芽**が見られる。（物事の始まり・きざし）（ほうが）
類 胚胎《ハイタイ》

□ 18 昨日遭遇した**希有**な出来事を語って聞かせた。（めったにないこと）（けう）
注意 「稀有」とも書く

□ 19 都合の悪い事実は意図的に**隠蔽**されてきた。（人目につかないようにかくすこと）（いんぺい）
訓 隠《かく》す

□ 20 恋はありふれた人間を詩人に**変貌**させる。（姿や様子の変わること）（へんぼう）
意 貌＝顔かたち

□ 21 世情に**疎**い未熟者として軽くあしらわれる。（よく知らないようす・無関心なようす）（うと）
音 疎《ソ》 ［疎外《ソガイ》］

□ 22 **真摯**な態度で与えられた課題に取り組む。（まじめでひたむきなさま）（しんし）
意 摯＝まこと

□ 23 冷戦が**終焉**を迎え世界の構造が変化した。（おわり・死に臨むこと）（しゅうえん）

□ 24 適応できないものは否応なく**淘汰**される。（不要なものをのぞき去ること）（とうた）
意 淘・汰＝よりわける

□ 25 迷惑を顧みない自分勝手な人には**憤**りを覚える。（怒り・腹立ち）（いきどお）
音 憤《フン》 ［憤慨《フンガイ》］

類対解答　6 摩擦　10 明瞭

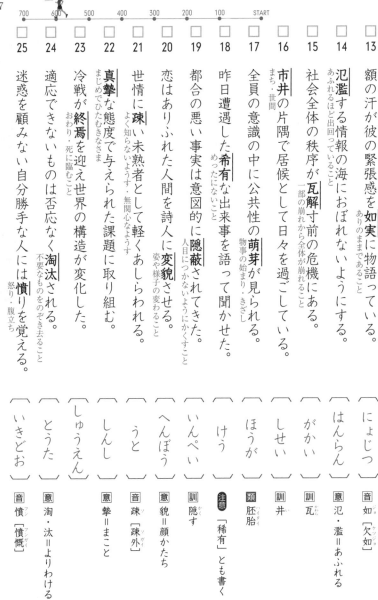

第2章 重要語 A

読み取り❹

□ 1 常套的なやり方が必ずしも悪いとは限らない。（じょうとう）
常套：ありふれたさま・決まったしかた
意 套＝つつむ・かさねる

□ 2 近代の西洋文明が広く世界に伝播している。（でんぱ）
伝播：伝わり広まること
意 播＝まきちらす

□ 3 科学は無垢なる知恵のもとに進化してきた。（むく）
無垢：けがれのないこと
意 垢＝けがれ・あか

□ 4 都会に出てくる前の二人は人も羨む仲だった。（うらや）
羨む：人の幸せを見て自分もそうなりたいと思う

□ 5 横溢する若い力に圧倒されて引き下がった。（おういつ）
横溢：あふれるほど盛んなこと
意 溢＝あふれる

□ 6 彼の風景画には静謐さと透明感がある。（せいひつ）
静謐：静かで落ち着いていること
対 騒然《ソウゼン》

□ 7 伝統文化と対峙する前衛的な芸術を生み出す。（たいじ）
対峙：向き合って立つこと
意 峙＝動かず立つ

□ 8 合格の知らせを聞いて安堵の胸をなでおろした。（あんど）
安堵：安心すること
類 安心《アンシン》

□ 9 無邪気な好奇心というものは稀である。（まれ）
稀：めったにないこと
注意「希」とも書く

□ 10 冷たい時雨に濡《ぬ》れて体が冷えてしまった。（しぐれ）
時雨：晩秋から初冬にかけて通り雨のように降る雨

□ 11 日々生産される夥しい量の商品を出荷する。（おびただ）
夥しい：非常に多い

□ 12 外国への投資はかなりの危険を孕んでいる。（はら）
孕んでいる：内に含んでいる

13 大空に**屹立**する富士山を遠くから仰ぎ見る。（高くそびえ立つこと）〔きつりつ〕 意 衡＝つりあう

14 過度な私欲の追求が社会の**均衡**を破壊する。（釣り合いがとれていること）〔きんこう〕 訓 成《な》す・就《つ》く

15 恋を**成就**させるためにあらゆる手段を講じる。（なしとげること）〔じょうじゅ〕 訓 朽《く》ちる

16 名作には時代を大きく越える**不朽**性がある。（古くならずに後世まで残ること）〔ふきゅう〕 訓 閉《し》める・閉《と》ざす・塞《ふさ》がる

17 **閉塞**感が指摘されている今日の日本社会。（閉ざされふさがること）〔へいそく〕 音 滞《タイ》［渋滞《ジュウタイ》］

18 交通システムが**滞**りなく作動している。（順調に進まないこと）〔とどこお〕 類 □□《シッカン》▼P.140・12

19 三半規管の**疾病**にかかって長期間入院した。（病気）〔しっぺい〕 訓 挿《さ》す

20 作家の日常生活における**挿話**を読んで楽しむ。（本筋と直接関係ない短いはなし）〔そうわ〕 意 錯＝まじわる

21 矛盾したイメージが頭の中で**錯綜**する。（複雑に入り組むこと）〔さくそう〕 訓 敷《し》く

22 大陸横断鉄道の**敷設**という大事業を成し遂げる。（装備や設備などを設置すること）〔ふせつ〕 音 募《ボ》［募集《ボシュウ》］

23 成果を出しても報われないと不満が**募**る。（ひどくなる・広く求める）〔つの〕 音 鋳《チュウ》［鋳造《チュウゾウ》］

24 溶かした金属を**鋳型**に流し込んで作品を作る。（形をつくるための型）〔いがた〕 音 諭《ユ》［説諭《セツユ》］

25 頭から叱りつけずに親身になって**諭**す。（言い聞かせて納得させる）〔さと〕

第2章 A 読み④

類対解答 19 疾患

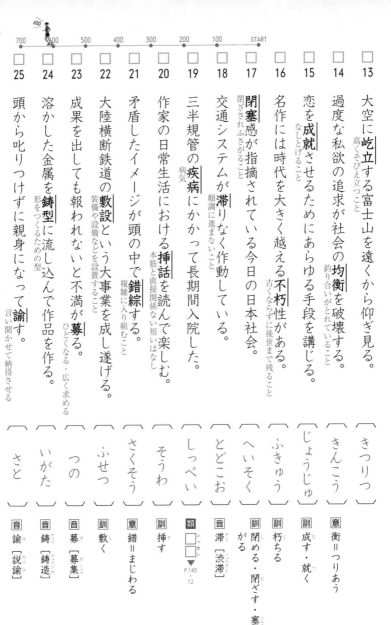

第2章 **重要語** A **読み取り⑤**

1. □ 社会の**趨勢**を押しとどめることはできない。（動向・なりゆき）〔すうせい〕
   意 趨＝おもむく
2. □ 外来語が日本語の**語彙**に流入してくる。（ある言語で用いられる語の総体）〔ごい〕
   意 彙＝たぐい
3. □ 朝日に照らされた木の葉から朝露が**滴**り落ちる。（しずくになって垂れ落ちること）〔したた〕
   音 滴《テキ》［水滴《スイテキ》］
4. □ 心の**和**む光景を目の当たりにして微笑《ほほえ》む。（気持ちがおだやかに落ち着く）〔なご〕
   訓 和《やわ》らぐ
5. □ 会を運営する費用は全て寄付で**賄**われている。（費用、人手などを用意しやりくりする）〔まかな〕
   音 賄《ワイ》［賄賂《ワイロ》］
6. □ 毎週日曜日に教会で**敬虔**な祈りを捧《ささ》げる。（神仏を敬いつつしんで仕えること）〔けいけん〕
   訓 敬《うやま》う
7. □ どんなに**饒舌**でも孤独を隠すことはできない。（口数の多いこと）〔じょうぜつ〕
   対 □《カ》□《モク》 ▼P.78・5
8. □ 幼児は親の心を読み取る能力に**長**けている。（ある方面に慣れて上手である）〔た〕
9. □ 考えても考えなくても同じと**揶揄**される。（からかうこと）〔やゆ〕
   意 揶＝からかう
10. □ たった一人で最後まで合併に**抗**い続けた。（外から加わる力に従わず争う）〔あらが〕
    音 抗《コウ》［抵抗《テイコウ》］
11. □ 恩師の言葉を何度も胸の中で**反芻**する。（一つのことを繰り返し考えよく味わうこと）〔はんすう〕
12. □ 低い点数の答案を前に**呆然**と立ち尽くす。（あっけにとられぼんやりすること）〔ぼうぜん〕
    意 呆＝あきれる
    注意「茫然」とも書く

13 □ 不遇の賢者に対し尊敬と**憐憫**の情を持った。
（憐憫：あわれむこと・なさけをかけること）
〔れんびん〕
意 憐・憫＝あわれむ

14 □ **殺戮**兵器の製造に断固として反対する。
（殺戮：むごたらしく多くの人を殺すこと）
〔さつりく〕
意 戮＝ころす

15 □ 何とも言えない**寂寥**感が忍び寄ってくる。
（寂寥：ものさびしいさま）
〔せきりょう〕
訓 寂《さび》しい

16 □ 方言の言葉の響きに心が強く**惹**かれた。
（惹：ひきつける）
〔ひ〕
注意 「引く」とも書く

17 □ **刹那**の快楽を追い求めるのは虚しいと知る。
（刹那：きわめて短い時間）
〔せつな〕
類 一瞬《イッシュン》

18 □ 矛盾する思想が**渾然**として存在している。
（渾然：異なった物が混じり合っていること）
〔こんぜん〕
意 渾＝にごる
注意 「混然」とも書く

19 □ 新製品の**熾烈**な販売競争が繰り広げられた。
（熾烈：勢いが盛んで激しいこと）
〔しれつ〕
意 熾＝火の勢いが盛んである

20 □ 古い考えにとらわれず自由**闊達**に振る舞う。
（闊達：広い心で物にこだわらないこと）
〔かったつ〕
意 闊＝ひろい

21 □ 一言も言わずに黙って**頷**くばかりであった。
（頷：承諾のしるしに首を縦に振る）
〔うなず〕
意 頷＝あご

22 □ 壮大な自然の力に対する**畏敬**の念が強い。
（畏敬：かしこまり敬うこと）
〔いけい〕
対 □□《ケイベツ》 ▼P.127・24

23 □ 汚職が明らかになり政府高官が**更迭**された。
（更迭：役職についている人をかえること）
〔こうてつ〕
意 更＝あらためる

24 □ 大臣の不正を**弾劾**すべく立ち上がった。
（弾劾：罪を調べ責任を追及すること）
〔だんがい〕
訓 弾《たま》・弾《はず》む・弾《ひ》く

25 □ 脳には言語**中枢**をつかさどる部分がある。
（中枢：主要な部分）
〔ちゅうすう〕
意 枢＝かなめ

類対解答　7 寡黙　22 軽蔑

第2章 重要語 A

読み取り❻

□1 平安朝の貴族は深く仏道に**帰依**していた。
神や仏などに服従しすがること
（きえ）

□2 **浅薄**な知識しか持ち合わせていなかった。
学問や思慮が足らずあさはかなこと
（せんぱく）

□3 場の空気に応じて表面的に態度を取り**繕**う。
ととのえる・修理する
（つくろ）

□4 清朝と帝政ロシアが**漸次**遊牧民を征服した。
しだいに・だんだん
（ぜんじ）

□5 台風が日本列島に**甚**だしい被害をもたらした。
普通の程度を超えて激しい
（はなは）

□6 台風の日には傘など**所詮**役に立たない。
つまるところ・結局
（しょせん）

□7 少し休憩してから夕食の**支度**に取りかかる。
用意・準備
（したく）

□8 舞台の主役に選ばれて**羨望**の的となった。
うらやましく思うこと
（せんぼう）

□9 化粧水によって乾燥した肌に**潤**いが与えられる。
しめりけ
（うるお）

□10 人間の世界は**滑稽**で楽しくて愚かしい。
おもしろおかしいこと
（こっけい）

□11 過去には軍国主義が**鼓吹**された時代があった。
意見を盛んに主張すること
（こすい）

□12 近代の社会システムは効率化を**旨**とする。
主とすること・考え
（むね）

1 訓 浅《あさ》い・薄《うす》い　対 □《シン》□《エン》 ▼P.170・7
3 音 繕《ゼン》［修繕《シュウゼン》］
4 意 漸＝すこしずつ
5 音 甚《ジン》［甚大《ジンダイ》］
6 意 詮＝あきらかにする
7 訓 支《ささ》える・度《たび》　注意 「仕度」とも書く
8 意 羨＝うらやむ
9 音 潤《ジュン》［潤沢《ジュンタク》］
10 訓 滑《すべ》る・滑《なめ》らか
11 訓 鼓《つづみ》・吹《ふ》く
12 音 旨《シ》［主旨《シュシ》］

13 都市緑化の必要性が**声高**に叫ばれている。
声の大きいこと
〔こわだか〕

14 成功のそばに思わぬ**陥穽**が待ち受けている。
落とし穴・人をおとしいれるはかりごと
〔かんせい〕
訓 陥《おちい》る・陥《おとしい》れる
意 穽＝おとしあな

15 何代にもわたって保持してきた特権を**剝奪**する。
無理に取り上げること
〔はくだつ〕
訓 剝《は》がす

16 疲労のあまり頭が**朦朧**とした状態になった。
意識が不確かなさま・おぼろなさま
〔もうろう〕

17 ポケットからハンカチを出して汗を**拭**う。
ふいてきれいにする
〔ぬぐ〕
訓 拭《ふ》く

18 権威に対する否定的な感情が**蔓延**している。
はびこること
〔まんえん〕
意 蔓＝つる

19 敵対者からは悪の**権化**のように言われる。
抽象的特質を具体化したもの
〔ごんげ〕
音 権《ケン》［権利《ケンリ》］

20 飢饉《ききん》により**未曽有**の食糧危機が人類を襲った。
今まで起こったことがないこと
〔みぞう〕

21 丈夫なロープで故障した車を**牽引**する。
大きな力でひっぱること
〔けんいん〕
意 牽＝ひく・ひっぱる

22 **侵**すべからざる権威が厳然として存在する。
他人の権利を損なう行為をする
〔おか〕
音 侵《シン》［侵略《シンリャク》］

23 山頂に立って眼下の家並みを**俯瞰**する。
高いところから見下ろすこと
〔ふかん〕
類 鳥瞰《チョウカン》

24 問題を故意に**矮小**化して捉えようとする。
小さいこと
〔わいしょう〕
意 矮＝背の低い人
表 矮小化《ワイショウカ》＝小さく見せようとすること

25 やりきれない**虚**しさをふと感じる瞬間がある。
充実していないこと・内容がないこと
〔むな〕
音 虚《キョ》［虚構《キョコウ》］

類対解答 2深遠

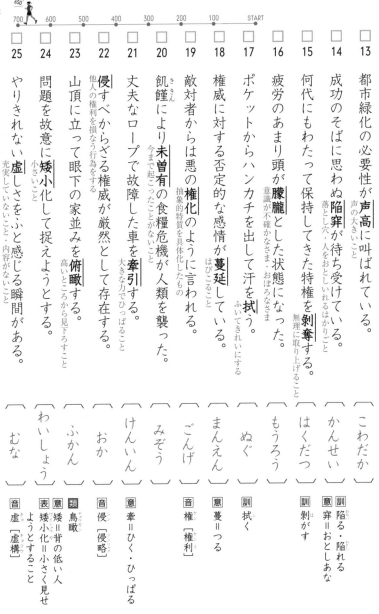

第2章 重要語 A

読み取り ❼

1. 今年の夏の暑さは弱った体に**殊**にこたえる。（とりわけ）【こと】 類 特《とく》に
2. **掌**の上で転がすように事は簡単に運ばない。（てのひら・手の裏）【たなごころ】 注意 「てのひら」とも読む
3. つまらない**代物**に芸術の名を与えてはならない。（対象となる人や物）【しろもの】 訓 代《か》わる・代《よ》
4. 人間関係をつなぐ精神的**紐帯**を重視する。（結びつけるもの）【ちゅうたい】
5. 悲しみのあまり顔を**歪**めて泣き崩れた。（形がねじ曲がる・心や行いなどが正しくなくなる）【ゆが】
6. 趣味のために時間を**割**くのは苦にならない。（一部を分けて他の用途に当てる・切りわける）【さ】 音 割《カツ》［分割《ブンカツ》］
7. **辛辣**な言葉を投げかけるのが彼のやり方だ。（きわめて手きびしいこと）【しんらつ】 訓 辛《から》い 類 □□《ツウレツ》 ▼P.166・8
8. 関心は**専**ら日常生活の領域に絞られている。（そのことばかり・それを主として）【もっぱ】 音 専《セン》［専門《センモン》］
9. 家にまつわるすべてのことが**厭**わしく思えた。（嫌である・わずらわしい）【いと】
10. 誇り高き民族が**頑**なに援助を拒んでいる。（すなおでなくがんこなこと）【かたく】 音 頑《ガン》［頑迷《ガンメイ》］
11. あらゆる情報を**血眼**になって収集する。（夢中になって行うこと）【ちまなこ】 音 眼《ガン》［眼識《ガンシキ》］ 眼《ゲン》［開眼《カイゲン》］
12. **倦**まずたゆまず努力してついに成功した。（あきる・嫌になる）【う】

13 私たちは**固唾**を呑《の》んで観察をし続けた。
緊張するときに口にたまるつば
（かたず）
意 唾＝つば
表 固唾《かたず》を呑《の》む＝緊張して事のなりゆきを見守る

14 不用意な一言がクラス全員のやる気を**削**いだ。
弱める・けずり落とす
（そ）
音 削《サク》［削除《サクジョ》］

15 封建社会の**残滓**が今でも見られるようだ。
のこりかす
（ざんし）
意 滓＝かす

16 カーテンが破れているのは猫の**仕業**に違いない。
したこと・おこない
（しわざ）

17 社員の競争心を**煽**って成果を出させる。
刺激してある行動をするように仕向ける
（あお）

18 見事に**彫琢**された表現で評論を完成させた。
文章に磨きをかけること
（ちょうたく）
訓 彫《ほ》る

19 **馴染**みの客が何人もいて店は繁盛している。
慣れ親しんでいること
（なじ）
訓 染《そ》まる
音 染《セン》［染料《センリョウ》］

20 性質は慎重と言うよりも**寧**ろ臆病である。
どちらか一つを選ぶとすれば
（むし）
音 寧《ネイ》［丁寧《テイネイ》］

21 散歩がてら古本屋を何軒か**覗**いていった。
ちょっと見る・小さな穴やすきまなどを通して様子をうかがう
（のぞ）
意 覗＝うかがう

22 最近身の程を**弁**えないやからが多くて困る。
物事の違いを見分ける・道理を知っている
（わきま）

23 五穀**豊穣**を願って神々に祈りを捧《ささ》げる。
穀物が豊かに実ること
（ほうじょう）
類 豊作《ホウサク》
注意 「豊饒」とも書く

24 弟子の実力がはるかに師を**凌**ぐときがきた。
能力が他のものより上になる
（しの）

25 放心状態で庭のすみにじっと**佇**んでいる。
じっとその場所に居る
（たたず）
音 佇《チョ》［佇立《チョリツ》］

第2章

重要語A

読み取り❽

1 □ **厖大**な記録が未整理のまま残されている。
きわめて大きいさま
（ぼうだい）
意 厖＝おおきい
注意「膨大」とも書く

2 □ わざと人を**貶**めるような言い方をする。
劣ったものとして見下す
（おとし）

3 □ 戦地へ赴かずに**踵**を返してそのまま逃亡した。
かかと
（きびす）
表 踵《きびす》を返《かえ》す＝あともどりする

4 □ 国道を走る車の音が睡眠の**妨**げになった。
じゃま
（さまた）
音 妨《ボウ》［妨害《ボウガイ》］

5 □ 内容の**真偽**や社会にとっての重要性が問われる。
まことといつわり
（しんぎ）
訓 真《ま》・偽《いつわ》る・偽《にせ》

6 □ 先祖を**供養**することは子孫の大事な務めだ。
死者の冥福を祈って食物や灯明などをそなえること
（くよう）
訓 供《そな》える

7 □ 彼の冷たい発言を聞いて**嫌悪**感を持った。
憎みきらうこと
（けんお）
意 悪＝にくむ
類 □《ゾウ》□《オ》
▼P.179・16

8 □ 基礎医学を活用して**臨床**医学の体系化を図る。
実際に病人を治療すること
（りんしょう）
訓 臨《のぞ》む

9 □ **若干**の不満はあるもののおおむね満足だ。
いくらか・多少
（じゃっかん）

10 □ 神社や寺の**境内**は子どものよい遊び場だ。
社寺の領域のうち
（けいだい）
訓 境《さかい》

11 □ 今回の処置は**暫定**的に決められたものである。
仮に決めておくこと
（ざんてい）
意 暫＝しばらく

12 □ 近代化の**呪縛**から逃れるのは至難の業だ。
心理的に心の自由を失わせること
（じゅばく）
訓 縛《しば》る

13 □ **漆黒**の闇に人の姿が吸い込まれていった。（つやのあるくろい色）
〔しっこく〕
訓 漆《うるし》

14 □ **汎用**性の高いシステムの開発に成功した。（いろいろな面に広く用いること）
〔はんよう〕

15 □ 同じ性能の品物なら**廉価**なほうを購入したい。（価格が安いこと）
〔れんか〕
類 安価《アンカ》

16 □ **煩**わしい手続きを簡略化することを考える。（こみいって複雑である・気が重く面倒である）
〔わずら〕
音 煩《ハン》〔煩雑《ハンザツ》〕

17 □ 本人に説明を求めるのは**野暮**というものだ。（洗練されていないこと）
〔やぼ〕
意 野＝ひなびた
類 □《ブ》□《スイ》 ▼P.150・9

18 □ このところ物入りで**懐**が寂しくなった。（所持金・着物と胸の間・胸中）
〔ふところ〕
音 懐《カイ》〔懐炉《カイロ》〕

19 □ 芝居を見終わって観客一同拍手**喝采**した。（しきりにほめること・しきりにほめる声）
〔かっさい〕
表 拍手喝采《ハクシュカッサイ》＝拍手をしてしきりにほめること

20 □ 人間は常に自己内省を**怠**ってはならない。（なまける）
〔おこた〕
訓 怠《なま》ける
音 怠《タイ》〔怠惰《タイダ》〕

21 □ 物静かで落ち着いた**風情**の青年に成長した。（おもむき・あじわい）
〔ふぜい〕
訓 情《なさ》け

22 □ 短い生涯のうちに**珠玉**の作品を書いた。（美しく優れた詩や文章）
〔しゅぎょく〕
意 珠＝しんじゅ

23 □ 貴族たちの折り目正しい**挙措**を手本とする。（立ち居振る舞い）
〔きょそ〕
意 措＝ふるまい

24 □ 選挙戦に勝利するために**盤石**の体制を整える。（堅固でしっかりしていてびくともしないこと）
〔ばんじゃく〕
注意 「磐石」とも書く

25 □ 屋根を**普請**するために多くの人手が必要である。（建築や土木の工事をすること）
〔ふしん〕
訓 請《う》ける・請《こ》う

類対解答　7 憎悪　17 無粋（不粋）

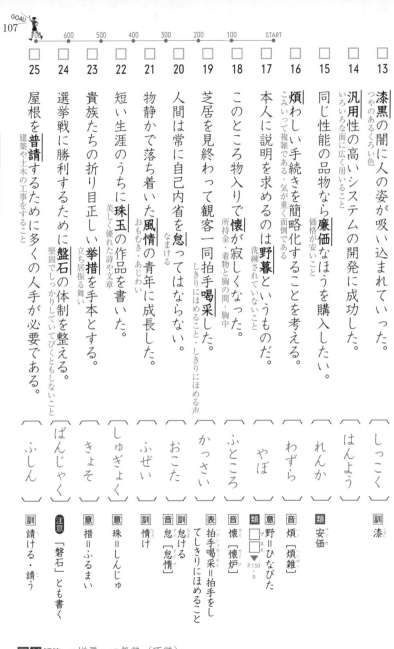

第2章 重要語Aまとめ③

1 間違えやすい漢字

赤で示した箇所に注意して、正確に書こう。

出典	漢字	注意点
P.92・10	携	①「犭」ではなく、「扌」 ②「力」や「刀」ではなく、「乃」
P.95・16	痕	①「广」や「厂」ではなく、「疒」 ②「良」ではなく、「艮」
P.97・22	摯	①「辛」ではなく、「幸」 ②「九」ではなく、「丸」 ③「毛」ではなく、「手」
P.100・2	彙	横画を忘れない
P.94・3	凝	①「さんずい」ではない ②突き抜けない
P.97・21	疎	①「𤴔（ひき）」で、5画 ②「レ」ではない
P.99・19	疾	①「广」ではなく、「疒」 ②「失」ではなく、「矢」
P.101・22	畏	「衣」ではない

2 形が似ている漢字

次の文から漢字の誤りを一つずつ探して——を付け、正しい漢字に直そう。

□ 1 *理想と現実との垂離に苦しんでいる。〔乖〕 ▼P.93・22

□ 2 *適応できないものは陶汰される。〔淘〕 ▼P.97・24

□ 3 *西洋文明が世界に伝幡している。〔播〕 ▼P.98・2

□ 4 難関を恐れず挑めと教え輸す。〔諭〕 ▼P.99・25

□ 5 スキャンダルで閣僚を更送する。〔迭〕 ▼P.101・23

3 語句の意味

次の意味を表す語を［ ］の語群からそれぞれ選び、正しい漢字に直そう。

□ 1 *勢いが盛んで激しいこと ▼P.101・19 〔熾烈〕
□ 2 うらやましく思うこと ▼P.102・8 〔羨望〕
□ 3 意見を盛んに主張すること ▼P.102・11 〔鼓吹〕
□ 4 きわめて手きびしいこと ▼P.104・7 〔辛辣〕

センボウ　シレツ　シンラツ　コスイ

□ 5 *くいちがい ▼P.94・1 〔齟齬〕
□ 6 世間 ▼P.97・16 〔市井〕
□ 7 主要な部分 ▼P.101・25 〔中枢〕
□ 8 おもむき ▼P.107・21 〔風情〕

ソゴ　フゼイ　シセイ　チュウスウ

4 表現

次の各文の〔 〕に当てはまる語句を、漢字を使って書こう。

□ 1 日本の高齢化社会は、今後〔否応〕なく進行していく。▼P.93・20
□ 2 *失敗の事実を〔矮小〕化して何事もないようによそおう。▼P.103・24
□ 3 社長が何を言い出すのかと、社員一同〔固唾〕を呑《の》んで待っていた。▼P.105・13
□ 4 *忘れものに気がついて、〔踵〕を返して家に取りに戻った。▼P.106・3
□ 5 演奏が終わると、観客から熱烈な拍手〔喝采〕がわき起こった。▼P.107・19

第2章

重要語B

書き取り❶

□ 1 猛勉強のかいあって**キュウダイ**点を取れた。
（キュウダイ：試験などに合格すること）
【及第】 対 落第《ラクダイ》

□ 2 後期印象派の**テンラン**会を興味深く見学した。
（テンラン：ひろげ並べて多くの人に見せること）
【展覧】 意 展＝のばす・並べる

□ 3 首相の**キョシュウ**に国中の人が注目している。
（キョシュウ：どのように身を処するかの態度）
【去就】 訓 就《つ》く

□ 4 新政党が国政選挙に新人を**ヨウリツ**する。
（ヨウリツ：支持しよい地位につかせようとすること）
【擁立】

□ 5 **キハツ**性の液体を取り扱うには注意を要する。
（キハツ：常温で液体が気化すること）
【揮発】 意 揮＝ふるう

□ 6 今考えると本当に**カクセイ**の感がある。
（カクセイ：時代を異にすること）
【隔世】 表 隔世《カクセイ》の感《カン》＝変化が急で時代が変わったという感

□ 7 反乱を起こそうとひそかに**カクサク**する。
（カクサク：いろいろとたくらむこと）
【画策】 音 画《ガ》［図画《ズガ》］

□ 8 畑を荒らす害獣を**ホカク**する仕掛けを作った。
（ホカク：いけどること）
【捕獲】 訓 捕《つか》まえる・捕《と》らえる・獲《え》る

□ 9 巨額の**フサイ**を抱えて会社が倒産した。
（フサイ：他から借りた金銭や物資）
【負債】 訓 負《お》う・負《ま》ける

□ 10 これまで幾度も**クジュウ**の選択を迫られた。
（クジュウ：うまくいかずくるしみ悩むこと）
【苦渋】 訓 渋《しぶ》い　注意 ×苦汁＝苦しい体験［苦汁をなめる］

□ 11 実力のある大臣が多く政権は**アンタイ**である。
（アンタイ：やすらかなこと・無事なこと）
【安泰】 意 泰＝やすらか

□ 12 伯父の**ケンジツ**なやり方を手本にする。
（ケンジツ：しっかりしてあぶなげのないこと）
【堅実】 訓 堅《かた》い

600 500 400 300 200 100 START 25

13 国王に対して**キョウジュン**の意を表する。（謹んで従うこと）
【恭順】 訓 恭《うやうや》しい

14 新しい**キカク**の実現にむけて社内が動き出した。（けいかくをたてること・たてたけいかく）
【企画】 訓 企《くわだ》てる

15 仕事を休んで病気の**チリョウ**に専念する。（病気やけがをなおすこと）
【治療】 訓 治《なお》す

16 車の排気ガスによる大気**オセン**を防ぐ。（よごされること）
【汚染】 訓 汚《きたな》い・汚《よご》す・汚《けが》す

17 情報を**エンカク**地まで誤りなく伝える。（とおくへだたっていること）
【遠隔】 訓 隔《へだ》てる

18 多数の消費者の**ジュヨウ**を満たす品ぞろえ。（商品を買い求めようとする欲望）
【需要】 対 □□《キョウキュウ》 ▼ P.161・22

19 国際**フンソウ**を話し合いによって解決する。（もめごと・もつれること）
【紛争】 訓 紛《まぎ》れる・争《あらそ》う

20 ドローンで渓谷の紅葉を**サツエイ**する。（映画や写真をとること）
【撮影】 訓 撮《と》る 注意 ×映

21 持論を**テッカイ**して新たな説を唱える。（いったん提出したものを取り下げること）
【撤回】 注意 ×徹

22 大規模な投資の**ハキュウ**効果があらわれる。（だんだんと影響のおよぶこと）
【波及】 訓 及《およ》ぶ

23 法の**アミ**をかいくぐり悪事を働いてはいけない。（こまかにはりめぐらしたもの）
【網】 音 網《モウ》［網《モウ》羅《ラ》］

24 余りにも**ザンコク**な運命に打ちのめされる。（慈悲がなくむごたらしいこと）
【残酷】 意 酷＝むごい

25 高速道路で**ジュウタイ**にまきこまれた。（とどこおって前に進まないこと）
【渋滞】 訓 渋《しぶ》る・滞《とどこお》る

第2章 B 書き❶

類 対 解答 18 供給

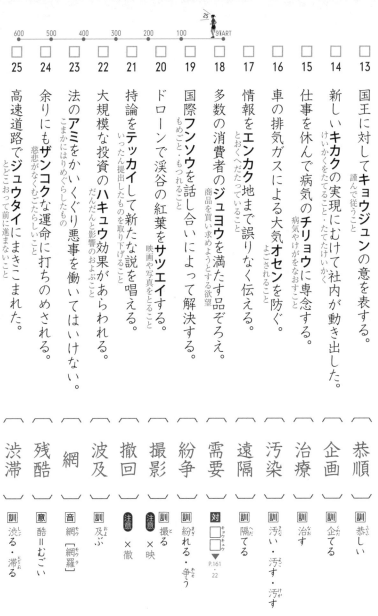

第2章 重要語B

書き取り❷

□ 1 研究のために病原菌をバイヨウしている。
（バイヨウ：人工的に発育、増殖させること）
【培養】 訓 養《やしな》う

□ 2 ギキョクという文学は日本人になじみが薄い。
（ギキョク：演劇の脚本）
【戯曲】

□ 3 軽はずみな行いが思わぬサイヤクを招く。
（サイヤク：わざわい）
【災厄】 類 災難《サイナン》

□ 4 ガイトウする箇所に丸をつけ提出した。
（ガイトウ：条件や資格などにあてはまること）
【該当】 意 該＝あてはまる

□ 5 四輪クドウの車でサハラ砂漠を横断する。
（クドウ：力を伝えてうごかすこと）
【駆動】 訓 駆《か》ける

□ 6 幼児が身の回りの物にシュウチャクを示す。
（シュウチャク：一つのことにとらわれること）
【執着】 注意 「シュウジャク」とも読む

□ 7 社内の庶務一切をトウカツする任についた。
（トウカツ：多くのものをまとめること）
【統括】 訓 統《す》べる

□ 8 最近の作品はどれもシュウイツな筆致である。
（シュウイツ：ひいでて優れている）
【秀逸】 訓 秀《ひい》でる

□ 9 気のあった友人とユカイな時間をすごす。
（ユカイ：楽しく心地よいこと）
【愉快】 訓 快《こころよ》い

□ 10 キョウイ的な新記録を樹立して勝利した。
（キョウイ：特別なことに対するおどろき）
【驚異】 訓 驚《おどろ》く

□ 11 電車のシンドウが心地よくて眠ってしまった。
（シンドウ：ゆれうごくこと）
【振動】 訓 振《ふ》る

□ 12 動物を保護し人工的にハンショクさせる。
（ハンショク：動物や植物が生まれてふえること）
【繁殖】 訓 殖《ふ》える

□ 13 経済不況から金融**キョウコウ**が引き起こされる。
経済が混乱した最悪の状態
〔恐慌〕
表 訓 慌《あわ》てる
恐慌《キョウコウ》をきたす＝驚きあわてる

□ 14 思想の自由を奪う**ケンエツ**に反対する。
そのままでよいか調べ改めること
〔検閲〕
意 閲＝けみする・調べる

□ 15 植民地支配による**レイゾク**的地位から抜け出す。
他の支配下にあること・従ぞく
〔隷属〕
意 隷＝つく・したがう・しもべ

□ 16 **リフジン**な申し入れをしてくる人がいる。
どうりに合わないこと
〔理不尽〕
訓 尽《つ》きる

□ 17 体育館が使えなかったので先生に**コウギ**した。
反対の意見を述べること
〔抗議〕
注意 ×義

□ 18 工場の設備を最善の状態で**カドウ**させる。
機械をうごかしてはたらかせること
〔稼働〕
注意 「稼動」とも書く

□ 19 不祥事が起こって閣僚が**ヒメン**された。
職務をやめさせること
〔罷免〕
類 免職《メンショク》

□ 20 交通事故でけがをした人を**カイホウ**する。
病人などの世話をすること
〔介抱〕
訓 抱《だ》く・抱《かか》える・抱《いだ》く

□ 21 実力のある人はどこの会社でも**カンゲイ**される。
よろこんでむかえること
〔歓迎〕
訓 迎《むか》える

□ 22 **ジンダイ**な関心をもって事の推移を見守る。
程度がきわめておおきいさま
〔甚大〕
訓 甚《はなは》だ

□ 23 発表会で日頃の**タンレン**の成果を皆に見せる。
心身をきたえたり技能を磨いたりすること
〔鍛錬〕
訓 鍛《きた》える
注意 「鍛練」とも書く

□ 24 ***ケイモウ**思想により社会の変革が導かれる。
人々に新しい知識を与え、教え導くこと
〔啓蒙〕
類 □□《ケイハツ》 ▼P.63・17

□ 25 寝たきりで**テンテキ**による治療を受ける。
管につなげた注射針で薬などを静脈内に少しずつ注入すること
〔点滴〕
訓 滴《しずく》・滴《したた》る

類 対 解答　24 啓発

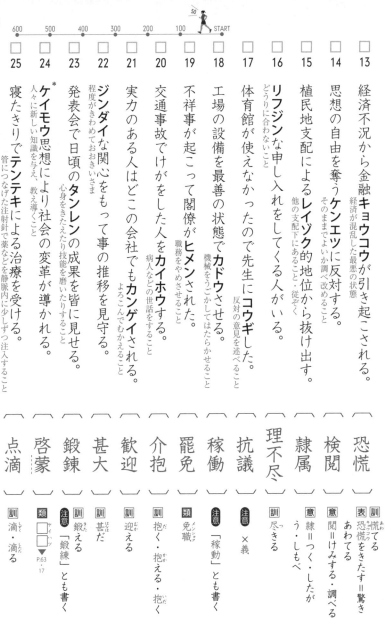

重要語B

書き取り❸

□ 1 筆者の**リレキ**を年代順にたどってみる。
現在までの学業や職業の記録
〔履歴〕
訓 履《は》く

□ 2 必勝を**キガン**するために神社に参拝した。
いのりねがうこと
〔祈願〕
訓 祈《いの》る

□ 3 宗教上のきびしい**カイリツ**を守って生活する。
修行者の生活のきりつ
〔戒律〕
訓 戒《いまし》める

□ 4 家から学校まではかなりの**キョリ**がある。
へだたり
〔距離〕
訓 離《はな》れる

□ 5 親が子どもを**フヨウ**するのは当然の義務である。
生活の面倒を見てやしなうこと
〔扶養〕
訓 養《やしな》う

□ 6 **ダンカイ**の世代の青春は思い出の中にある。
たくさんの物が集まってできたかたまり
〔団塊〕
訓 塊《かたまり》
表 団塊《ダンカイ》の世代《セダイ》＝戦争直後から数年間に生まれた世代

□ 7 子どもの探究心や**ボウケン**心を大事に育てたい。
あえてきけんをおかすこと
〔冒険〕
訓 冒《おか》す

□ 8 超自然的なものに対して**イフ**の念を持つ。
おそれおののくこと
〔畏怖〕
訓 畏《おそ》れる

□ 9 役人が民衆に**イアツ**的な姿勢で臨んだ。
力ずくで押さえつけること
〔威圧〕
意 威＝おどす

□ 10 祖父が**タンセイ**して育てた盆栽を写真に撮る。
まごころをこめてすること
〔丹精〕

□ 11 ひたすら仏にすがって**ヒガン**に達する。
迷いを脱した悟りの境地
〔彼岸〕
対 此岸《シガン》

□ 12 携帯電話会社が**コキャク**の獲得競争を展開する。
商品やサービスを買う人
〔顧客〕
訓 顧《かえり》みる
注意 「コカク」とも読む

600 500 400 300 200 100 START

13 □ 人種差別のテッパイが世界の平和をもたらす。
取り除きやめること
（撤廃）
類 □□（ハイシ）▼P.115・17

14 □ 正岡子規は俳句の本質を見事にカッパした。
真理を説きあかすこと
（喝破）

15 □ 与えられた条件下で運命をカンジュする。
あまんじてうけること
（甘受）
訓 甘《あま》い

16 □ 研究のため参考となる論文をケンサクする。
必要な事項をさがすこと
（検索）
意 検＝しらべる　索＝さがす

17 □ 時代にそぐわない規程はハイシされた。
制度やならわしなどをやめること
（廃止）
訓 廃《すた》れる

18 □ かつてない大型の台風がモウイをふるっている。
たけだけしい勢い
（猛威）
意 威＝おどす

19 □ 損得をチョウエツした態度で事に臨む。
はるかにこえること・抜け出ること
（超越）
訓 超《こ》える・越《こ》える

20 □ 人生の大半をヒョウハクの旅に過ごす。
さすらうこと・流れただようこと
（漂泊）
訓 漂《ただよ》う

21 □ 逆境にも負けないキガイのある人が望まれる。
困難にくじけない強い意志
（気概）
注意 ×慨

22 □ 人々はわれがちに出口にサットウした。
どっと一度に押し寄せること
（殺到）
注意 ×倒

23 □ 民謡には地方色がノウコウに出ている。
こいこと・可能性が大きいこと
（濃厚）
対 □□（キハク）▼P.59・19

24 □ 神は世界中あらゆるところにヘンザイする。
広くあちこちにあること
（遍在）
注意 ×偏在 ▼P.135・15

25 □ わざとチョウハツ的な言い方をして怒らせる。
事が起こるように刺激すること
（挑発）
訓 挑《いど》む

類 対 解答　13 廃止　23 希薄

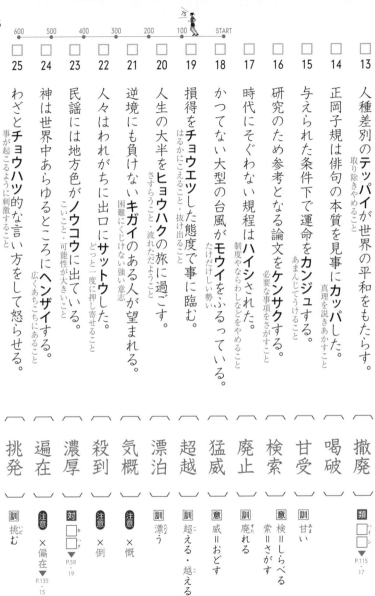

第2章 重要語B

書き取り④

1. □ **ギレイ**的なあいさつを済ませ本題に入った。
   形式を整えて行うれいぎ
   〔儀礼〕 注意 ×義
2. □ 親子の**エン**は簡単に切れるものではない。
   人とのかかわり
   〔縁〕 訓 縁《ふち》
3. □ 弾圧を強めたことが内乱を**ユウハツ**した。
   さそいおこすこと
   〔誘発〕 訓 誘《さそ》う
4. □ 日常生活は家庭や**キンリン**の中で営まれる。
   となり合ったちかい所
   〔近隣〕 類 近所《キンジョ》
5. □ 作家の**クッセツ**した心理が表現されている。
   素直に表さないこと・おれまがること
   〔屈折〕
6. □ 外交が不得意で国際的に**コリツ**してしまう。
   ひとり離れていること・助けがないこと
   〔孤立〕
7. □ 悪事を指摘されても**タク**みに言い逃れをする。
   手際のよいようす・上手なようす
   〔巧〕 音 巧《コウ》［巧妙《コウミョウ》］
8. □ 重苦しい**チンモク**が議場を支配していた。
   だまって口をきかないこと
   〔沈黙〕
9. □ **ユウワク**に負けて勉強がついおろそかになる。
   心を迷わせ悪にさそい込むこと
   〔誘惑〕 訓 誘《さそ》う・惑《まど》う
10. □ クジラは水中で生活する最大の**ホニュウ**類だ。
   ちちを飲ませて子を育てること
   〔哺乳〕
11. □ 京都は千年以上の歴史を**ホコ**る国際都市だ。
   優れていると思って得意になる
   〔誇〕 音 誇《コ》［誇示《コジ》］
12. □ **メンドウ**がらずにこまかい仕事をやりとげる。
   わずらわしいこと・手数のかかること
   〔面倒〕 表 面倒《メンドウ》を見《み》る＝世話をする

□ 13 難しい質問をされて返答に**キュウ**する。
行き詰まって困る
（窮）
表 窮《キュウ》すれば通《ツウ》ず＝行き詰まってどうにもならなくなるとかえって活路が開ける

□ 14 気に入らないことがあると**ロコツ**に顔に出る。
あらわであること・むきだし
（露骨）
意 露＝あらわす

□ 15 苦しい任務を最後まで粘り強く**カンスイ**した。
やりとげること
（完遂）
対 □《ミ》□《スイ》 ▼P.176・3

□ 16 **キセイ**のやり方にこだわらず柔軟に対処する。
すでにできあがっていること
（既成）
表 既成事実《キセイジジツ》＝すでにおきて変えられない事実

□ 17 手術をした後の**ケイカ**は極めて良好である。
物事の変化の状態・なりゆき
（経過）
訓 経《へ》る

□ 18 塩を水に溶かすと**ギョウコ**しにくくなる。
液体や気体がこたいになること
（凝固）
対 融解《ユウカイ》

□ 19 今の文壇には**キョショウ**と呼べる人はいない。
芸術の分野で非常に優れている人
（巨匠）
意 匠＝たくみ

□ 20 自分には関係ないことだという姿勢を**ツラヌ**く。
終わりまでやり続ける
（貫）
音 貫《カン》［貫徹《カンテツ》］

□ 21 度しがたい**ヨウチ**な行動が非難された。
おさないこと・考え方行動などが未熟なこと
（幼稚）
訓 幼《おさな》い

□ 22 雪国ではまた雪かと人々は**タンソク**する。
なげいてためいきをつくこと
（嘆息）
訓 嘆《なげ》く

□ 23 不正を見ると**ギフン**を感じて制止しようとする。
不公正なことに対するいきどおり
（義憤）
訓 憤《いきどお》る

□ 24 読者から**ケイチョウ**に値するとの意見があった。
耳をかたむけて熱心にきくこと
（傾聴）

□ 25 万物は**ルテン**するという東洋思想がある。
移り変わること
（流転）

類対解答 15 未遂

第2章 重要語B

書き取り⑤

1 いずれ彼とは**シユウ**を決する時が来る。
（勝ちまけ・優劣・めすとおす）
（雌雄）
表 雌雄《シユウ》を決《ケッ》する＝戦って勝敗を決める

2 政治と官僚組織の**トウメイ**性を高める。
（すきとおって濁りのないこと）
（透明）
訓 透《す》く

3 調査のため辺境の地に長期間**タイザイ**する。
（よそに行ってある期間留まること）
（滞在）
訓 滞《とどこお》る

4 ひさしぶりに**ゴウカ**な夕食を堪能した。
（はなやかで立派なこと）
（豪華）
対 貧弱《ヒンジャク》

5 日本語は**トクシュ**な言葉だという認識がある。
（普通と異なること）
（特殊）
対 □《フ》□《ヘン》 一般《イッパン》 ▼P.49・24

6 間に合わせの**ソザツ**な仕事は間違いのもとだ。
（あらくていい加減なこと）
（粗雑）
対 □《セイ》□《コウ》 ▼P.86・6

7 異論を受け入れない**ハイタ**的な社会に決別する。
（ほかのものをしりぞけること）
（排他）
注意 ×俳

8 日常から**ユウリ**した議論をしても仕方がない。
（ほかとはなれて存在すること）
（遊離）

9 事件に**カンヨ**した者を洗い出す作業をする。
（ある物事にかかわりを持つこと）
（関与）
意 与＝くみする

10 都会とはちがって山の空気は**ス**んでいる。
（濁りなく透き通っていること）
（澄）
音 澄《チョウ》［清澄《セイチョウ》］

11 技術革新に**ズイハン**して多くの問題が起こる。
（ある事にともなってほかの事がおこること）
（随伴）
訓 伴《とも》う

12 産業の発展に**トモナ**い人々が都会に移住した。
（同時に生じる・つれだつ）
（伴）
音 伴《ハン》［随伴《ズイハン》］ 伴《バン》［伴走《バンソウ》］

13 □ 飲酒運転を**ボクメツ**する運動を展開する。
ほろぼし絶やすこと
【撲滅】
注意 ×僕

14 □ 眠気のせいで動作が**カンマン**になっている。
ゆるやかなこと
【緩慢】
対 機敏《キビン》

15 □ 出過ぎずこもらず**チュウヨウ**の精神を持つ。
偏りがなく常に変わらないこと
【中庸】

16 □ 厳しい現実から思わず**トウヒ**したくなる。
困難をさけてにげること
【逃避】
対 直面《チョクメン》

17 □ 醤油を**ジョウゾウ**して大々的に売り出す。
発酵により酒などをつくること
【醸造】
訓 醸《かも》す

18 □ 地域社会に貢献したので**ヒョウショウ**された。
成績を明らかにしてほめること
【表彰】
意 彰＝あきらかにする

19 □ 戸別訪問は公職選挙法に**テイショク**する。
法に反すること・さしさわりがあること
【抵触】
意 抵＝あたる

20 □ 生き残りのため大会社と業務**テイケイ**する。
助け合って仕事をすること
【提携】
訓 携《たずさ》わる

21 □ 全世界の人々が**コウキュウ**的な平和を願う。
ある状態がいつまでも変わらないこと
【恒久】
類 永久《エイキュウ》

22 □ **ジギ**を得た企画で商品は非常によく売れた。
ちょうどよいころ合い
【時宜】
意 宜＝よろしい
表 時宜《ジギ》を得《え》る＝状況にうまく合う

23 □ 手みやげのお菓子を皆で**ショウミ**する。
食物をおいしくあじわうこと
【賞味】
訓 味《あじ》

24 □ 入学試験の**カントク**割り当ての業務をおこなう。
指図や取り締まりをすること
【監督】

25 □ **ショウガイ**を乗り越えてたくましく前進する。
さしさわり・さまたげ
【障害】
注意 ×傷害＝きずつけること

類 対 解答　5 普遍　6 精巧

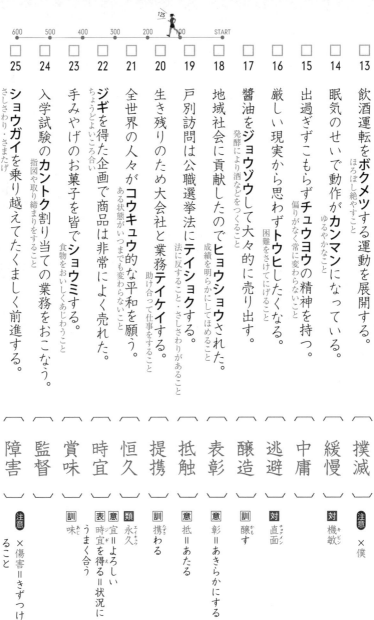

第2章 重要語B 書き取り❻

1. 娯楽のための**シセツ**が都市周辺につくられる。
   ある目的のための建物やせつび
   （施設）　訓 施《ほどこ》す・設《もう》ける
2. 業務ソフトの製作を取引先に**イタク**した。
   他にまかせ頼むこと
   （委託）　注意「依託」とも書く
3. ベルの音で受験生が**イッセイ**に試験を開始した。
   いちどに・同時
   （一斉）　意 斉＝ととのえる
4. 木綿の産地にある**ボウセキ**工場で長年働いた。
   糸をつむぐこと
   （紡績）　訓 紡《つむ》ぐ
5. 国際**キンユウ**の舞台で活躍するのが夢だ。
   おかねが流通すること・おかねの貸借
   （金融）　意 融＝とおる
6. 必要があって昔の**ギジ**録を丁寧に調査した。
   会合で話し合うこと・その内容
   （議事）
7. **カレイ**な衣装を身にまとって舞台に出る。
   はなやかで美しいこと
   （華麗）　訓 華《はな》・麗《うるわ》しい
8. 急進派と**オンケン**派は間もなく和解するだろう。
   おだやかでしっかりしていること
   （穏健）　対 過激《カゲキ》
9. 長いこと重要なことが**トウカン**視されてきた。
   ものごとをいい加減にすること
   （等閑）　表 等閑視《トウカンシ》＝いい加減におろそかに扱うこと
10. 師はいつまでも人々の**モハン**であり続ける。
    見ならうべき手本
    （模範）　音 模《ボ》［規模《キボ》］
11. 蔵にしまってある古美術品を**カンテイ**する。
    物の真贋、良否などを判定すること
    （鑑定）　意 鑑＝みわける
12. 外部から何者かが**シンニュウ**した形跡がある。
    他の領分に不法にはいりこむこと
    （侵入）　訓 侵《おか》す

- ☐ 13 議論のショウテンをどこに合わせるかが難しい。 人々の注意や興味の集まるところ （焦点） 訓 焦《あせ》る・焦《こ》がす
- ☐ 14 我が家にリンセツした家屋で火災が起こった。 となり合って続くこと （隣接） 訓 接《つ》ぐ
- ☐ 15 最後につかみ取った勝利は努力のケッショウだ。 ある事柄が積み重なり他の形をとってあらわれること （結晶）
- ☐ 16 こまかい塵《ちり》が部屋の中にフユウしている。 ふわふわただようこと （浮遊） 訓 浮《う》く・遊《あそ》ぶ
- ☐ 17 目的地に着いたトタン家に帰りたくなる。 あることが行われたその時すぐ後 （途端） 意 端=はじめ・いとぐち 訓 端《はし》
- ☐ 18 品質をよく確かめてからコウニュウする。 買いいれること （購入） 対 売却《バイキャク》
- ☐ 19 恩師の話はとぎれることなくユウベンに続いた。 説得力をもって力強く話すこと （雄弁） 訓 雄《おす》
- ☐ 20 生きるためには知識と能力がヒッスである。 なくてはならないこと （必須） 訓 必《かなら》ず 類 □《フ》□《カ》□《ケツ》 ▼P.173・20
- ☐ 21 利害関係がないとオダやかに話すことができる。 やすらかで落ち着いているようす （穏） 音 穏《オン》［平穏《ヘイオン》］
- ☐ 22 定期異動で課長から部長にショウカクした。 地位が上がること （昇格） 対 降格《コウカク》
- ☐ 23 両国のルイジ点は数多く見つけることができる。 にていること （類似） 訓 類《たぐ》い・似《に》る
- ☐ 24 往時の貴族は身のこなしがユウガであった。 上品でやさしく美しいこと （優雅） 意 雅=みやびやか 対 □《ソ》□《ヤ》 ▼P.71・16
- ☐ 25 ハイグウシャの権利は法律により保護される。 夫婦の一方から見た他方 （配偶者） 意 偶=同類の者・仲間

類対解答 20 不可欠 24 粗野

第2章 重要語B 書き取り❼

□1 人心がすさんでいることは**ガイタン**に堪えない。（うれいなげくこと）
〔慨嘆〕 注意 ×概

□2 辺り一帯を**セイジャク**が支配していた。（しずかでひっそりしていること）
〔静寂〕 訓 寂《さび》しい

□3 人力車のゆれが**ヨイン**として身体に残っている。（物事が終わった後に残る味わい）
〔余韻〕 意 韻＝ひびき

□4 住民が地方自治に積極的に**サンヨ**する。（あることに関係すること）
〔参与〕 意 与＝かかわる

□5 宇宙船が帰還するために軌道を**リダツ**した。（ある状態から抜け出ること）
〔離脱〕 訓 離《はな》れる・脱《ぬ》ぐ

□6 成功とは**ムエン**の苦難の道を歩んできた。（関係のないこと）
〔無縁〕

□7 社会構造のゆがみを**ゼセイ**する運動をおこす。（良くない点を改めること）
〔是正〕 類 □□《キョウセイ》 ▼P.80・7

□8 **レイコク**な仕打ちに耐える強い人間となる。（思いやりがなくむごいこと）
〔冷酷〕 訓 冷《つめ》たい

□9 幼い子どもが**ムジャキ**にほほえんでいる。（わるぎなくかわいらしいこと・考えの単純なこと）
〔無邪気〕 意 邪＝正しくない

□10 フカヒレは食材として**チンチョウ**されてきた。（めずらしいとして大切にすること）
〔珍重〕 訓 珍《めずら》しい

□11 大学から名誉教授の**ショウゴウ**を授けられた。（呼び名）
〔称号〕 意 称＝たたえる

□12 何事も**カンレイ**に従うとまさつが少ない。（しきたり・ならわし）
〔慣例〕

13 選手を代表して**センセイ**する役を任された。
ちかいを述べること
〔宣誓〕
訓 誓《ちか》う

14 新しい年の初めに各自の**ホウフ**を述べる。
心の中に持っている考えや決意
〔抱負〕
訓 抱《かか》える・負《お》う

15 度重なる間違いに**カンニン**袋の緒が切れた。
怒りを抑えて他人の過ちを許すこと
〔堪忍〕
表 堪忍袋《カンニンぶくろ》の緒《お》が切《き》れる＝それ以上我慢できなくなって怒りが爆発する

16 世界情勢はますます**コンメイ**をきわめている。
こんらんしてわけがわからないこと
〔混迷〕
類 □□《フンキュウ》 ▼P.88・11

17 身内で祖父の**カンレキ**を祝う会を催した。
数え年で六十一歳のこと
〔還暦〕
訓 暦《こよみ》

18 政権の弱体化が進んでいる現状を**ユウリョ**する。
心配すること
〔憂慮〕
訓 憂《うれ》える

19 年末の**コウレイ**行事に毎年参加している。
いつも決まって行われること
〔恒例〕
意 恒＝つね

20 不況で経済は**カイメツ**的な打撃を受けた。
すっかりこわれほろびること
〔壊滅〕
訓 壊《こわ》れる・滅《ほろ》びる

21 国際平和を**キネン**する像が公園に設置された。
心を込めていのること
〔祈念〕
訓 祈《いの》る

22 経済的な**コンキュウ**の程度が増している。
貧乏で苦しむこと
〔困窮〕
訓 困《こま》る・窮《きわ》まる

23 国道が都市のまんなかを**カンツウ**している。
なかをつらぬいて反対側に抜けること
〔貫通〕
訓 貫《つらぬ》く

24 パーティーで**ソッキョウ**の歌を披露する。
その場で思ったことをすぐに詩歌や歌につくること
〔即興〕

25 選挙制度改革について世論が**フットウ**する。
わきあがり煮え立つこと
〔沸騰〕

類対解答　7 矯正　16 紛糾

第2章 重要語B

書き取り❽

1. 彼女の態度は**ヘイゼイ**と全く変わらなかった。
   ふだん・ひごろ
2. 友人の一言が神の**ケイジ**のように心に響いた。
   神があらわししめすこと
3. 社会**フクシ**を充実させることに貢献する。
   しあわせな生活環境
4. 不況のせいで消費者の**コウバイ**力が低下する。
   かい入れること
5. 顧客係の**レイタン**な扱いに腹を立てた。
   興味を示さないさま・思いやりがないさま
6. 早く手を打たないと組織の**フハイ**が進む。
   精神が堕落し不正がはびこること・くさること
7. 今は亡き恩師の教えを心に**メイキ**する。
   深く心に刻みつけて忘れないこと
8. 球場の正式な**コショウ**を公募で決める。
   よびな・なまえ
9. **キョセイ**を張らずにありのままでいたい。
   うわべばかりのいきおい・からいばり
10. 良き**ハンリョ**を得て暮らしが落ち着いた。
    連れだって行く者
11. 反対運動があまりに**センエイ**的で手に負えない。
    思想・行動などが過激・急進的であること
12. 都市の**コウガイ**で新しい流行が発生する。
    市街地に隣接した地域

---

1. 〔平生〕 類 普段《フダン》
2. 〔啓示〕 意 啓=ひらく
3. 〔福祉〕 意 祉=しあわせ
4. 〔購買〕 意 購=かい求める 類 □□《コウニュウ》 ▼P.121・18
5. 〔冷淡〕 対 熱心《ネッシン》
6. 〔腐敗〕 訓 腐《くさ》る・敗《やぶ》れる
7. 〔銘記〕
8. 〔呼称〕 訓 呼《よ》ぶ
9. 〔虚勢〕 意 虚=むなしい・いつわり
10. 〔伴侶〕 訓 伴《とも》う
11. 〔先鋭〕 注意 「尖鋭」とも書く
12. 〔郊外〕 注意 ×効

□ 13 感動にうち**フル**えて立ちつくしていた。
細かくゆれ動く
〔震〕
音 震《シン》［震動《シンドウ》］

□ 14 大都市の**キンコウ**に土地を求めて移り住んだ。
都市の周辺部・都市にちかい所
〔近郊〕

□ 15 **オウオウ**にして思いと反対のことを口走る。
しばしばあるさま
〔往々〕
類 □□《ヒンパン》 ▼P.48・8

□ 16 暮らしに必要なだけの金は**カセ**いでいる。
働いて収入を得る
〔稼〕
音 稼《カ》［稼働《カドウ》］

□ 17 政治学者は社会の動きに**ビンカン**である。
わずかなことでもすぐにかんじ取ること
〔敏感〕
対 鈍感《ドンカン》

□ 18 民衆にフラストレーションが**ジュウマン**する。
いっぱいになること
〔充満〕
訓 充《あ》てる・満《み》たす

□ 19 自由な時間はひたすら読書に**ボットウ**する。
ある物事に熱中すること
〔没頭〕

□ 20 不敗を誇る王者に果敢に**チョウセン**する。
たたかいをいどむこと
〔挑戦〕
訓 挑《いど》む

□ 21 百科事典のページを**ク**って調べものをした。
順に送り動かす
〔繰〕

□ 22 人は悲しみや悩みを**カカ**えて生きている。
自分のものとして持つこと
〔抱〕
音 抱《ホウ》［抱負《ホウフ》］

□ 23 かつての**ドレイ**制を復活させてはならない。
自由を奪われ労務に従事する者
〔奴隷〕
類 奴婢《ヌヒ》

□ 24 恋人と一緒に海辺で波と**タワム**れて過ごす。
遊びふざける
〔戯〕
音 戯《ギ》［遊戯《ユウギ》］

□ 25 互いの個性の違いを**ズイショ**で思い知った。
いたるところ・どこでも
〔随所〕
注意 「随処」とも書く

類 対 解答　4 購入　15 頻繁

第2章

重要語 B

書き取り❾

□ 1 美術館でギリシア時代の**チョウコク**を鑑賞する。
石や金属などに物の形をきざむ芸術
〔彫刻〕
訓 彫《ほ》る・刻《きざ》む

□ 2 本当に信頼できるのか**イナ**かが問題だ。
問いに対し答えを肯定しないときにもちいる言葉
〔否〕
音 否《ヒ》［否《ヒ》認《ニン》］

□ 3 **カンセイ**な住宅街を騒がす事件が起こった。
しずかで落ち着いているさま
〔閑静〕
意 閑＝のどか

□ 4 都市計画には創造と破壊の**ソウコク**がある。
互いに勝とうとして争うこと
〔相克〕
意 克＝うちかつ
類 □□《カクシツ》 ▼P.131・17

□ 5 有名な作曲家に社歌の作曲を**イショク**した。
その人にゆだね頼むこと
〔委嘱〕
注意 ×属

□ 6 病気になった妻を**ケンシン**的に看病する。
みをささげて尽くすこと
〔献身〕
注意 ×心

□ 7 納税のために扶養**コウジョ**の計算をする。
さしひくこと
〔控除〕
訓 控《ひか》える・除《のぞ》く

□ 8 学者になるためには**ガイハク**な知識が必要だ。
学問などに広く通じていること
〔該博〕
意 博＝ひろい

□ 9 社会に深く根を下ろした不正を**テキハツ**する。
悪事を暴いて公表すること
〔摘発〕
訓 摘《つ》む

□ 10 勉強の合間に適当に**キュウケイ**時間を挟む。
仕事などを少しの間止めてやすむこと
〔休憩〕
訓 憩《いこ》う

□ 11 彼の意見にはにわかに**シュコウ**しかねる。
納得して賛成すること
〔首肯〕

□ 12 老人がしみじみと自分の人生を**ジュッカイ**する。
心中の思いをのべること
〔述懐〕
訓 懐《なつ》かしい

13 □ **シンシュ**の気性に富んだ人物を採用したい。
自らすすんで事をなすこと
〔進取〕
意 取＝とる

14 □ 祖母が**キトク**であるという知らせがあった。
病が重くいのちがあやういこと
〔危篤〕
意 篤＝病気が重い

15 □ 競争社会をしぶとく勝ち抜いて**ハケン**を握る。
競争者を抑えて得た力
〔覇権〕
意 覇＝力で天下をおさえた諸侯の長

16 □ 大量の仕事を片付けるのに**ボウサツ**される。
とてもいそがしいこと
〔忙殺〕
訓 忙《いそが》しい

17 □ 物価が**コウトウ**して国民の生活が苦しくなった。
物価などがたかくあがること
〔高騰〕
意 騰＝あがる

18 □ 水温が上がると**ヨウカイ**度は大きくなる。
とけること
〔溶解〕

19 □ **コンイン**届けを居住地の市役所に提出した。
結こんすること
〔婚姻〕

20 □ 根拠のない**カタヨ**った俗説を言い立てる。
片方へ寄る・不公平になる
〔偏〕
音 偏《ヘン》〔偏向《ヘンコウ》〕

21 □ **エイリ**なかみそりの切れ味を試してみる。
よく切れるようす
〔鋭利〕
訓 鋭《するど》い

22 □ **エイタン**表現は大げさになりがちである。
声や言葉で心に迫ることを表現すること
〔詠嘆〕
訓 詠《よ》む・嘆《なげ》く

23 □ がっかりした表情を**センメイ**に覚えている。
あざやかではっきりしていること
〔鮮明〕
対 曖昧《アイマイ》
類 □□《メイリョウ》 ▼P.70・6

24 □ ニーチェはただの読書好きを**ケイベツ**していた。
見下しばかにすること
〔軽蔑〕
対 尊敬《ソンケイ》

25 □ 仏教**ハッショウ**の地はガンジス川流域である。
物事がはじめてあらわれること
〔発祥〕
意 祥＝きざし・さいわい

類対解答　4 確執　23 明瞭

書き取り⑩

1 漢帝国のイチグウ（片すみ）で司馬遷は歴史を書き綴《つづ》った。
【一隅】 訓 隅《すみ》

2 心が乱れていると注意がサンマン（しまりのないさま）になる。
【散漫】 訓 散《ち》る 類 □《ソ》□《ザツ》 ▼P.118・6

3 塵《ちり》一つないセイジョウ（きよらかでけがれのないこと）な空間に神を祀《まつ》っている。
【清浄】 対 汚濁《オダク》

4 実家の母は見かけによらずキヨウ（細かい仕事をうまく処理すること）な人だ。
【器用】 訓 器《うつわ》

5 心身のヒロウ（使いすぎのため機能が低下すること）を回復して明日に備える。
【疲労】 訓 疲《つか》れる

6 兵士が交替で国境のカンシ（見張ること）をしている。
【監視】 意 監＝見る

7 はやりスタリ（おとろえること・はやらなくなること）があるのが世の常だと心得る。
【廃】 音 廃《ハイ》［廃止《ハイシ》］

8 牧場でツ（つまみとる）んだばかりの花を母親に持っていく。
【摘】 音 摘《テキ》［摘出《テキシュツ》］

9 人間のヒフ（体の表面をおおっているもの）は呼吸作用や体温調節を行う。
【皮膚】 訓 皮《かわ》

10 罪を自覚してク（してしまったことについて、誤りに気づき反省する）い改めようとしている。
【悔】

11 日本では自然はセイフク（相手を従わせること）すべき対象ではない。
【征服】

12 ジンイ（ひとの力で行うこと）的選択による品種改良が行われる。
【人為】

番号	問題	意味	解答	補足
□ 13	一部の**フユウ**な階層に国の実権が握られている。	財産が多くゆたかなこと	富裕	
□ 14	敵対する団体が**コウソウ**を繰り広げる。	張り合いあらそうこと	抗争	類 訓 争《あらそ》う □□《トウソウ》 ▼P.162・6
□ 15	子どもは森の**コンチュウ**ととても仲良しだ。	チョウやセミ、トンボなどの仲間（むし類）	昆虫	
□ 16	高齢者は**マンセイ**の疾患を持つことが多い。	良くない状態が長引くこと	慢性	対 急性《キュウセイ》
□ 17	人を不幸にする技術は**ハキ**されるべきと考える。	やぶりすてること	破棄	訓 破《やぶ》る
□ 18	**ソウジ**した構造の建物が二棟並んでいる。	大きさが違っても形がまったく同じであること	相似	訓 似《に》る
□ 19	遠景に雪を被《かぶ》った山を入れて写真を**ト**る。	カメラなどでうつす	撮	音 撮《サツ》［撮影《サツエイ》］
□ 20	**ゴラク**は日常生活にうるおいをもたらす。	仕事や勉学を離れたひまなときにする遊びやたのしみ	娯楽	意 娯＝たのしむ
□ 21	以前とは異なった様相を**テイ**している。	ある状態を示す	呈	
□ 22	こじれにこじれた問題を**アザ**やかに解決した。	見事なさま	鮮	音 鮮《セン》［鮮明《センメイ》］
□ 23	**タマシイ**が揺さぶられるような体験をする。	動物の体に宿って心の働きをつかさどると考えられるもの	魂	表 魂《たましい》を入《い》れ替《か》える＝心を改める
□ 24	荒れ地を**カイコン**して見事な農地になった。	山野を耕して田畑にすること	開墾	意 墾＝たがやす
□ 25	出費がかさみ膨大な赤字が**ルイセキ**した。	重なりつもること	累積	意 累＝かさなる

類 対 解答　2 粗雑　14 闘争

書き取り⑪

□ 1 売れ行きが好調で商品の在庫が**フッテイ**する。（物が非常に乏しいこと）
〔払底〕 訓 払《はら》う

□ 2 **サクイ**的に文章を改変した跡が見られる。（ことさらに手を加えること）
〔作為〕

□ 3 産地偽装は消費者に対する**ハイシン**である。（しんらいや約束を裏切ること）
〔背信〕 訓 背《そむ》く

□ 4 失敗の責任を認めて誠実に**チンシャ**する。（事情を述べてあやまること）
〔陳謝〕 訓 謝《あやま》る

□ 5 **コンセツ**丁寧な説明で非常にわかりやすかった。（まごころがこもって親せつなこと）
〔懇切〕 訓 懇《ねんご》ろ

□ 6 説明は要点のみにして他は**カツアイ**する。（惜しいけれど省略すること）
〔割愛〕 訓 割《さ》く

□ 7 傑出した芸術家の魂の**ヘンレキ**をたどる。（さまざまな経験をすること）
〔遍歴〕 注意 ×偏

□ 8 飼料高騰が**チクサン**に大打撃を与えている。（かちくを飼育し人間に必要な肉・卵などを生さんすること）
〔畜産〕

□ 9 恩師の言葉を座右の**メイ**として心に留める。（刻まれた文章・製作者の名）
〔銘〕 表 銘《メイ》打《う》つ＝立派な名前をつける

□ 10 民衆は新しい領主に**ガンキョウ**にはむかった。（がんこでつよいこと・手ごわいこと）
〔頑強〕 意 頑＝かたくな

□ 11 マスメディアが情報の**テイキョウ**を要請する。（役立つよう相手に差し出すこと）
〔提供〕 訓 提《さ》げる・供《そな》える

□ 12 **ソシキ**を活性化させないと生き残れない。（各要素がつながり合って働く統一体）
〔組織〕 訓 組《くみ》・織《お》る

13 □ 病者を**カイゴ**する施設で手伝いをする。
患者や高齢者などの生活の助け
〔介護〕
意 介＝たすける

14 □ 表現の**コウセツ**よりも内容が問題である。
上手なことと下手なこと
〔巧拙〕
訓 拙《つたな》い

15 □ 商売**ハンジョウ**を願って絵馬を奉納する。
にぎわいさかえること
〔繁盛〕
訓 盛《さか》ん
類 □□《コウリュウ》 ▼P.134・6

16 □ 水道管の破裂によって道が**カンボツ**した。
落ち込み穴があくこと
〔陥没〕
訓 陥《おちい》る・陥《おとしい》れる

17 □ 競争により同僚間に根深い**カクシツ**が生じた。
主張を譲らず不和になること
〔確執〕
訓 執《と》る
注意 「カクシュウ」とも読む

18 □ 専門家の話を聞くまたとない**キカイ**を得た。
何かを行うのにちょうどよいとき
〔機会〕

19 □ 政策をわかりやすく訴えて世間の**シジ**を得た。
意見に賛同して後押しすること
〔支持〕
訓 支《ささ》える

20 □ 悲しいかな彼に**セキジツ**の面影はない。
むかし
〔昔日〕

21 □ **イサイ**は面談の上決定することにする。
詳しいこと・詳しい事情
〔委細〕
意 委＝くわしい
類 □□《ショウサイ》 ▼P.65・19

22 □ 無実の罪で投獄された人の**メイヨ**を回復する。
よい評判・道徳的高さを尊敬されること
〔名誉〕
訓 誉《ほま》れ

23 □ 知人から**ハクライ**の高級品をプレゼントされた。
外国から海を越えて日本にくること
〔舶来〕
意 舶＝ふね

24 □ 絹のような**コウタク**の布地が発売された。
表面のなめらかなひかり・つや
〔光沢〕

25 □ 不可能に思われる**イギョウ**を成し遂げる。
すぐれて立派な仕事
〔偉業〕
訓 偉《えら》い

類 対 解答　15 興隆　21 詳細

□ 1 街のザットウの中を歩きながら考えた。
大勢で混み合うこと・人ごみ
〔雑踏〕
訓 踏《ふ》む

□ 2 夜の間に気温が下がり路面がトウケツする。
こおりつくこと
〔凍結〕
訓 凍《こお》る・凍《こご》える

□ 3 砂漠をヒヨクな土地に変える計画を進める。
土地がこえていて作物がよく育つこと
〔肥沃〕
訓 肥《こ》える

□ 4 寺のご本尊は今は国宝館にチンレツされている。
見せるためにならべておくこと
〔陳列〕
意 陳＝ならべる

□ 5 キンセンに触れるすばらしい講話を聞いた。
強く共鳴する思い
〔琴線〕
表 琴線《キンセン》に触《ふ》れる＝よいものに触れて感動する

□ 6 弁解ばかりするヒクツな人間になりたくない。
いじけたようす
〔卑屈〕
訓 卑《いや》しい
対 □□《ゴウマン》 ▼P.95・22

□ 7 諸外国の風土やシュウゾクを調査する。
社会のならわし
〔習俗〕
類 風習《フウシュウ》

□ 8 驚くべきインケンな態度で人とつきあう。
表面はよく見せかけて心中は悪意をもっていること
〔陰険〕
訓 陰《かげ》・陰《かげ》る
険《けわ》しい

□ 9 丘の上にとてつもなくソウダイな建物がある。
おおきくて立派なこと
〔壮大〕
対 卑小《ヒショウ》
対 □□《ワイショウ》 ▼P.103・24

□ 10 体のヘイコウ感覚が失われて歩けない。
釣り合いがとれていること
〔平衡〕
意 衡＝はかり

□ 11 政界と財界のユチャクが昨今問題となっている。
好ましくない状態で強く結びついていること
〔癒着〕
訓 癒《い》える

□ 12 ケイコク沿いの山道を縫うように車が走る。
たに・たにま
〔渓谷〕

□ 13 両肩をはじめ**シシ**の関節は円運動もできる。（両手と両足）　〔四肢〕
類 有数《ユウスウ》

□ 14 我が国**クッシ**の碩学《せきがく》からじかに教えを受けた。（ゆびを折って数えられるほど優れていること）　〔屈指〕

□ 15 難題を解決するには**バンユウ**も時には必要だ。（向こう見ずのゆうき）　〔蛮勇〕
訓 勇《いさ》む

□ 16 近接する諸国の財政**トウゴウ**を進める。（二つより多いものを一つにあわせること）　〔統合〕
訓 統《す》べる

□ 17 勝ち残った者が王者の**エイヨ**を与えられる。（ほまれ）　〔栄誉〕
訓 栄《は》える・栄《さか》える　誉《ほま》れ

□ 18 **シュコウ**を凝らした作品を作り上げる。（おもむき・くふう）　〔趣向〕
訓 趣《おもむき》

□ 19 こまめに**ソウジ**をして部屋を清潔な状態に保つ。（ごみやほこり汚れなどを取り去ること）　〔掃除〕
訓 掃《は》く

□ 20 気が**キ**いたことを言おうとして言葉を探す。（有効に動き働く）　〔利〕
表 気《き》が利《き》く＝しゃれている・心が行き届く

□ 21 村人全員が**ケッタク**して代官に抵抗した。（互いに考えを共有して事に当たること）　〔結託〕

□ 22 正式な手続きを経て貴重な書物を**エツラン**する。（書物を調べ読むこと）　〔閲覧〕
意 閲・覧＝みる

□ 23 連絡の絶えていた友人の消息を**タズ**ねる。（問い聞く）　〔尋〕
音 尋《ジン》［尋問《ジンモン》］

□ 24 想定されるあらゆる事態に**タイショ**する。（出来事や状況に応じて適切に取り扱うこと）　〔対処〕

□ 25 不運を**ナゲ**くことなくポジティブに生きる。（悲しみいきどおる）　〔嘆〕
音 嘆《タン》［嘆息《タンソク》］

類対解答　6 傲慢　9 矮小

第2章 重要語 B

書き取り⑬

1 □ 感染症予防のためエイセイ管理を徹底する。
健康維持のため病気の予防につとめること
〔 衛生 〕 注意 ×衛星

2 □ 先生に褒められてユウエツ感に浸っている。
他のものよりすぐれていること
〔 優越 〕 対 劣等《レットウ》

3 □ 高くそびえる山々がイゲンを帯びて見える。
堂々としておごそかなこと
〔 威厳 〕 訓 厳《おごそ》か

4 □ マンゼンと毎日を過ごしているように見える。
ぼんやりととりとめのないさま
〔 漫然 〕 意 漫＝なんとなく・だらだらと

5 □ 会話文にカッコをつけて地の文と区別する。
特定の文字・数字などに付ける記号
〔 括弧 〕 意 括＝くくる

6 □ 平和な時代には文芸がコウリュウする。
勢いが盛んになること
〔 興隆 〕 訓 興《おこ》る

7 □ 欠点をヒハンされて改めることにした。
価値などを評価すること
〔 批判 〕

8 □ 経歴をコウリョして役割を振り分ける。
かんがえをめぐらすこと
〔 考慮 〕 意 慮＝あれこれとかんがえる

9 □ 幼児と母親はノウミツな関係で結ばれている。
こくて細やかなこと
〔 濃密 〕 対 □《キ》□《ハク》 ▼P.59・19

10 □ 困難を解決するホウトを模索している。
やりかた・進むべき道
〔 方途 〕 類 方法《ホウホウ》

11 □ 講演の中に楽しいエピソードをソウニュウする。
さしこむこと
〔 挿入 〕 訓 挿《さ》す

12 □ 人間は哺乳類の中のレイチョウ類に分類される。
れいちょう目の哺乳類すべて、サルやヒトも含む
〔 霊長 〕

13 砂の城が波で**イッシュン**にして崩れた。
きわめてわずかな時間
〔一瞬〕
類 刹那《セツナ》

14 しばしば上司に仕事上の指示を**アオ**ぐ。
教えを求める
〔仰〕
音 仰《ギョウ》［仰視《ギョウシ》］

15 富の**ヘンザイ**と格差が現代社会の問題である。
かたよってあること
〔偏在〕
訓 偏《かたよ》る
注意 ×遍在 ▼P.115・24

16 コンピュータのデータを誤って**マッショウ**する。
けして取り除くこと
〔抹消〕

17 伝統の対抗戦で惜しくも敗北を**キッ**した。
好ましくないことを身にうける
〔喫〕

18 幼児が**ア**きることなく積み木で遊んでいる。
同じことが長く続いていやになる・満足してそれ以上いらない
〔飽〕
音 飽《ホウ》［飽和《ホウワ》］

19 私は**シュウネン**深く同じテーマを追い続ける。
変わることのない思い
〔執念〕
訓 執《と》る

20 新製品がまたたく間に市場を**セイハ**した。
競争相手を負かすこと
〔制覇〕
意 覇＝力で天下をおさえた諸侯の長

21 領土の**ヘンカン**が実現して住民は満足している。
もとの所へかえすこと
〔返還〕
訓 返《かえ》す

22 医師の少ない山村を**ジュンカイ**診療する。
各地をめぐり歩くこと
〔巡回〕
訓 巡《めぐ》る

23 開会式には校旗の**ケイヨウ**がなされる。
高くかかげること
〔掲揚〕
訓 掲《かか》げる・揚《あ》げる

24 こまごまとした**キソク**が多くて煩わしい。
きまり・さだめ
〔規則〕

25 運動会でけがをした人を**タンカ**で運ぶ。
二本の棒の間に布を張り病人を運搬する道具
〔担架〕
訓 担《かつ》ぐ・担《にな》う

類対解答 9 希薄

第2章 重要語B

書き取り⑭

1 友人が留学するので送別会を**モヨオ**した。（行う・したくする）
（ 催 ）

2 学校の文化祭でクレープの**モギ**店を担当した。（他のものをまねること）
（ 模擬 ）
音 模《ボ》［規《キ》模《ボ》］

3 試合に勝つための**サクリャク**を考える。（はかりごと）
（ 策略 ）

4 体調が思わしくないので決勝戦を**キケン**した。（けんりを行使しないこと）
（ 棄権 ）
意 棄＝すてる

5 社長は温厚な**セイカク**で社員から慕われている。（感情や行動などに表れる傾向・人柄）
（ 性格 ）

6 学生時代の恩師の教えに**シンスイ**している。（こころから尊敬し夢中になること）
（ 心酔 ）
訓 酔《よ》う

7 両国を和解させるため**チュウカイ**の労をとる。（間にいて便宜をはかること）
（ 仲介 ）

8 **ソセン**から引き継いだ農地を耕して生活する。（一族の初代からせん代までの人々）
（ 祖先 ）

9 難局に**カンゼン**と立ち向かう姿に感動を覚える。（危険を恐れず思い切ってするさま）
（ 敢然 ）
意 敢＝あえてする

10 途方に暮れてひとり**コクウ**を見つめている。（何もないくう間・そら）
（ 虚空 ）
音 虚《キョ》［空虚《クウキョ》］

11 **フソク**の事態に備えて万全の準備をしておく。（思いがけないこと）
（ 不測 ）
訓 測《はか》る

12 講演者がうるさい聴衆を壇上から**イッカツ**した。（大きくひと声で叱りつけること）
（ 一喝 ）
意 喝＝しかる

13 □ 努力のかいあって優勝の**エイカン**に輝いた。（勝利や名誉のしるし）〔栄冠〕 訓 栄《は》え

14 □ 平板な物語がようやく**カキョウ**に入る。（話や物語などのおもしろいところ）〔佳境〕 意 佳＝よい

15 □ 原野を**カイタク**して商品作物を植える。（山野をきりひらいて耕地にすること）〔開拓〕 意 拓＝ひらく

16 □ 駐車**イハン**を繰り返して裁判所に呼び出された。（法規などにそむくこと）〔違反〕 訓 違《ちが》う

17 □ ユートピアなどどこにもない**ゲンソウ**である。（ないことをあるように感じること）〔幻想〕 訓 幻《まぼろし》

18 □ 鉄棒で**ケンスイ**をして体の鍛錬をする。（両腕で体を支えて屈伸すること）〔懸垂〕 訓 懸《か》ける・垂《た》らす

19 □ 納税という国民の義務を忠実に**リコウ**する。（決めたことを実際におこなうこと）〔履行〕 訓 履《は》く 類 □□《スイコウ》 ▼P.93・16

20 □ 歌舞伎役者の**シュウメイ**披露がおこなわれる。（師匠や親などのなをつぐこと）〔襲名〕 訓 襲《おそ》う

21 □ 祖父の形見に**カイチュウ**時計をもらった。（ふところやポケットのうち）〔懐中〕

22 □ 宗教音楽にこの上ない**ユエツ**を覚える。（心から楽しむこと）〔愉悦〕 意 愉＝たのしい 悦＝よろこぶ

23 □ 頭脳の**ユウギ**として謎解きゲームに取り組む。（あそびたわむれること）〔遊戯〕 訓 戯《たわむ》れる

24 □ **セイコウ**な口調に青年の気負いを感じた。（未熟でごつごつしていること）〔生硬〕 訓 生《なま》・硬《かた》い 対 □□《ジュクレン》 ▼P.30・2

25 □ 初めに本のあらすじをざっと**ショウカイ**する。（取り持ち引き合わせること）〔紹介〕

類対解答　19 遂行　24 熟練

第2章 重要語B

書き取り⑮

1 □ 食品添加物を**ジョキョ**した食事が望ましい。
取りのぞくこと
（除去）
訓 除《のぞ》く

2 □ 日々の生活はそれなりに**ジュウソク**している。
満ちたりること
（充足）
訓 充《あ》てる

3 □ 故郷に残した恋人のことが常に頭の**スミ**にある。
中央でない端や奥の方・目立たないところ
（隅）

4 □ 高い山脈を**トウハ**して列島の反対側に達した。
長く困難な道のりを歩き通すこと
（踏破）
訓 踏《ふ》む

5 □ 彼女を後任の委員長に**スイセン**しようと思う。
人物や物を適当なものとして他人にすすめること
（推薦）
訓 薦《すす》める

6 □ 時期**ショウソウ**として計画は却下された。
そのことをするにはまだはやすぎること
（尚早）
注意 ×「ソウショウ」と読まない

7 □ **ケンジョウ**の美徳を尊ぶという精神を持つ。
へりくだりゆずること
（謙譲）
類 謙遜《ケンソン》

8 □ **ヒカク**しようがないほど両者の違いは大きい。
くらべること
（比較）
訓 比《くら》べる

9 □ 男が犯人であるという**カクショウ**を得た。
たしかなしょうこ
（確証）
意 証＝あかし

10 □ 厳しい運命に**ユウカン**に立ち向かっている。
いさましく思い切りのよいこと
（勇敢）
訓 勇《いさ》む

11 □ 独裁政治を**テンプク**するため同志を募る。
政府などを倒すこと・ひっくり返ること
（転覆）
訓 転《ころ》ぶ・覆《くつがえ》す・覆《おお》う

12 □ **インシツ**ないじめを根絶しなければいけない。
暗くてじめじめしていること
（陰湿）
訓 陰《かげ》・湿《しめ》る

13 □ **コウリョウ**たる原野に足をふみ入れた。
あれ果ててものさびしいさま
〔荒涼〕 訓 荒《あ》れる

14 □ テレビに美しい**エイゾウ**が流れている。
えいがやテレビなどにうつるぞう
〔映像〕 訓 映《うつ》す・映《は》える

15 □ 極寒の冬も**コクショ**の夏も労働に従事する。
夏のきびしいあつさ
〔酷暑〕 意 酷＝はなはだしい

16 □ 会長の洞察力と指導力は**ケイフク**に値する。
感心して尊けいの念を抱くこと
〔敬服〕 訓 敬《うやま》う

17 □ 困っている人に物心両面で**エンジョ**する。
困っている人に力を貸すこと
〔援助〕

18 □ 真相の**キュウメイ**にはなお時間がかかる。
道理や真理をつきつめてあきらかにすること
〔究明〕 訓 究《きわ》める

19 □ 支持率の低下は内閣にとって**チメイ**的である。
いのちにかかわること
〔致命〕 表 致命的《チメイテキ》＝取り返しがつかないほど重大なさま

20 □ 設備が古くなったので工場を**ヘイサ**する。
とざすこと
〔閉鎖〕 対 開放《カイホウ》

21 □ 石が飛んできて窓ガラスが**クダ**け散った。
壊れてこなごなになる
〔砕〕 音 砕《サイ》［粉骨砕身《フンコツサイシン》］

22 □ 道の途中にはたった一**ケン**の人家しかない。
家を数える語
〔軒〕 訓 軒《のき》

23 □ 改革は社会の**シュウエン**部から始まる。
まわり・ふち
〔周縁〕 対 □□《チュウカク》 ▼ P.168・2

24 □ 涙をこらえて親友を**ツイトウ**する文を書く。
死者の生前をしのび悲しみにひたること
〔追悼〕 訓 悼《いた》む

25 □ 小動物は常に捕食者に**ネラ**われるリスクがある。
手に入れようとして目標を定める
〔狙〕 音 狙《ソ》［狙撃《ソゲキ》］

類 対 解答 23 中核

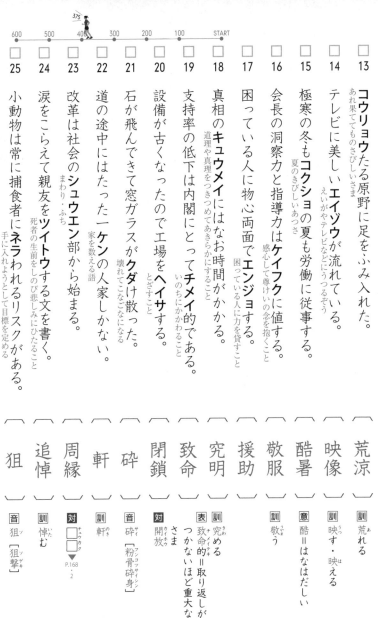

第2章

重要語 B

書き取り⑯

番号	問題	語意	解答	補足
□ 1	議論を重ねた結果**オントウ**な結論に落ち着いた。	おだやかで無理のないこと	穏当	訓 穏《おだ》やか
□ 2	大河が大平原を**ダコウ**して流れている。	まがりくねっていくこと	蛇行	訓 蛇《へび》
□ 3	**チョウシュウ**が会場にあふれんばかりだ。	聞きに集まった人	聴衆	
□ 4	理性で捉えられないものに**キョウフ**を感じる。	おそろしく感じること	恐怖	訓 恐《おそ》れる・怖《こわ》い
□ 5	怠け者として**シダン**されることは避けたい。	つまはじきにすること・責めること	指弾	訓 弾《たま》・弾《はず》む・弾《ひ》く
□ 6	**ユウレイ**が出る場所には誰も近づかない。	死者が成仏しないでこの世に姿を現すとされるもの	幽霊	
□ 7	**ボウカン**者の立場で無責任な発言をする。	直接かかわらずそばで見ること	傍観	訓 傍《かたわ》ら
□ 8	不注意により**タンジュン**な計算ミスを繰り返す。	込み入っていないこと	単純	対 複雑《フクザツ》
□ 9	データを**カイセキ**した結果を所長に報告する。	理論に基づいて詳細に研究すること	解析	訓 解《と》く
□ 10	**カンチガ**いが生じるのも仕方のないことだ。	誤って思い込むこと	勘違	注意 ×感
□ 11	時間と金を**マジュツ**のようにやりくりする。	人をまどわす力で行うふしぎな技、手段	魔術	
□ 12	季節により特定の**シッカン**が多発する。	病気	疾患	類 疾病《シッペイ》

13 □ 事件のイッタンをかいつまんで説明する。
かたはし・いちぶぶん
〔一端〕
訓 端《は》・端《はし》・端《はた》

14 □ 毎晩決まった時間にクウシュウが繰り返された。
そらから爆弾などで地上の目標を攻撃すること
〔空襲〕
訓 襲《おそ》う

15 □ 何が善で何が悪かはイチガイには言えない。
すべてを同じにみてひとくくりにすること
〔一概〕
意 概＝おおむね

16 □ 社内の人事制度改革にシュワンを振るう。
物事をうまく処理する能力
〔手腕〕

17 □ 賢明かグレツかはにわかに判断しがたい。
おろかでくだらないこと
〔愚劣〕
訓 愚《おろ》か・劣《おと》る

18 □ いまさらのように心臓のコドウが高くなる。
心臓のうごき・震えうごくこと
〔鼓動〕
訓 鼓《つづみ》

19 □ 今までのやり方をボクシュして変えない。
固くまもること
〔墨守〕
類 堅守《ケンシュ》・固守《コシュ》

20 □ 長時間労働のジョウタイ化を危惧する。
いつものありさま
〔常態〕
訓 常《つね》

21 □ 長期にわたる紛争により産業がスイビする。
おとろえて弱くなること
〔衰微〕
類 □□《スイジャク》 ▼P.180・10

22 □ 難解な言葉をドウギの言葉で言いかえる。
意味がおなじであること
〔同義〕
対 対義《タイギ》

23 □ 命の宿るワクセイが幾つあるかはわからない。
恒せいの周囲を公転するほし
〔惑星〕
訓 惑《まど》う

24 □ 自分自身を中途ハンパな存在だと見なす。
まとまった数や量がそろっていないこと
〔半端〕
訓 端《は》・端《はし》・端《はた》

25 □ 来月から父は転地リョウヨウすることになった。
病を治すために治りょうし体を休めること
〔療養〕
意 療＝いやす

類対解答 21 衰弱

第2章 重要語B 書き取り⑰

1 身の**キケン**をかえりみず救助に向かう。
あぶないこと
（危険）
訓 危《あぶ》ない・険《けわ》しい

2 **シュリョウ**民族は動物を敬って生きている。
山野の鳥獣を銃・網・わななどで捕らえること
（狩猟）
訓 狩《か》り

3 説明を聞いてもまだ**シャクゼン**としない。
疑いや迷いが解けてすっきりとするさま
（釈然）
意 釈＝ときほぐす

4 新製品の独占販売契約を**テイケツ**する。
契約などを取り決めること
（締結）
訓 締《し》める

5 敵の奇襲攻撃により要塞が**カンラク**した。
攻めおとされること
（陥落）
訓 陥《おちい》る・陥《おとしい》れる

6 **スイトウ**帳をつけて会社の現金を管理する。
金銭や物品をだしいれすること
（出納）
訓 納《おさ》める・納《おさ》まる

7 鬼気せまるような**ブヨウ**に衝撃を受けた。
おどり
（舞踊）
訓 舞《ま》う・踊《おど》る

8 笑いが起こって現場の空気が**シカン**した。*
ゆるむこと
（弛緩）
対 □□《キンチョウ》
▼P.53・22

9 自説にこだわって**キョウコウ**に主張する。
自分の考えを押し通すこと
（強硬）
対 軟弱《ナンジャク》

10 壁面は美しい**キカ**学模様になっている。
図形や空間の性質を研究する数学の分野
（幾何）
訓 幾《いく》

11 独自の技術を持つベンチャー企業に**トウシ**する。
利益を得る目的で事業や証券などに金銭をつぎ込むこと
（投資）

12 先人の**イダイ**な功績をたたえて碑を建立する。
すぐれておおきく立派であること
（偉大）
訓 偉《えら》い

13 □ お国**ジマン**のやりとりが繰り広げられる。
じぶんのことを他人にほこること
〔自慢〕

14 □ この一年の家内安全と**ケンコウ**を神仏に願う。
身体に悪いところがないこと
〔健康〕
訓 健《すこ》やか

15 □ ようやく長年の**ケンアン**が解決される。
解決しようと思いながら未解決のままの課題
〔懸案〕
訓 懸《か》ける

16 □ **シュショウ**にもしおらしくうなずいた。
けなげなこと・感心なこと・神妙なさま
〔殊勝〕
表 殊勝顔《シュショウがお》＝神妙な顔つき

17 □ 山での修行により真理を**カントク**した。
深い道理などを悟ること
〔感得〕

18 □ わき目もふらずに研究に**ショウジン**する。
懸命に努力すること・仏道修行に励むこと
〔精進〕
音 精《セイ》［精神《セイシン》］

19 □ **セッソク**に解決策を求めるべきではない。
すばやいが下手なこと
〔拙速〕
対 巧遅《コウチ》

20 □ 幼児の**クッタク**のない笑顔がたまらなく好きだ。
くよくよすること
〔屈託〕
表 屈託《クッタク》のない＝心配や気にかかることがない

21 □ 初対面の人と**カンタン**な挨拶を済ませた。
込み入っていないこと
〔簡単〕
対 複雑《フクザツ》

22 □ 発言の裏に**コンタン**があるのではと勘ぐる。
たくらみ・策略
〔魂胆〕
訓 魂《たましい》

23 □ 子どもたちは歌手を見て**カンセイ**をあげた。
喜びのあまり発するこえ
〔歓声〕
意 歓＝よろこぶ

24 □ 業務に必要な基本的な**シカク**を取得する。
あることをするために必要な条件
〔資格〕
意 資＝よりどころとなるもの

25 □ 新たな支配者から**フクジュウ**を求められる。
他の意志や命令にしたがうこと
〔服従〕
意 服＝したがう

類対解答 8 緊張

第2章

重要語B

書き取り⑱

1. 他の部署と**レンケイ**して作業を進める。
   互いにれんらくを取り協力して物事を進めること
   〔連携〕
   訓 携《なずさ》わる
2. 両チームは実力が**ハクチュウ**している。
   非常によく似ていて優劣がないこと
   〔伯仲〕
   表 伯仲《ハクチュウ》の間《カン》＝両者の間で優劣のないこと
3. 事故のために交通**キセイ**が実施されている。
   きそくを決めて物事をせいげんすること
   〔規制〕
4. 年に何度も日本とアメリカを**オウカン**する。
   いきかえり・おうふく
   〔往還〕
   類 □□《オウライ》 ▼P.24・1
5. **ショミン**のささやかな願いがかなえられた。
   世間一般の人々
   〔庶民〕
   意 庶＝おおい
6. **ギジ**餌で魚をおびきよせてつかまえる。
   本物とよくにていること
   〔擬似〕
   注意 「疑似」とも書く
7. **イヨウ**な緊張と不思議な穏やかさが同居する。
   普通と違っているさま
   〔異様〕
   訓 異《こと》
8. けものを**ギジン**化して物語を紡いでゆく。
   ひとでないものをひとに見立てること
   〔擬人〕
   意 擬＝なぞらえる
9. 雑誌に**レンサイ**されたのち単行本になった。
   続き物として記事などをのせること
   〔連載〕
   訓 載《の》せる
10. **ガンメイ**な人は他人の意見を受け入れない。
    ものの道理がわからず考え方に柔軟性がないこと
    〔頑迷〕
    表 頑迷固陋《ガンメイコロウ》＝自分の考えに固執して正しい判断ができないこと
11. **キセイ**植物がその宿主の命を危うくする。
    他のいきものに付着してその栄養を取っていきること
    〔寄生〕
    訓 寄《よ》る
12. 希望と現実を混同する**ムソウ**家にはならない。
    起こりそうもないことを心に思うこと
    〔夢想〕
    類 空想《クウソウ》

□ 13 国民国家確立は産業社会の進展と**キ**を一にする。
道筋・車輪の通ったあと
（軌）
表 軌《き》を一《イッ》にする＝やり方が同じである

□ 14 **ホウフク**は新たな怒りと憎しみを生み出す。
仕返しをすること
（報復）
訓 報《むく》いる

□ 15 大国が隣接する小国を武力で**ヘイゴウ**した。
いくつかのものをあわせて一つにすること
（併合）
訓 併《あわ》せる

□ 16 古都には長い歴史のある**ソウレイ**な建物が多い。
規模が大きくて美しいこと
（壮麗）
訓 麗《うるわ》しい

□ 17 空手は**カクトウ**技の代表的なものである。
組み討ちして争うこと
（格闘）
訓 闘《たたか》う

□ 18 商売の**ジョウドウ**に従って会社を運営する。
一般の原則にかなった普通のやり方
（常道）

□ 19 **エイセイ**中継されて世界中で見られる。
惑せいの周囲を運行する天体
（衛星）
表 衛星都市《エイセイトシ》＝大都市の周辺にある中小都市

□ 20 雷の落ちた音が辺り一帯に**ヒビ**きわたる。
音があたりに伝わって広がる
（響）
音 響《キョウ》［音響《オンキョウ》］

□ 21 若いうちに外国に留学することを**スス**める。
そうするようにさそう
（勧）

□ 22 炎天下を走り続けたのでのどが**カワ**いた。
のどがからからになって水分がほしくなる
（渇）
音 渇《カツ》［渇望《カツボウ》］

□ 23 彼らには彼らなりの**リクツ**があるはずだ。
物事の筋道
（理屈）
意 理＝ことわり

□ 24 医師の**ケイコク**に従って暴飲暴食を改めた。
知らせて注意を促すこと
（警告）
意 警＝いましめる

□ 25 **ソッコウ**薬となるような対策は立てられない。
ききめがすぐに現れること
（即効）
訓 効《き》く

□ 1 将来に大きな**カコン**を残す結果となった。
　わざわいの起こるもと

□ 2 条件に合う実例をすべて**レッキョ**する。
　一つ一つ数えあげること

□ 3 息つく**ヒマ**もないほど毎日忙しく働いている。
　仕事のない時間・ゆっくりすること

□ 4 若くして苦い失望や**ゲンメツ**を味わった。
　理想が崩れて落胆すること

□ 5 二十歳では生きることの**コドク**はわからない。
　ひとりぼっち

□ 6 学生たちの生活ぶりを軽妙な**ヒッチ**で描く。
　書画や文章の書きぶり

□ 7 朝からメールのチェックに**ヨネン**がない。
　他のよけいな考え

□ 8 **ジンリン**にもとる行為を許してはいけない。
　ひととして守るべき道

□ 9 高僧が諸国を**アンギャ**して民衆に仏法を説く。
　各地を巡ること

□ 10 聴衆の**ハクシュ**で指揮者が迎えられた。
　てをうち鳴らすこと

□ 11 モスクワ**ケイユ**でロンドンへ行く便に乗る。
　間の場所や機関を通ること

□ 12 いたずらをして両親から**シッセキ**される。
　しかりとがめること

---

1 〔禍根〕 意 禍＝わざわい

2 〔列挙〕 訓 挙《あ》げる

3 〔暇〕 音 暇《カ》［休暇《キュウカ》］

4 〔幻滅〕 訓 幻《まぼろし》

5 〔孤独〕

6 〔筆致〕 訓 筆《ふで》

7 〔余念〕 表 余念《ヨネン》がない＝他のことを考えず一つのことに熱中する

8 〔人倫〕 意 倫＝みち

9 〔行脚〕 訓 脚《あし》 類 □□《ジュンカイ》 ▼P.135・22

10 〔拍手〕 意 拍＝うつ

11 〔経由〕 訓 経《へ》る・由《よし》

12 〔叱責〕 訓 叱《しか》る・責《せ》める

13 □ 事態を**オンビン**に解決するために奔走する。
おだやかでかどがたたないこと
（穏便）
訓 穏《おだ》やか

14 □ 年齢や職歴を**サショウ**してはいけない。
氏名・住所・職業・経歴などをいつわって言うこと
（詐称）
意 詐＝いつわる

15 □ **カイキ**日食を見るために南の島へ渡る。
ある天体が別の天体に覆われて光が届かなくなること
（皆既）
訓 皆《みな》・既《すで》に

16 □ 何事にも**エイイ**努力するのがモットーだ。
心をはげましつとめること
（鋭意）
訓 鋭《するど》い

17 □ 公務を担う**カンリ**の服務規程を制定する。
役人・公務員
（官吏）
意 官・吏＝役人

18 □ 送られてきた**セイキュウ**書の金額に驚いた。
当然受け取れるものとしてもとめること
（請求）
訓 請《う》ける・請《こ》う

19 □ 時を経てようやく委員の判断が**ガッチ**した。
ぴったりあうこと
（合致）
訓 致《いた》す

20 □ **フクスイ**盆に返らずのたとえ通り修復は困難だ。
容器からこぼれたみず
（覆水）
表 覆水盆《フクスイボン》に返《かえ》らず＝一度したことは取り返しがつかないことのたとえ

21 □ 行政**カイカク**により省庁の再編がなされた。
あらためかえること
（改革）
訓 改《あらた》める・革《かわ》

22 □ 今まで**ギリ**に外れたことはしたことがない。
人間関係のうえで人に対して果たすべきつとめ
（義理）
表 義理《ギリ》を立《た》てる＝相手の立場を優先する

23 □ 消防設備および防火施設の**ササツ**を実施する。
状況を見極め調べること
（査察）
意 査・察＝しらべる・あきらかにする

24 □ 反対派を**カイジュウ**するための方法を考える。
うまく扱って自分の思う通りに従わせること
（懐柔）
訓 懐《なつ》ける
対 □《イ》□《アツ》
▼P.114・9

25 □ 江戸時代の武士は漢学の**ソヨウ**があった。
ふだんからやしなった力
（素養）
訓 養《やしな》う

類 対 解答　9 巡回　24 威圧

第2章 重要語B

書き取り 20

1. 前人**ミトウ**の地にようやくたどり着いた。（まだ足をふみ入れないこと）〔未踏〕
   訓 踏《ふ》む　注意「未到」とも書く
2. 国会に証人を**カンモン**するよう野党がもとめる。（呼び出してといただすこと）〔喚問〕
   意 喚＝よぶ
3. **セイゼン**とよどみなく自説を展開する。（ととのったさま）〔整然〕
   対 雑然《ザツゼン》
4. 彼女のけなげな姿には誰もが**カンシン**した。（こころに深くかんじること）〔感心〕
5. 若者は自由で**カソ**性に富んだ存在である。（自由に物の形をつくれること）〔可塑〕
   意 塑＝土で作った人形
6. 富を求めず**セイヒン**に甘んじて暮らす。（利益を求めず行いが正しいため生活がまずしいこと）〔清貧〕
7. 路面電車が**ケイテキ**を鳴らして通り過ぎる。（注意を促すために鳴らす音）〔警笛〕
   訓 笛《ふえ》
8. **ギゼン**的な発言を聞くと憤りを覚える。（見せかけだけにするよい行い）〔偽善〕
9. 講演会後の**シツギ**応答に時間をかける。（うたがいを問いただすこと）〔質疑〕
   訓 疑《うたが》う
10. **シュウショク**率の推移をグラフ化する。（仕事につくこと）〔就職〕
    訓 就《つ》く
11. オリンピックで世界記録が**コウシン**された。（古いものがあたらしく改まること）〔更新〕
    意 更＝かえる・あらためる
12. まぶたを閉じると**キョウリ**の光景が目に浮かぶ。（生まれ育った土地・ふるさと）〔郷里〕
    類 □□《サッシン》 ▼P.17・18

□ 13 日本の近代化は明治**イシン**後に始まった。（政治の体制があらたまること）
〔維新〕

□ 14 事故で重傷を負ったがようやく**チユ**した。（病気やけがなおること）
〔治癒〕
訓 癒《い》える・癒《い》やす

□ 15 病巣をすべて**テキシュツ**して一命をとりとめた。（つまみだすこと）
〔摘出〕
訓 摘《つ》む

□ 16 険しい山岳地帯では**ソウナン**者が多い。（さいなんにあうこと）
〔遭難〕
訓 遭《あ》う

□ 17 資料を引く際には**テンキョ**を明確にする。（言葉や文章などのよりどころ）
〔典拠〕
音 拠《コ》［証拠《ショウコ》］

□ 18 漫画文化の侵食により文学が**クウドウ**化した。（なかみがなくからになった部分）
〔空洞〕
訓 洞《ほら》

□ 19 総選挙で政府与党は国民の**シンパン**を受ける。（物事の是非をはんていすること）
〔審判〕
意 審＝つまびらか

□ 20 敵国の情勢を**テイサツ**する部隊を送り込んだ。（ひそかに様子をさぐること）
〔偵察〕
意 偵＝うかがう

□ 21 不用意な発言が世間の**ジモク**を集めた。（多くの人の気をひくこと）
〔耳目〕

□ 22 世紀の変わり目に起こった**キカイ**な現象。（普通では考えられないほどあやしいようす）
〔奇怪〕
訓 怪《あや》しい
類 □《イ》□《ヨウ》 ▼P.144・7

□ 23 告別式で故人を**アイトウ**する言葉を述べる。（人の死をかなしみいたむこと）
〔哀悼〕
訓 哀《あわ》れむ・悼《いた》む

□ 24 長い年月の間に上下関係が**テントウ**した。（さかさまになること・ひっくり返ること）
〔転倒〕
表 本末転倒《ホンマツテントウ》＝重要なことととつまらないことを取り違える

□ 25 戦地から無事**セイカン**した人を祝福する。（いきて帰ってくること）
〔生還〕
意 還＝かえる

類対解答 11 刷新 22 異様

第2章 重要語 B 読み取り❶

1 □ 緩い上り坂で車が立ち往生してしまった。
緩：ゆったりしている・きびしくない
〔ゆる〕
音 緩《カン》［緩慢《カンマン》］

2 □ 惨めな敗者の姿を人前にさらすのはつらい。
惨：見るに忍びないほどあわれなこと
〔みじ〕
音 惨《サン》［惨禍《サンカ》］ 惨《ザン》［惨死《ザンシ》］

3 □ 事件は次第に陰惨な相貌を呈してきた。
相貌：物事のようす・顔かたち
〔そうぼう〕
類 容貌《ヨウボウ》

4 □ ようやく日々の生活の安寧を取り戻した。
安寧：穏やかで平和なこと
〔あんねい〕
意 寧＝やすらか

5 □ 最初に必要な費用を大雑把に計算してみる。
大雑把：細かいところまで注意が行き届かないさま
〔おおざっぱ〕
類 □《ソ》□《ザツ》 ▼P.118・6

6 □ 反政府勢力の牙城を包囲して攻撃する。
牙城：組織や勢力の中心となる所
〔がじょう〕
訓 牙《きば》

7 □ 母語の異なる民族の雑居に関する論考を著した。
著：文章や書物を執筆する
〔あらわ〕
音 著《チョ》［著者《チョシャ》］ 訓 著《いちじる》しい

8 □ 伝統を偏重せず新しいものも取り入れる。
偏重：一方だけを重んじること
〔へんちょう〕
訓 偏《かたよ》る

9 □ どこにでもある無粋な鉄骨橋がかけられた。
無粋：粋でないこと
〔ぶすい〕
注意 「不粋」とも書く 訓 粋《いき》

10 □ 反逆者を厳しく取り調べて国外に放逐する。
放逐：追い払うこと
〔ほうちく〕
類 追放《ツイホウ》

11 □ 受験勉強の間隙を縫って趣味の手品を楽しむ。
間隙：ひま・すきま
〔かんげき〕
意 隙＝すき

12 □ 私たちの思惑とは関係なく事態が進展する。
思惑：あらかじめ考えていたこと
〔おもわく〕

□ 13 祖母はいつも私をやさしく**慈**しんでくれた。
愛する・大切にする
〔いつく〕
音 慈《ジ》［慈愛《ジアイ》］

□ 14 時代が変化する**兆**しを敏感に感じ取る。
物事が起こりそうな気配
〔きざ〕
音 兆《チョウ》［兆候《チョウコウ》］

□ 15 若くして死んだ妻を**悼**む挽歌《ばんか》をつくる。
人の死を悲しみ嘆く
〔いた〕
音 悼《トウ》［追悼《ツイトウ》］

□ 16 仕事帰りによく**寄席**に立ち寄ったものだ。
大衆演芸の興行が行われる場所
〔よせ〕

□ 17 前衛芸術は人により**好悪**がはっきりと分かれる。
このむことと憎むこと
〔こうお〕
意 悪＝憎む

□ 18 病気が**重篤**な状態になってから入院した。
病状が非常に重いこと
〔じゅうとく〕
意 篤＝あつい

□ 19 何度失敗しても**懲**りずにまたやってみる。
二度とすまいと思う
〔こ〕
音 懲《チョウ》［懲罰《チョウバツ》］

□ 20 **荘重**な静けさがあたりを支配している。
おごそかで重々しいこと
〔そうちょう〕
意 荘＝おごそか

□ 21 商店や小さな町工場の多い**界隈**に育った。
そのあたり一帯
〔かいわい〕
類 □《シ》□《イ》▼P.180・7

□ 22 一部の者が大衆を**扇動**して暴動を起こす。
気持ちをあおってある行動をするよう仕向けること
〔せんどう〕
意 扇＝そそのかす

□ 23 先方の気遣いに対し**衷心**より感謝する。
まごころ・こころの奥底
〔ちゅうしん〕
意 衷＝まごころ

□ 24 獲物の毛皮を**剥**いで市場で売りさばく。
表面の部分をむきとる
〔は〕

□ 25 **為替**相場が急激に変動して企業が打撃を受ける。
現金のかわりに手形や証書などで送金する方法
〔かわせ〕
訓 替《か》える・替《か》わる

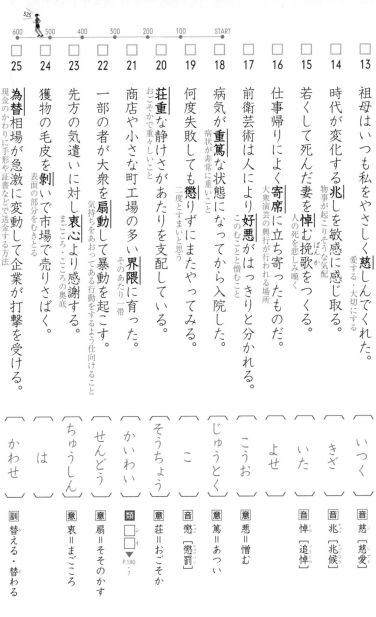

第2章 重要語 B

読み取り❷

1 相手の意向を**汲**んで納得できる案を示す。（人の気持ちや立場を察して思いやる）〔く〕

2 **襟**もとに髪の毛が入ってとてもくすぐったい。（衣服の首のまわりの部分・またその部分にあてる布）〔えり〕
表 襟《えり》を正《ただ》す＝態度を改めて気持ちを引き締める
訓 襟《えり》

3 晩年になって過ぎ去った青春の日々を**愛惜**する。（名残惜しく思うこと）〔あいせき〕
訓 惜《お》しむ

4 **隙間**風が入り込んできて足元がひんやりする。（物と物との間の少しあいている所）〔すきま〕
類 □《カンゲキ》□ ▼P.150・11

5 今度の台風の勢力範囲は**桁**外れに大きい。（数の位取り）〔けた〕
表 桁《けた》が違《ちが》う＝格段の差がある

6 出来上がりを想像しながら服の**生地**を見る。（染色などの加工を施す前の布）〔きじ〕
訓 生《なま》

7 全知全能の神がこの世界を**統**べている。（支配する）〔す〕

8 師匠の人柄を**慕**って全国から人が集まる。（あこがれ近づきたいと思う）〔した〕
音 慕《ボ》〔敬慕《ケイボ》〕

9 たなびく雲を**暁**の光が鮮やかに染める。（夜明け・明け方）〔あかつき〕
音 暁《ギョウ》〔通暁《ツウギョウ》〕

10 芸の**極意**を後進に伝えるのは容易ではない。（学問や芸事の奥義）〔ごくい〕

11 人格の**陶冶**こそが古武道の目指すところである。（人の性質や能力をきたえて育てること）〔とうや〕
意 陶＝人を教え育てる

12 目新しい機能を搭載した商品が市場を**席巻**する。（激しい勢いで自分の勢力範囲を広げること）〔せっけん〕
意 席＝むしろ・敷物

□ 13 新保守主義は戦後社会の総決算を**標榜**する。
主張を公然と掲げあらわすこと
（ひょうぼう）
意 榜＝立て札

□ 14 大事故に巻き込まれて**瀕死**の重傷を負った。
死にそうであること
（ひんし）
意 瀕＝さしせまる

□ 15 **胸襟**を開いてよく話し合うことが必要だ。
胸のうち
（きょうきん）
表 胸襟《キョウキン》を開《ひら》く＝心中を隠すことなく打ち明ける

□ 16 敵を見つけたら**甲高**い声を出して知らせる。
声の調子が高い
（かんだか）

□ 17 和歌には雪を花に喩《たと》えたものが**際立**って多い。
区別がはっきりとして目立つ
（きわだ）
音 際《サイ》［際限《サイゲン》］

□ 18 まるで**呪文**のように同じ言葉を繰り返す。
神秘的な力を持つ文句
（じゅもん）
意 呪＝のろう

□ 19 銃に弾丸を**充塡**して的に焦点をあわせる。
欠けているところに物を詰めてふさぐこと
（じゅうてん）
意 塡＝ふさぐ

□ 20 作業の**進捗**状況を毎日入念に点検する。
物事がはかどること
（しんちょく）
意 捗＝はかどる
対 □□《テイタイ》 ▼P.61・22

□ 21 周到に準備された計画に僅かな**綻**びが生じた。
縫い目がとけて中身が外にあらわれること
（ほころ）

□ 22 夕暮れの図書館でひとり物思いに**耽**っている。
没頭する・心を奪われる
（ふけ）

□ 23 共通の趣味をもった人同士の会話が**弾**む。
調子に乗って勢いづくこと・活気を帯びること
（はず）
音 弾《ダン》［弾力《ダンリョク》］

□ 24 割烹《かっぽう》料理店の入り口に**暖簾**がかかっている。
屋号などを書き軒先に張る布
（のれん）
意 簾＝すだれ

□ 25 人類の破壊行為により自然は死に**瀕**している。
重大な事態が迫っている
（ひん）

類 対 解答　4 間隙　20 停滞

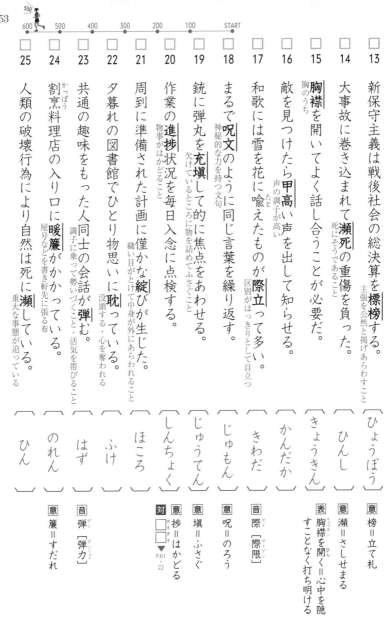

第2章 重要語B

読み取り❸

1. □ 身勝手に振る舞って同僚から**蔑**まれる。
   自分より劣ったものとして見下す
   〔さげす〕
   音 蔑《ベツ》［軽蔑《ケイベツ》］

2. □ 好機を目前に**逡巡**しているひまはない。
   ぐずぐずとためらうこと
   〔しゅんじゅん〕
   訓 巡《めぐ》る
   類 *□□《チュウチョ》 ▼P.189・19

3. □ **苛立**ちを家人にぶつけてもどうにもならない。
   思い通りにならず気があせる・いらいらする
   〔いらだ〕

4. □ 厚手の**外套**を着ていても寒さが身にしみる。
   防寒のために衣服の上に着るゆったりとした服
   〔がいとう〕

5. □ **額縁**に入れると立派な絵に見えてくる。
   絵画などを入れて掲げるためのわく
   〔がくぶち〕
   訓 額《ひたい》

6. □ 都会という**雑駁**な場所に若者は消えていった。
   雑然としてまとまりのないこと
   〔ざっぱく〕
   意 駁＝まだら

7. □ 軍事基地の存在が様々な問題を**惹起**する。
   よくない出来事を引き起こすこと
   〔じゃっき〕
   訓 起《お》こす

8. □ 子どもは現実と非現実の世界を**峻別**しない。
   厳しく区別すること
   〔しゅんべつ〕
   意 峻＝きびしい

9. □ ちょっとしたいさかいが**凄惨**な事件に発展した。
   目をそむけたくなるほどむごいようす
   〔せいさん〕
   訓 惨《みじ》め

10. □ 家屋が**脆弱**な地盤の上に建てられている。
    もろくて弱いこと
    〔ぜいじゃく〕
    意 脆＝もろい
    対 *□□《キョウジン》 ▼P.156・3

11. □ 欲望は満足とともに**逓減**していくのが普通だ。
    しだいに減少すること
    〔ていげん〕
    類 漸減《ゼンゲン》

12. □ **内裏**には紫宸殿《ししんでん》や清涼殿などの建物がある。
    天皇の住居としての御殿
    〔だいり〕
    訓 内《うち》

13	あと三人**乃至**五人の人手が必要である。	〜から	ない し	
14	**畢竟**人は孤独のうちに死んでいくものである。	つまり	ひっきょう	類 結局《ケッキョク》
15	昔はいつも**傍**らに無二の親友の姿があった。	すぐ近く	かたわ	音 傍《ボウ》［傍観《ボウカン》］
16	裏切ると後で良心の**呵責**に苦しむことになる。	責め苦しめること	かしゃく	訓 責《せ》める
17	食物の**咀嚼**が不十分だと吸収されにくい。	かみくだいて味わうこと	そしゃく	意 咀＝なんどもかむ 嚼＝かむ
18	春のよき日に妻と二人で桜を**愛**でて過ごした。	観賞する・かわいがる・ほめる	め	音 愛《アイ》［愛情《アイジョウ》］
19	私は考えを巡らしてある真実に**逢着**した。	出会うこと	ほうちゃく	意 逢＝あう
20	祖先は巡り来る四季の営みに**畏**れの念を抱いた。	敬いかしこまること	おそ	音 畏《イ》［畏敬《イケイ》］
21	公家の成人男子は**烏帽子**を頭にのせていた。	元服した男子が略装につける袋形のかぶりもの	えぼし	意 烏＝からす
22	不安に**苛**まれて居ても立ってもいられない。	責め苦しめる	さいな	音 苛《カ》［苛酷《カコク》］
23	がけ崩れのために**迂回**しなければならなかった。	まわり道をすること	うかい	
24	天候が**俄**に急変して大きな雨粒が落ちてきた。	物事が急に起こるさま	にわか	
25	若者の勇気ある行動を見て**快哉**を叫ぶ。	心からゆかいだと思うこと	かいさい	訓 快《こころよ》い

類対解答 2 躊躇 10 強靱

第2章 重要語 B

読み取り❹

□1 古新聞や古雑誌をまとめてひもで**括**る。
ばらばらになっているものを一つにまとめて縛る
〔くく〕
音 括《カツ》［総括《ソウカツ》］

□2 力無く**虚**ろなまなざしを遠くに向けている。
ぼんやりしているさま・中身がなくからであるさま
〔うつ〕

□3 自然は人間が予想するよりはるかに**強靱**である。
強くてねばりのあること
〔きょうじん〕
意 靱＝しなやか

□4 隠されていた真実を知って私は**驚愕**した。
非常に驚くこと
〔きょうがく〕
訓 驚《おどろ》く

□5 記念碑に刻み込んで先人の功績を世に**顕**す。
すぐれた徳行などを広く世間に知らせる
〔あらわ〕
音 顕《ケン》［顕著《ケンチョ》］

□6 **巷**では真実味のないうわさが広がっている。
世間・町の中
〔ちまた〕
注意 ×巷《みなと》と読まない
類 □《シ》□《セイ》 ▼P.97・16

□7 ある悲痛な感情が**忽然**と現れてはまた消えた。
突然・たちまち
〔こつぜん〕
注意 「コツネン」とも読む
類 □《トツ》□《ジョ》 ▼P.176・10

□8 古いコインには**骨董**品としての価値がある。
希少価値のある古道具類や古美術品
〔こっとう〕

□9 はるばる遠くから来た客を**懇**ろにもてなす。
心がこもっていてていねいなようす
〔ねんご〕
音 懇《コン》［懇意《コンイ》］

□10 キャンプでご飯をたくためにマッチを**擦**る。
ある物に他のものを強くふれあわせて動かす
〔す〕
音 擦《サツ》［摩擦《マサツ》］

□11 人間の記憶は**悉**く言葉に頼らざるを得ない。
残らず・すべて
〔ことごと〕

□12 切手や絵はがきなどを**蒐集**するのが趣味だ。
趣味や研究で集めること
〔しゅうしゅう〕
注意 ×蒐《キ》と読まない

□ 13 彼女が人から信頼される**所以**は誠実さにある。
理由・わけ
（ゆえん）

□ 14 曇った窓**硝子**ごしに外の景色を眺める。
石英などの鉱物で作る透明で固い物質
（がらす）

□ 15 雪の結晶を**象**ったブローチを身につける。
物の形を写しとる・形に似せてつくる
（かたど）
音 象《ショウ》［象形《ショウケイ》］

□ 16 先祖は太陽や月を神聖なものとして**崇**めていた。
きわめて尊いものとして敬う
（あが）
音 崇《スウ》［崇拝《スウハイ》］

□ 17 蚊が入らないよう蚊帳の**裾**をめくって中に入る。
物の下の端の部分
（すそ）

□ 18 戦争を**是**とする立場には絶対に立ちたくない。
正しいと認めること
（ぜ）
対 非《ヒ》

□ 19 谷川の**清冽**な水の中を魚が泳ぎ回っている。
水などがきよらかに澄んで冷たいこと
（せいれつ）
意 冽＝つめたい

□ 20 もうすぐ初日だというのに**台詞**が覚えられない。
芝居で劇中の人物として述べる言葉・言いぐさ
（せりふ）
意 詞＝ことば
注意「科白」とも書く

□ 21 毎号雑誌が届くのを待ちかねて**耽読**した。
夢中になってよむこと
（たんどく）
意 耽＝ふける

□ 22 時代の変化に対応できずに大企業が**凋落**した。
おちぶれること
（ちょうらく）
意 凋＝しぼむ

□ 23 戦乱の世を**鎮**めて全国を統一する野望を持つ。
騒ぎなどをおさえる
（しず）
音 鎮《チン》［鎮座《チンザ》］

□ 24 流麗な文字で**綴**られた母の昔の日記を読む。
文章を書く
（つづ）
意 綴＝つなぎあわせる

□ 25 理に**適**った方法を採用すると事が動きやすい。
ちょうどよく合う・思うようになる
（かな）
音 適《テキ》［適当《テキトウ》］

第2章

重要語Bまとめ

1 間違えやすい漢字

赤で示した箇所に注意して、正確に書こう。

P.113・19	P.130・5, 156・9	P.134・5	P.135・17
罷	懇	弧	喫
①「西」や「而」ではなく、「皿」 ②「灬」不要	①「豕」ではない ②「丶」不要	「爪」ではなく、「瓜」	①「力」ではなく、「刀」 ②「六」ではなく、「大」
P.117・21	P.133・22	P.135・16	P.137・14
幼	閲	抹	佳
①突き出ている ②必要、「幻」と区別	①「丷」必要、「兄」ではない ②「ハ」ではなく、「儿」	①「犭」ではなく、「扌」 ②「未」ではなく、「末」	①くっついていてもいいが、「|」が一本ではない ②「土」が二つ

2 形が似ている漢字

次の文から漢字の誤りを一つずつ探して——を付け、正しい漢字に直そう。

□ 1 第三者委員会に調査を委属する。 ▼P.126・5 〔嘱〕

□ 2 経済政策の失敗で物価が高謄した。 ▼P.127・17 〔騰〕

□ 3 舶来の生地で服を新調する。 ▼P.131・23 〔舶〕

□ 4 できる限り事を隠便にすます。 ▼P.147・13 〔穏〕

□ 5 議会が証人換問の手続きに入った。 ▼P.148・2 〔喚〕

3 語句の意味

次の意味を表す語を［　］の語群からそれぞれ選び、正しい漢字に直そう。

□ 1 おそれおののくこと ▼P.114・8 〔畏怖〕
□ 2 上品でやさしく美しいこと ▼P.121・24 〔優雅〕
□ 3 神があらわししめすこと ▼P.124・2 〔啓示〕
□ 4 未熟でごつごつしていること ▼P.137・24 〔生硬〕

ユウガ　ケイジ　イフ　セイコウ

□ 5 ふだん ▼P.124・1 〔平生〕
□ 6 よびな ▼P.124・8 〔呼称〕
□ 7 やりかた ▼P.134・10 〔方途〕
□ 8 はかりごと ▼P.136・3 〔策略〕

ホウト　サクリャク　コショウ　ヘイゼイ

4 表現

次の各文の〔　〕に当てはまる語句を、漢字を使って書こう。

□ 1 〔時宜〕を得た政策が実施され、国は落ち着きを取り戻した。▼P.119・22
□ 2 友人ではあるが、彼の図々しさには〔堪忍〕袋の緒が切れた。▼P.123・15
□ 3 久しぶりに見た映画が私の心の〔琴線〕に触れ、涙が止まらなかった。▼P.132・5
□ 4 子どもたちの〔屈託〕のない笑顔を見て、元気を取り戻すことができた。▼P.143・20
□ 5 人生の大先輩の話は、〔襟〕を正して聞かねばならない。▼P.152・2

第2章 重要語 C 書き取り❶

□ 1 人に頼らず**カツロ**を切り開いて生きていく。
窮地から逃れ出る方法
〔活路〕 意 活＝いきる・いかす

□ 2 初期消火や**ヒナン**がきわめてうまくいった。
さいなんをさけて他の所へ逃れること
〔避難〕 訓 避《さ》ける

□ 3 この曲は華麗な**ブトウ**会の場面を描いている。
音楽に合わせておどること
〔舞踏〕 訓 舞《ま》う・踏《ふ》む

□ 4 『花伝書』を読み能の**ユウゲン**な世界に接する。
奥深く微妙ではかりしれないこと
〔幽玄〕 意 玄＝くらい

□ 5 飛行機の**トウジョウ**券をポケットに入れる。
船舶や航空機などにのりこむこと
〔搭乗〕

□ 6 期日までに未払いの場合は**トクソク**を行う。
約束や債務の履行をうながすこと
〔督促〕 訓 促《うなが》す

□ 7 いつの間にか**ガンライ**の目的を忘れた。
初めからそういう状態であること・もともと
〔元来〕 類 本来《ホンライ》

□ 8 死はけがれたものとして**イ**み嫌われてきた。
不吉なものとして避ける
〔忌〕 音 忌《キ》［禁忌《キンキ》］

□ 9 自分の案を認めてもらおうと**ヤッキ**になる。
あせってむきになること
〔躍起〕 訓 躍《おど》る

□ 10 理想を追い求める**トジョウ**で病に倒れた。
みちなか・とちゅう
〔途上〕 意 途＝みち

□ 11 **タイガイ**は過去のどこかに似た事例がある。
あらまし・ほとんど
〔大概〕 意 概＝おおむね

□ 12 名誉や**キリツ**を大切にするのが昔の人だ。
なすことのきじゅん・おきて
〔規律〕 意 律＝きまり

13 **シンセン**な野菜を使っておいしい料理を作る。
あたらしく生きがいいこと
新鮮
訓 鮮《あざ》やか

14 しばらくの間自宅**キンシン**を命じられた。
言葉や行いをつつしむこと・一定の期間登校や出勤を禁じて反省を促す処罰
謹慎
訓 謹《つつし》む・慎《つつし》む

15 人を**ブジョク**する発言はゆるすことができない。
あなどりはずかしめること
侮辱
訓 侮《あなど》る・辱《はずかし》める

16 有名な**メイガラ**のお米を順番に食べてみる。
商品の特定の名称・商標
銘柄
意 銘＝しるす

17 不意の来客があっても**アワ**てることはない。
うろたえさわぐ
慌

18 人間の装いが昔の様式に**カイキ**していく。
ひとまわりして元にもどること
回帰
訓 帰《かえ》る

19 私の家の周辺には**ハイオク**がたくさんある。
住む人がなく荒れた家
廃屋
訓 廃《すた》れる

20 今度の失敗で過去の功績が**ソウサイ**された。
悪いこととよいことを差し引きして帳消しにすること
相殺
注意 ×殺《サツ》と読まない

21 仕事のやり方を後輩に**コウシャク**する。
語句の意味、心がけ、自分の考えなどを説いて聞かせること
講釈

22 都市に電力を**キョウキュウ**する発電所を造る。
必要に応じて物を与えること
供給
対 □《ジュ》□《ヨウ》 ▼P.111・18

23 町並み保存のため派手な**カンバン**を撤去する。
宣伝や広告のために店名や商品などを掲げたもの
看板
意 看＝みる

24 厳選された**ソザイ**で料理をこしらえる。
もとになるざい料
素材
意 素＝もと

25 酷使にも耐える**ガンジョウ**な身体がある。
しっかりしていてじょうぶなこと
頑丈
意 頑＝かたくな

類 対 解答 22需要

第2章 重要語 C

書き取り❷

□ 1 耳慣れない変な表現を見ると**イワ**感を覚える。
周囲にあわないこと・ちぐはぐ
（違和）　訓 違《ちが》う

□ 2 ゆとりがないので**ガイカツ**的な説明にとどめた。
要点をまとめること
（概括）

□ 3 変色した古い写真を見て往時を**カイソウ**する。
過去のことに考えをめぐらすこと
（回想）

□ 4 **マンガ**も文化のうちの重要な分野である。
絵にせりふをそえて表現した物語
（漫画）

□ 5 **セキネン**のうらみを晴らすことができた。
つもるねんげつ
（積年）　訓 積《つ》む

□ 6 政治には権力**トウソウ**はつきものである。
たたかいあらそうこと
（闘争）　訓 闘《たたか》う・争《あらそ》う

□ 7 決戦を控えた選手たちを**ゲキレイ**した。
はげまして元気づけること
（激励）　訓 励《はげ》ます

□ 8 塀を**テッキョ**して見通しがよくなった。
取りさること
（撤去）　注意 ×徹

□ 9 曖昧なものの言い方が結果的に**ギワク**を招いた。
本当かどうかうたがうこと
（疑惑）　訓 疑《うたが》う・惑《まど》う

□ 10 日本人は自らを**ヒゲ**しやすい傾向にある。
自分を実際より劣ったものとしていやしめること
（卑下）　訓 卑《いや》しい

□ 11 カエルは強い後ろ脚の力で**チョウヤク**する。
とびはねること
（跳躍）　訓 跳《と》ぶ・跳《は》ねる・躍《おど》る

□ 12 反乱は軍隊によってただちに**チンアツ**された。
しずめ押さえつけること
（鎮圧）　訓 鎮《しず》める

400 300 200 100 START

第2章 C 書き❷

13 □ **ジョウヨ**資金が大量に株式市場に流入した。
のこり・よぶん
〔剰余〕
意 剰＝あまり
類 □□《ヨジョウ》 ▼P.174・7

14 □ 読書に**チンセン**して時がたつのを忘れる。
何もかも忘れて深くある事に熱中すること
〔沈潜〕
訓 潜《ひそ》む

15 □ 漁船が誤って領海を**シンパン**してしまった。
他人の領土や権利などをおかすこと
〔侵犯〕
訓 侵《おか》す・犯《おか》す

16 □ **スンカ**をおしんで働いた結果成功を収めた。
ほんの少しのひま
〔寸暇〕
訓 暇《ひま》

17 □ 大型台風が上陸して多くの家屋が**トウカイ**した。
たおれこわれること
〔倒壊〕
訓 倒《たお》れる・壊《こわ》れる

18 □ 現在から過去を**ショウシャ**して問題を発見する。
物事の内面や隠れた部分を明らかにすること
〔照射〕
訓 照《て》らす

19 □ 生産性を高めるため合理化を**スイシン**する。
事業や運動が目標を達成できるようおしすすめること
〔推進〕
訓 推《お》す

20 □ 週末の**ハンカ**街は大勢の人でにぎわっている。
人が多く集まりにぎわっていること
〔繁華〕

21 □ 技術の**スイジュン**を引き上げる努力をする。
品質・価値などの標じゅん
〔水準〕
類 レベル

22 □ 文章の無断使用は著作権の**シンガイ**にあたる。
他の人の権利などをおかすこと
〔侵害〕
訓 侵《おか》す

23 □ 語りの文学の終焉《しゅうえん》に対する**アイセキ**の念がある。
かなしみおしむこと
〔哀惜〕
訓 惜《お》しむ

24 □ 天災に対して**ジュウゼン**の備えをする。
かんぜんなこと・欠点のないこと
〔十全〕
訓 全《まった》く

25 □ 詩と哲学は深いところで**ツウテイ**している。
二つ以上のことが基本のところで似た性質を持っていること
〔通底〕
訓 通《かよ》う・通《とお》る

類対解答　13 余剰

書き取り❸

□ 1 新しく開発された製品が**キャッコウ**を浴びる。
（舞台前面下から俳優を照らすひかり）

□ 2 事故で原子炉は**リンカイ**状態となった。
（核分裂連鎖反応で中性子の生成と消失とが均衡状態になること）

□ 3 国際的な**シヤ**に立って物事を判断する。
（物事を考えたり判断したりする範囲）

□ 4 伝聞や**オクソク**ばかりで確かな情報がない。
（いい加減に推しはかること）

□ 5 **ツイラク**現場は目を覆わんばかりの惨状だ。
（高いところからおちること）

□ 6 会場内の**オンキョウ**効果は非常に良好である。
（おとのひびき）

□ 7 すべての生物は**サイボウ**から成っている。
（生物体を構成する基本単位、中に核がある）

□ 8 **ヤバン**で暴力的な振る舞いを社会から取り除く。
（無教養で粗暴なこと）

□ 9 チーターは**キンセイ**のとれた体つきだ。
（釣り合ってととのっていること）

□ 10 政策の**ゼヒ**を問う国民投票が実施される。
（よいことと悪いこと）

□ 11 武士の面目**ヤクジョ**たるふるまいを称揚する。
（目の前にありありと現れるさま）

□ 12 両者の間に**インガ**関係は全く存在しない。
（原いんと結か）

（脚光）（臨界）（視野）（憶測）（墜落）（音響）（細胞）（野蛮）（均整）（是非）（躍如）（因果）

表 脚光《キャッコウ》を浴《あ》びる＝注目の的となる

表 視野《シヤ》狭窄《キョウサク》＝視野が欠けて狭くなること

注意 ×億 「臆測」とも書く

注意 ×堕

訓 響《ひび》く

意 胞＝生物体を組織する原形質

類 □《ソ》□《ヤ》 ▼P.71・16

訓 整《ととの》える

意 是＝正しい

表 面目躍如《メンモクヤクジョ》＝その人にふさわしく立派であるさま

訓 因《よ》る

13 科学者が社会に対して**ケイク**を発する。
真理を簡潔に鋭く表現した言葉
（警句）
意 警＝いましめる

14 **キオク**があやふやで確かなことは言えない。
過去に経験したことを忘れずに覚えていること
（記憶）
意 憶＝おぼえる

15 公私**コンドウ**は厳につつしまねばならない。
区別すべきものを一つに扱うこと
（混同）

16 ぽつりぽつりと**ダンペン**的に話し出した。
あるまとまったものの一部・きれぎれになったもの
（断片）
訓 断《た》つ

17 浦島太郎は竜宮城で乙姫様に**カンタイ**された。
心を込めて手厚くもてなすこと
（歓待）
意 歓＝よろこぶ

18 他人**ギョウギ**な対応をされて愉快ではなかった。
立ち居振る舞いの作法
（行儀）
表 他人行儀《タニンギョウギ》＝他人に対するようにうちとけないこと

19 **ジカイ**の念を込めて己の失敗を紹介する。
じぶんでじぶんをいましめること
（自戒）
訓 戒《いまし》める

20 首相の不用意な一言が社会に**ハモン**を呼んだ。
次々に及んでいく変化や影響
（波紋）

21 ジェファーソンが独立宣言を**キソウ**した。
文章の案を書きおこすこと
（起草）
訓 起《お》こす
意 草＝下書き

22 情景を詳しく**ビョウシャ**する技量が求められる。
えがきうつすこと
（描写）
訓 描《えが》く・描《か》く

23 観客を必死に**ドウイン**して会場をうめる。
ある目的のために人を集めること
（動員）

24 昨日の試合は彼女の**カツヤク**により勝利した。
すばらしいかつ動をして成果を上げること
（活躍）
訓 躍《おど》る

25 人のあり方は人間関係で**キテイ**される。
きそくをさだめること・さだめ
（規定）

類 対 解答　8 粗野

第2章 重要語 C

書き取り❹

□1 好景気のおかげで所得が**バイゾウ**した。
二ばいにふえること

□2 表示された値段は消費税を**フク**んでいる。
成分内容としてうちに包みもつ

□3 つねに最新の流行を**モ**れなくチェックする。
液体・気体・光などがすきまから外へ出る

□4 **クンレン**して多くの能力を身につけた。
実際にあることを行って習熟させること

□5 **グドン**な私にも事の真相はわかってきた。
無知で間が抜けていること

□6 胸を**シ**めつけられるような痛みを感じる。
周りから強く押さえる

□7 家族間の激しい葛藤の**ウズ**に巻き込まれる。
激しく動いて入り乱れている状態

□8 中途半端な教養を**ツウレツ**に批判する。
非常に手厳しいこと

□9 大規模な**チカク**変動により絶滅する種があった。
ちきゅうの表層

□10 厳しい鍛錬により**コッキ**心を養うことができた。
意志の力で欲望などを抑えること

□11 天災で被害を受けた町の復興に**ジンリョク**する。
ちからをつくすこと・骨を折ること

□12 母親に**ホウヨウ**されて子どもは泣きやんだ。
だきかかえること

1 〔倍増〕

2 〔含〕 音 含《ガン》［含有《ガンユウ》］

3 〔漏〕 音 漏《ロウ》［漏電《ロウデン》］

4 〔訓練〕 訓 練《ね》る

5 〔愚鈍〕 訓 愚《おろ》か・鈍《にぶ》い

6 〔締〕 音 締《テイ》［締結《テイケツ》］

7 〔渦〕 音 渦《カ》［渦中《カチュウ》］

8 〔痛烈〕 意 烈＝はげしい 類 □□《モウレツ》▼P.62・6

9 〔地殻〕 訓 殻《から》

10 〔克己〕 表 克己復礼《コッキフクレイ》＝私欲にうちかち礼儀を守ること

11 〔尽力〕 訓 尽《つ》くす

12 〔抱擁〕 訓 抱《だ》く・抱《かか》える・抱《いだ》く

□ 13 銀行の口座から**ヨキン**をすべて引き出した。
おかねをきん融機関にあずけること・そのおかね
〔預金〕
訓 預《あず》ける

□ 14 目立たない隠れた善い行いを**ショウヨウ**する。
ほめたたえること
〔称揚〕
訓 揚《あ》げる

□ 15 どちらの案が**サイヨウ**されるか全くわからない。
とりあげもちいること
〔採用〕
訓 採《と》る

□ 16 医学部の学生は人体の**カイボウ**実習を行う。
死んだ生物の体を切り開くこと
〔解剖〕
意 剖＝さく

□ 17 そろそろ指名されそうだという**カン**が働いた。
考えることなくひらめく直感
〔勘〕
注意 ×感

□ 18 区切りがよいところで**テキギ**休憩をとる。
状況に応じて・てきとうに
〔適宜〕
意 宜＝てきとうに

□ 19 世の中が**タイハイ**的な雰囲気になっている。
道徳的な気風がすたれて不健全になること
〔退廃〕
訓 廃《すた》れる
類 □□《ダラク》 ▼P.60・1

□ 20 かなりの**ヒンド**でセンサーの誤作動が生じる。
繰り返し起こるどあい
〔頻度〕
意 頻＝しきりに

□ 21 長く胃腸を患い手厚い**カンゴ**を受けた。
病人やけが人の手当てや世話をすること
〔看護〕
意 看＝みる

□ 22 身代金目的の**ユウカイ**は実に卑劣な犯罪である。
人をだましてさそいだし連れ去ること
〔誘拐〕
意 拐＝だまして連れ去る

□ 23 家元を頂点に**ジョレツ**が形作られている。
一定の基準に従って並べた順
〔序列〕
意 序＝順番や階級などを定める

□ 24 待遇改善を求める交渉がようやく**ダケツ**した。
対立する二者が譲り合って話がまとまること
〔妥結〕
意 妥＝やすらか

□ 25 長年の**イコン**をついに晴らすことができた。
忘れられない深いうらみ
〔遺恨〕
訓 恨《うら》む

類対解答　8 猛烈　19 堕落

第2章 重要語 C

書き取り❺

1. 地震によって地盤が広範囲に**リュウキ**する。
   高く盛りあがること
   【隆起】
   意 隆＝たかい

2. 自由と平等は市民社会の理念の**チュウカク**だ
   ちゅうおうの重要な部分
   【中核】
   意 核＝実のなかにある固いたね

3. 図を**カクダイ**してずいぶん見やすくなった。
   ひろげておおきくすること
   【拡大】
   対 縮小《シュクショウ》

4. 論文執筆のため広く文献を**ショウリョウ**する。
   調査研究のために多くの書物文書を読みあさること
   【渉猟】
   意 渉＝歩き回る

5. 農家の**ハンボウ**期は猫の手も借りたいほどだ。
   用事が多くていそがしいこと
   【繁忙】
   訓 忙《いそが》しい

6. 昆虫は**ギタイ**によって天敵から身を守る。
   他の物に似せること
   【擬態】
   注意 ×疑

7. 新人選手が野球界に**センプウ**を巻きおこす。
   急に起こって社会に反響を呼ぶような出来事
   【旋風】
   意 旋＝めぐる

8. 雑誌に**トウコウ**した文章が編集者の目にとまる。
   雑誌や新聞などに掲載してもらうことを願って原こうを送ること
   【投稿】
   意 稿＝したがき・わら

9. ブルジョアジーが**シンコウ**勢力として台頭した。
   あたらしくおこること
   【新興】
   訓 興《おこ》る
   対 □□《キソン》 ▼P.64・12

10. 地道に訓練を続けて実力を**タクワ**える。
    金銭・物品・力などをためておく
    【蓄】

11. **ヒツゼツ**に尽くしがたい心の傷を抱える。
    文章に書くことと口で言うこと
    【筆舌】
    表 筆舌《ヒツゼツ》に尽《つ》くしがたい＝文章や言葉では十分に表現することができない

12. なだらかな**キュウリョウ**地帯の草原で羊を飼う。
    ゆるやかな山状の地形
    【丘陵】
    意 陵＝おか

13 政治を**フウシ**する漫画が人気を博している。
遠回しに批判すること
〔風刺〕 訓 刺《さ》す

14 徳川幕府がキリスト教徒を**ダンアツ**する。
政治権力や武力によって強く抑えつけること
〔弾圧〕 意 弾＝ただす・せめる

15 子ども服用にきれいな布を**サイダン**する。
型にあわせて切ること
〔裁断〕 訓 裁《た》つ

16 ピアノの**バンソウ**と歌声が一体となっている。
主な旋律や歌に合わせて、他の楽器で補助的に演そうすること
〔伴奏〕 訓 伴《ともな》う・奏《かな》でる

17 方言は**センタク**なしに覚えた言葉である。
多くの中から目的にかなうものをえらぶこと
〔選択〕 訓 選《えら》ぶ

18 決して失敗しないように**バンゼン**の注意を払う。
少しの手抜かりもないこと
〔万全〕 訓 全《すべ》て

19 いくつかの議案を**イッカツ**して採決する。
ひとまとめにすること
〔一括〕 意 括＝くくる

20 国家の**イシン**にかかわる問題が発生した。
おごそかで尊敬を集めるさまとしんらいかん
〔威信〕 意 威＝おごそか

21 利害の対立する多くの意見を**チョウセイ**する。
ほど良くととのえること
〔調整〕 訓 調《ととの》える・整《ととの》える

22 権力を振りかざす人に**ケイブ**の目を向ける。
かろんじてばかにすること
〔軽侮〕 訓 侮《あなど》る

23 運転するなら酒を**イッテキ**も飲んではいけない。
ひとしずく
〔一滴〕 訓 滴《しずく》・滴《したた》る

24 **ユウフク**な家に生まれて苦労知らずに成長した。
生活が豊かで富んでいること
〔裕福〕 意 裕＝ゆたか

25 世界には**レイコン**の存在を信じる民族もいる。
たましい・精神的実体
〔霊魂〕 訓 霊《たま》・魂《たましい》

書き取り❻

□1 失敗したのにまた新たな**クワダ**てをする。
もくろみ・計画
〔企〕

□2 協会の**ジゼン**事業に多くの人が協力する。
哀れみたすけること・特に恵まれない人々などに経済的援助をすること
〔慈善〕 訓 慈《いつく》しむ

□3 提案の**シュシ**を説明して出席者の賛同を得た。
目的や理由・述べようとすること
〔趣旨〕 訓 趣《おもむき》・旨《むね》

□4 巧みな**ヒユ**を用いてわかりやすく表す。
類似したものを借りて表現すること
〔比喩〕 意 喩＝たとえ

□5 **キンキュウ**を要する事案から先に検討する。
重大で差しせまっていること
〔緊急〕

□6 政治家になるための**シシツ**に恵まれている。
うまれつきの性格や才能
〔資質〕 類 素質《ソシツ》

□7 **シンエン**な道理を理解するのに時間を要した。
奥ぶかくて計りしれないこと
〔深遠〕 注意 ×深淵

□8 シンプルな味付けが私の料理の**リュウギ**である。
やりかた
〔流儀〕 注意 ×義

□9 世界の言語に共通の**ゲンショウ**がある。
形をとってあらわれるすべての物事
〔現象〕 注意 ×像

□10 命あるものはすべて**ク**ち果てていく運命だ。
腐りこわれる
〔朽〕 音 朽《キュウ》［不朽《フキュウ》］

□11 **ヘイオン**な日々が永遠に続くことを願う。
変わったこともなくおだやかであること
〔平穏〕 訓 穏《おだ》やか

□12 公共の場で個人の意見を**カイチン**する。
人前で己の考えや意見を述べること
〔開陳〕 意 陳＝のべる

□ 13 大自然のパノラマを見て**カンタン**の声をあげる。
かんしんしてほめること
〔感嘆〕 訓 嘆《なげ》く

□ 14 新製品開発の裏には**クトウ**の歴史がある。
手ごわい相手にくるしみたたかうこと
〔苦闘〕 訓 闘《たたか》う

□ 15 地球が**タンジョウ**して以来初めての危機だ。
新しくうまれること
〔誕生〕 類 □□《セイタン》 ▼P.42・6

□ 16 話し合うための共通の**ドヒョウ**がない。
議論や対決が行われる場
〔土俵〕 訓 俵《たわら》

□ 17 世間の**ケイハク**な風潮に染まらずに暮らす。
思慮がなくうわついていること
〔軽薄〕 対 重厚《ジュウコウ》

□ 18 働き続けて疲労の**キョクゲン**に達した。
物事のげん度ぎりぎりのところ
〔極限〕 訓 極《きわ》まる

□ 19 あくまで最初に立てた方針を**ケンジ**する。
かたく守って譲らないこと
〔堅持〕 訓 堅《かた》い

□ 20 敵との**ソウゼツ**な戦いの末に勝利を収めた。
非常に勇ましいさま
〔壮絶〕 意 壮＝さかん 訓 絶《た》つ

□ 21 戦場の最前線は**キンパク**した情勢である。
厳しく差しせまること
〔緊迫〕 類 □□《キンチョウ》 ▼P.53・22

□ 22 宇宙の**セイセイ**について新しい説を唱える。
ものができること
〔生成〕

□ 23 哀愁を帯びた**カンショウ**的な歌を聞く。
悲しみや寂しさでかんじやすくなること
〔感傷〕 訓 傷《いた》む・傷《きず》

□ 24 脳下垂体からホルモンが**ブンピツ**される。
腺細胞の働きにより特殊な液を作り排出すること
〔分泌〕 注意 「ブンピ」とも読む

□ 25 何度負けても懲りずに果敢に戦いを**イド**む。
相手にこちらからしかける・立ち向かっていく
〔挑〕 音 挑《チョウ》 〔挑戦《チョウセン》〕

類対解答 15 生誕 21 緊張

第2章

重要語 C

書き取り⑦

□ 1 ショヨの条件から引き出した結果を尊重する。
（ショヨ：他から前もってあたえられているもの）

□ 2 蔵に眠っていた骨董品《こっとうひん》のサテイをする。
（サテイ：取りしらべて評価を決めること）

□ 3 少数民族へのハクガイは歴史に散見される。
（ハクガイ：苦しめしいたげること）

□ 4 祖母は俳句の同人誌をシュサイしていた。
（シュサイ：中心となって事に当たること）

□ 5 もてなしの精神で観光立国のイチヨクをになう。
（イチヨク：ひとつの持ち場）

□ 6 理科の授業で電波のシンプクを計測した。
（シンプク：ふれはば）

□ 7 けんかをして相手方を口をキワめて罵った。
（キワめる：物事を果てまでおしつめる）

□ 8 係員が退場者を出口の方向にユウドウする。
（ユウドウ：人や物をある状態や方向へさそいみちびくこと）

□ 9 家具やチョウド品などに特にこだわりはない。
（チョウド：日常身の回りに置いて使う道具類）

□ 10 両国の政治ケイタイはかなり異なっている。
（ケイタイ：生物や組織の外から見たかたちやありさま）

□ 11 銀行からユウシを受けて新しい事業を興す。
（ユウシ：金を用立てて貸し出すこと）

□ 12 勇ましい武者が戦場を縦横無尽にカけ回る。
（カける：速く走る）

---

1 〔所与〕 訓 与《あた》える

2 〔査定〕 意 査＝しらべる

3 〔迫害〕 訓 迫《せま》る

4 〔主宰〕 注意 ×主催 ▼P.198・15

5 〔一翼〕 訓 翼《つばさ》

6 〔振幅〕 訓 振《ふ》る・幅《はば》

7 〔極〕 表 口《くち》を極《きわ》める＝言葉を尽くす

8 〔誘導〕 訓 誘《さそ》う・導《みちび》く

9 〔調度〕 訓 調《ととの》える

10 〔形態〕 意 態＝さま 類 □□《カッコウ》 ▼P.22・5

11 〔融資〕 意 融＝流通する

12 〔駆〕 音 駆《ク》［疾駆《シック》］

□13 過去の**イブツ**となった古い規則を廃止する。
前の時代から残されたもの
〔遺物〕
意 遺＝のこす

□14 電車の中で**ケショウ**する若い女性を見かける。
顔をよそおい飾ること
〔化粧〕
意 粧＝よそおう

□15 現在の使用例は言葉の**ゲンギ**からズレている。
言葉の本来もっていた意味
〔原義〕
意 義＝意味

□16 人のいやがることに**ソッセン**して取り組む。
人のさきに立って物事を行うこと
〔率先〕
訓 率《ひき》いる

□17 **ジッタイ**とは異なる内容が知らされた。
じっさいのありさま
〔実態〕

□18 **ボウギャク**な支配者と戦うことを決意した。
むごいことをして人を苦しめること
〔暴虐〕
訓 虐《しいた》げる
類 □《ザン》□《コク》 ▼P.111・24

□19 彼らの意見はすべて**スイソク**の域を出ない。
ある事柄をもとにしておしはかること
〔推測〕
訓 推《お》す・測《はか》る

□20 試験に合格するためには猛勉強が**フカケツ**だ。
かくことのできないこと
〔不可欠〕
訓 欠《か》く

□21 異なった**シザ**から検討することも必要だ。
物事を見る立場・姿勢
〔視座〕
意 視＝みる

□22 できるだけポイントを**シボ**って報告する。
限定する・無理やりだす
〔絞〕
訓 絞《し》める
音 絞《コウ》［絞首《コウシュ》］

□23 真理を**ツイキュウ**しようと日夜努める。
学問などを尋ねきわめること
〔追究〕
注意 ×追及 ▼P.86・3
注意 ×追求 ▼P.198・5

□24 狭い部屋に人がたくさんいて**チッソク**しそうだ。
いきがふさがりとまること
〔窒息〕
意 窒＝ふさがる

□25 **グウハツ**的な事故があちこちで起こった。
思いがけず起こること
〔偶発〕
意 偶＝たまたま

類対解答 10 格好（恰好） 18 残酷

第2章

重要語 C

書き取り❽

☐ 1 孫娘が祖母の**グチ**の聞き役になっている。
（仕方のないことを言って嘆くこと）
（愚痴）
訓 愚《おろ》か

☐ 2 他人に**キイ**な感じを与えないように注意する。
（普通と様子が違っていて不思議なこと）
（奇異）
訓 異《こと》
類 □《イ》□《ヨウ》 ▼P.144・7

☐ 3 暑さのせいで食料品がすっかり**ダメ**になった。
（よくない状態にあること）
（駄目）

☐ 4 地方新聞の**カタスミ**に私の記事が載る。
（中央から離れたすみ）
（片隅）

☐ 5 責任逃れの**ゲンジ**を弄しているように見える。
（ことば・ことばづかい）
（言辞）

☐ 6 皆の協力を得られるかどうかが**セイヒ**のカギだ。
（せい功するかしないかということ）
（成否）
訓 否《いな》

☐ 7 人員に**ヨジョウ**が生じて解雇せざるを得ない。
（あまり・のこり）
（余剰）
訓 余《あま》る

☐ 8 帝国の末期に**コウキ**粛正の嵐が吹き荒れた。
（物事の規律・国家を治めるおおもと）
（綱紀）
表 綱紀粛正《コウキシュクセイ》＝政治のあり方や、政治に携わる政治家・役人の態度を正すこと

☐ 9 いろいろな人助けをして**クドク**を積んでいる。
（果報をもたらすもとになる善行）
（功徳）
音 功《コウ》［功績《コウセキ》］

☐ 10 砂上の**ロウカク**のようにもろく崩れてしまう。
（重層の建物・たかどの）
（楼閣）
表 砂上《サジョウ》の楼閣《ロウカク》＝実現不可能な計画のたとえ

☐ 11 故人を偲《しの》ぶ大勢の**チョウモン**客が列をなした。
（亡き人の親族を訪もんしてお悔やみを言うこと）
（弔問）
訓 弔《とむら》う
注意 ×門

☐ 12 役所の**ガイカク**団体の役員に天下りした。
（そとがわの部分）
（外郭）
意 郭＝かこい

□ 13 事件の合同**ソウサ**本部が設置される予定だ。
さがして取り調べること
〔捜査〕
訓 捜《さが》す

□ 14 巧みな話術を買われて**ショウガイ**係になった。
がい部と連絡、交しょうすること
〔渉外〕
意 渉＝かかわる

□ 15 **ロウキュウ**化した建物を早急に建て替える。
古くなって役に立たないこと
〔老朽〕
訓 朽《く》ちる

□ 16 賃金**カクサ**は次第に広がる傾向にある。
値段や等級などの違い・物事の品位の違い
〔格差〕

□ 17 重大な規律違反で**チョウカイ**免職になった。
こらしめいましめること
〔懲戒〕
訓 懲《こ》らしめる
戒《いまし》める

□ 18 教育に関する重要な課題を審議会に**シモン**する。
意見を尋ね求めること
〔諮問〕
訓 諮《はか》る

□ 19 勝ちたい思いが空回りして**セキハイ**した。
少しの違いでおしくもまけること
〔惜敗〕
訓 惜《お》しい

□ 20 物価が**トウキ**して国民の生活が苦しくなる。
物価や相場が上がること
〔騰貴〕
意 騰＝上昇する

□ 21 水溶液から見事な結晶が**セキシュツ**した。
溶液から結晶が分離してでてくること
〔析出〕

□ 22 収穫量の**タカ**が暮らし向きに直結する。
おおいか少ないか
〔多寡〕
意 寡＝すくない

□ 23 観光スポット**シュウヘン**に宿泊施設が立ち並ぶ。
あるもののまわり
〔周辺〕
訓 周《まわ》り・辺《あた》り

□ 24 ふとした行き違いから十年来の**チキ**を失った。
自分のことをよく理解してくれている人
〔知己〕
訓 己《おのれ》

□ 25 人を**チュウショウ**する言動はつつしむ。
無実のことで人の名誉をきずつけること
〔中傷〕
意 中＝あたる

類対解答　2 異様

第2章 重要語 C

書き取り⑨

□1 手触りが似ていて織物のヒョウリ《おもてとうら》がわからない。（表裏）
訓 表《おもて》・裏《うら》
注意「おもてうら」とも読む

□2 政府が国民に対しチョチク《財貨をたくわえること》を推奨する。（貯蓄）
訓 蓄《たくわ》える

□3 犯罪の企てが事前に発覚してミスイ《まだなしとげないこと》に終わる。（未遂）
対 既遂《キスイ》

□4 直属の上司にゼンプク《あるだけすべて》の信頼を寄せている。（全幅）
訓 全《すべ》て

□5 物事のヒソウ《うわべ・表面を見て下す判断》だけを見ていては判断を誤る。（皮相）
類 表面《ヒョウメン》 対 内奥《ナイオウ》

□6 同人誌をカンコウ《書籍を印刷して世間に出すこと》するのは簡単なことではない。（刊行）

□7 カクリョウ《内かくを構成する各国務大臣》人事は総理大臣が主導する。（閣僚）

□8 粘り強く交渉してジョウホ《主張をひっこめて他に従うこと》を引き出す。（譲歩）
訓 譲《ゆず》る

□9 家の外壁をトソウ《と料をぬること》する仕事が残っている。（塗装）
訓 塗《ぬ》る・装《よそお》う

□10 路肩に停止していた車がトツジョ《前触れもなく出し抜けに》発進した。（突如）
類 突然《トツゼン》

□11 アンイ《いい加減なこと》な考えで会社を退職すると後悔する。（安易）
訓 易《やさ》しい
音 易《エキ》［不易《フエキ》］

□12 患者の着ていた衣服をシャフツ《にえたたせること》消毒する。（煮沸）
訓 煮《に》る・沸《わ》く

□ 13 会場内では**セツド**あるふるまいが要求される。
行き過ぎのないちょうどいいていど
（節度）
意 端＝ただしい

□ 14 彼の**タンセイ**な身のこなしが周囲の目を引いた。
きちんとしていること
（端正）
注意 ×端整＝容貌が美しく整っていること

□ 15 交渉の全権は現地の法人に**イニン**された。
ゆだねまかせること
（委任）
訓 委《ゆだ》ねる・任《まか》せる

□ 16 遠い昔の**セキヒン**のくらしを語り始めた。
きわめてまずしいこと
（赤貧）
意 赤＝よぶんなものがない

□ 17 時間がなかったので**ソクセキ**の料理で済ませた。
手間をかけなくてもすぐできること
（即席）
意 即＝すぐに

□ 18 ひったくりの**ヒガイ**を食い止める方策を講じる。
そんがいをこうむること
（被害）
対 加害《カガイ》

□ 19 健康増進のため早寝早起きを**レイコウ**する。
決まったことをきちんとおこなうこと
（励行）
訓 励《はげ》む

□ 20 散策をしながら哲学的な**シイ***をめぐらす。
心に深くおもうこと
（思惟）
類 思考《シコウ》

□ 21 信念にもとづき社長になることを**コジ**する。
かたくじたいすること
（固辞）
対 快諾《カイダク》

□ 22 手を尽くして約束の**コクゲン**に間に合わせる。
定めた時間
（刻限）
訓 刻《きざ》む・限《かぎ》る

□ 23 **セイセキ**を上げるために必死に勉強した。
できばえ・特に学業のできばえ
（成績）

□ 24 オリンピックの**ショウチ**運動が実を結んだ。
まねき寄せること
（招致）
訓 招《まね》く

□ 25 他人の失敗を**ヨウニン**する器量を持っている。
よいとみとめて許すこと
（容認）
類 □□《キョヨウ》 ▼P.24・2

類 対 解答 25 許容

第2章 重要語C 書き取り⑩

□ 1	卒業式の恩師の言葉を肝に**メイ**じている。 意味：心に深く刻みつける	銘	
□ 2	過剰な**ホウソウ**は資源の無駄遣いである。 意味：うわづつみ	包装	訓 包《つつ》む
□ 3	交番に届いた**シュウトク**物を持ち主に返還する。 意味：ひろうこと	拾得	訓 拾《ひろ》う
□ 4	本来**シヘイ**そのものに額面通りの価値はない。 意味：かみのお金	紙幣	注意 ×弊
□ 5	会員から今月分の会費を**チョウシュウ**する。 意味：金銭などを集めること	徴収	意 徴＝もとめる
□ 6	昨晩から依然**ショウコウ**状態を保っている。 意味：何とかおさまっていること	小康	意 康＝やすらか
□ 7	上級裁判所により控訴は**キキャク**された。 意味：裁判所が申し立てに理由がないとして訴訟をしりぞけること	棄却	意 棄＝すてる 却＝しりぞける
□ 8	**ケイガイ**化した制度を維持する必要はない。 意味：かたちだけを残して実質的な意味を失っているもの	形骸	意 骸＝むくろ
□ 9	欠員を**ホジュウ**しないと業務に支障を来す。 意味：不足しているものをおぎなうこと	補充	訓 補《おぎな》う
□ 10	あらん限りの**シュウジ**を尽くして文章を書く。 意味：言葉を効果的に使うこと	修辞	訓 修《おさ》める
□ 11	**タサイ**な分野の人々からの協力により完成した。 意味：種類がおおくて美しいこと	多彩	対 □《カク》□《イツ》 ▼P.34・8
□ 12	新製品は**ヨウト**が広く消費者のニーズに応えた。 意味：つかいみち	用途	

13 □ ジョジ詩の舞台となった廃墟《はいきょ》にたたずむ。（ジョジ：じじつをありのままに述べ記すこと）〔叙事〕 対 叙情《ジョジョウ》

14 □ 体がだるく熱っぽいので体温をハカる。（ハカ：ある基準をもとにものの度合いを調べる）〔測〕 音 測《ソク》［測定《ソクテイ》］ 注意 「計る」とも書く

15 □ 眼前にボウバク*とした景色が広がっている。（ボウバク：広くとりとめのないさま）〔茫漠〕 意 漠＝ひろい

16 □ 心の中にあるゾウオの念を必死に隠し通す。（ゾウオ：ひどくにくむこと）〔憎悪〕 訓 憎《にく》む

17 □ 彼のもたらす情報はキチのものばかりだ。（キチ：すでにしっていること）〔既知〕 対 未知《ミチ》

18 □ 連帯と裏切りのヘンカンが不安を生み出す。（ヘンカン：かわること）〔変換〕 訓 変《か》える・換《か》える

19 □ 彼のやり方をゼニンすることはできない。（ゼニン：よしとしてみとめること）〔是認〕 対 否認《ヒニン》

20 □ 個人的な悩みを押し殺して元気をヨソオう。（ヨソオ：ふりをする）〔装〕 音 装《ソウ》［装飾《ソウショク》］ 装《ショウ》［装束《ショウゾク》］

21 □ オクビョウなので思い切ったことができない。（オクビョウ：ささいな事にもおそれること）〔臆病〕 対 □□《ダイタン》 ▼P.73・22

22 □ 私とあなたはフシギな縁で結ばれている。（フシギ：常識では考えも想像もできないこと）〔不思議〕

23 □ サイホウの上手な祖母が浴衣を作ってくれた。（サイホウ：布地をたって衣服などにぬいあげること）〔裁縫〕 訓 裁《た》つ・縫《ぬ》う

24 □ 新しい理念はチョウショウをもって迎えられた。（チョウショウ：あざけりわらうこと）〔嘲笑〕 訓 嘲《あざけ》る

25 □ 古くて役にたたなくなった資料をハイキする。（ハイキ：不用なものとして捨てること）〔廃棄〕 訓 廃《すた》れる

類 対 解答　11 画一　21 大胆

重要語 C

書き取り⑪

番号	問題	意味	答え	補足
□1	うるしにちょっとフれただけで肌がかぶれた。	ちょっとさわる・ひっかかる	触	音 触《ショク》［触覚《ショッカク》］
□2	選手は試合の前になるとトウシをみなぎらせる。	たたかおうとする気持ち	闘志	訓 闘《たたか》う・志《こころざし》
□3	伝染病をコンゼツするための戦いを続ける。	もとからなくすこと	根絶	訓 絶《た》える
□4	貴重品は常にケイタイしたほうがよい。	身につけて持つこと	携帯	訓 携《たずさ》える
□5	全力を尽くして与えられたシメイを全うする。	自分に与えられた責務	使命	
□6	目標を達成するためにフントウする姿が美しい。	力の限りがんばること	奮闘	訓 奮《ふる》う
□7	シイを見まわして必死に時流を追いかける。	まわり	四囲	訓 囲《かこ》う
□8	疲労回復にはジヨウのある物を摂取することだ。	体のえいようとなるもの	滋養	意 滋＝ますます・しげる
□9	客のイコウをくみとることが重要である。	考え・おもわく	意向	
□10	種全体の生きる力がスイジャクしたと思われる。	おとろえよわること	衰弱	訓 衰《おとろ》える
□11	温暖化ガスのハイシュツ削減を義務づける。	内部にある不要な物を外に押しだすこと	排出	意 排＝押しのける
□12	身元の分からなかった人の正体がハンメイした。	事実がはっきりすること	判明	意 判＝はっきりさせる

13 幼児期の**ジョウソウ**教育が人生を豊かにする。
美しいものや優れたものに感動する心のはたらき
（情操）

14 **テイボウ**に腰を下ろして川を眺めていた。
河川の氾濫などをふせぐために設ける構築物
（堤防）
訓 堤《つつみ》

15 同世代の人たちでする**エンカイ**は盛りあがる。
酒や料理を飲み食いしながら楽しむ集まり
（宴会）
意 宴＝うたげ

16 世間の人々は**ハクジョウ**だと思い知った。
思いやりのないこと
（薄情）
訓 薄《うす》い

17 芸術を**ソウサク**するにはエネルギーが必要だ。
新しいものをつくりだすこと
（創作）
訓 創《つく》る

18 **エンリョ**なく言いたいことが言える間柄。
言動を控えめにすること
（遠慮）
意 慮＝思いめぐらす

19 尺貫法による表示をメートル法に**カンサン**する。
ある単位の数量を別の単位におきかえること
（換算）
訓 換《か》える

20 **コウギョウ**面では予想を上回る収入があった。
入場料を取って見せ物などを催すこと
（興行）
訓 興《おこ》す
注意 ×興業＝事業をおこすこと

21 判決後、時を移さずに刑が**シッコウ**される。
実際におこなうこと
（執行）
訓 執《と》る

22 **シンショク**を忘れて書物を読みふける。
ねることとたべること・日常の生活
（寝食）
表 寝食《シンショク》を忘《わす》れる＝一つのことに熱中する

23 機械が正常に作動するよう**ジュンカツ**油を差す。
うるおいがあって動きのなめらかなこと
（潤滑）
訓 潤《うるお》う・滑《なめ》らか

24 状勢は非常に複雑で把握が**コンナン**である。
物事をするのがむずかしいこと
（困難）
対 □□《ヨウイ》 ▼P.22・6

25 組織の**セイイン**を増やすことを考える。
団体などをこうせいする人
（成員）

類対解答 24容易

書き取り⓬

□1 工場で大量に**キンシツ**な商品を作り出す。
成分・密度などにむらがなく一様なこと
（均質）
意 均＝ひとしい

□2 近代文明は進歩の思想を**ナイゾウ**している。
ないぶに持っていること
（内蔵）
訓 蔵《くら》

□3 弱い側に**カセイ**したくなるのが人情だ。
力を貸して助けること
（加勢）
訓 勢《いきお》い

□4 最終的には平凡な判断に**キチャク**する。
最終的に論がおちつくこと
（帰着）
訓 着《つ》く

□5 的を**イ**た発言に出席者は全員感心した。
矢や弾丸を飛ばして目的物にあてる
（射）
表 的《まと》を射《い》る＝うまく要点をつかむ

□6 敗因を**ブンセキ**して次の戦いに備える。
物事をいくつかの要素にわけ性質や構造を明らかにすること
（分析）
対 総合《ソウゴウ》

□7 大会を開催するための費用を**チョウタツ**する。
とりそろえること・ととのえて届けること
（調達）
訓 調《ととの》える・調《しら》べる

□8 意外な光景を見て心臓が止まるほど**オドロ**いた。
意外なことに出会って心の平穏を失う
（驚）
音 驚《キョウ》［驚異《キョウイ》］

□9 写真は**フクセイ**の最たるものだと言える。
原形そっくりに作ること
（複製）

□10 言葉が**ゾウトウ**品のように交換され続ける。
物をおくりあうこと
（贈答）
訓 贈《おく》る

□11 胸にしまいこんだ**ヒミツ**を大事にする。
隠して人に教えないこと
（秘密）

□12 仲間や支持者が次第に**リハン**していった。
はなれそむくこと
（離反）
訓 離《はな》れる

□ 13 教育は多くの問題を**ナイホウ**している。 （中につつみ込んで持つこと）
〔内包〕 訓 包《つつ》む 対 外延《ガイエン》

□ 14 **ショサイ**にこもってずっと本を読んでいる。 （どくしょやかきものをするための部屋）
〔書斎〕

□ 15 最近の出来事は天下が乱れる**ヨチョウ**である。 （前触れ）
〔予兆〕 訓 兆《きざ》し 類 □□《チョウコウ》 ▼P.16・2

□ 16 父は己の健康状態を**ジュクチ**している。 （よくしっていること）
〔熟知〕 訓 熟《う》れる

□ 17 満天の星が宝石のように**カガ**やいている。 （きらきらと美しい光を放つ）
〔輝〕 音 輝《キ》 ［光輝《コウキ》］

□ 18 つらい決断を**セマ**られる状況になった。 （近づく・強いて求める）
〔迫〕 音 迫《ハク》 ［切迫《セッパク》］

□ 19 毎日**ケイコ**したおかげで短期間で上手になった。 （武術・芸能などを練習すること）
〔稽古〕 意 稽＝くらべかんがえる 類 □□《クンレン》 ▼P.166・4

□ 20 恩師に褒めていただいて**キョウシュク**した。 （身もちぢまるほどおそれいること）
〔恐縮〕 訓 恐《おそ》れる・縮《ちぢ》まる

□ 21 友から言われて**スナオ**に己の非を受け入れる。 （性質や態度にひねくれたところがないこと）
〔素直〕 注意 「素」スは慣用音

□ 22 病気をしたことが人生の**テンキ**となった。 （状況がかわるきっかけ）
〔転機〕

□ 23 日本の名作を気が向いたときに**ズイジ**読み返す。 （日じに制限のないさま）
〔随時〕 意 随＝したがう

□ 24 郵便物の輸送は**ケッセツ**点を中継する。 （むすび合わせること）
〔結節〕 表 結節点《ケッセツテン》＝つなぎ合わされた部分・つなぎめ

□ 25 搭乗者名簿に名前が**キサイ**されていない。 （書いてのせること）
〔記載〕 訓 記《しる》す・載《の》せる

類対解答　15 兆候（徴候）　19 訓練

重要語 C

読み取り❶

□1 社内の風通しが悪く空気が**澱**んでいる。（水や空気が流れずにその場にとどまる）

□2 無為無策のまま**徒**に歳月が流れるばかりである。（むだに）

□3 外国からの観光客で町は**賑**わっている。（人が大勢でてにぎやかになる）

□4 公衆の面前で二人の男が**罵**り合っていた。（大声で非難すること・悪口を言うこと）

□5 **彼方**には小さな丘がありさらに海もある。（あちらのほう・遠くはなれたほう）

□6 耳を澄ますと**微**かに虫の羽音が聞こえる。（やっと感じ取れる程度であるさま）

□7 平家の**末裔**が住むという村が山中に点在する。（何代も後の子孫）

□8 毎朝駅で出会う異性に**密**かに好意を寄せる。（他人に知られないように物事を行うさま）

□9 論理は**明晰**であることが第一の要件である。（明らかではっきりしていること）

□10 災害に備えて**予**め非常食を用意しておく。（前もって）

□11 どちらの意見にも**与**するつもりはない。（仲間になる・味方する）

□12 **律儀**な小心者が裏切るとは誰も思うまい。（きわめて義理がたいこと）

1（よど）
注意「淀む」とも書く

2（いたずら）
音 徒《ト》［徒労《トロウ》］

3（にぎ）

4（ののし）

5（かなた）
対 此方《こなた》

6（かす）
音 微《ビ》［微妙《ビミョウ》］

7（まつえい）
訓 末《すえ》

8（ひそ）
音 密《ミツ》［秘密《ヒミツ》］

9（めいせき）
類 □□《メイリョウ》 ▼P.70・6

10（あらかじ）
音 予《ヨ》［予兆《ヨチョウ》］
表 与党《ヨトウ》＝政党政治において政権を担当している政党

11（くみ）

12（りちぎ）
注意「律義」とも書く

13 □ 外資系企業の社員は**流暢**に英語を話す。
滑らかでよどみなく話すこと
〔りゅうちょう〕
意 暢＝のびやか

14 □ 思いがけない事態に遭遇して**狼狽**した。
うろたえること
〔ろうばい〕
意 狼＝あわてる

15 □ 一人暮らしの**侘**しい住まいを友人が訪ねてきた。
貧しくてみすぼらしいさま
〔わび〕
注意 ×詫

16 □ 警察犬の**嗅覚**は捜査に非常に役立っている。
においを感じる感覚
〔きゅうかく〕
訓 嗅《か》ぐ

17 □ あたりを**憚**ることなく大声で泣きたい気分だ。
遠慮する
〔はばか〕

18 □ 何かに取り**憑**かれたようなおかしな行動だ。
亡霊などがのりうつる
〔つ〕

19 □ 旧石器**捏造**事件が大々的に報道された。
事実ではないことを事実であるかのように作り上げること
〔ねつぞう〕
注意 「デツゾウ」の慣用読み

20 □ 相手の気持ちを**斟酌**するゆとりがなかった。
事情を考慮すること
〔しんしゃく〕
注意 ×斟《カン》と読まない

21 □ 因襲の**桎梏**から解放される日を心待ちにする。
人の行動を制限して自由を束縛するもの
〔しっこく〕
意 桎＝あしかせ 梏＝てかせ

22 □ 生き方がその人の振る舞いに**滲**んでいる。
内部にあった感情などが表面にあらわれる
〔にじ〕

23 □ 誤りは根本から**糺**さなければならない。
物事の理非を明らかにする
〔ただ〕
注意 「糾す」とも書く

24 □ 明治時代の青年は**貪欲**に新しい知識を吸収した。
非常に欲が深いこと
〔どんよく〕
訓 貪《むさぼ》る

25 □ 建て付けの悪い扉が開閉するたびに**軋**む。
物と物がこすれ合って音をたてる
〔きし〕

類対解答 9 明瞭

第2章 重要語 C 読み取り❷

□ 1 小さな子どもたちの行儀の悪さに**辟易**した。（困り果てること・しりごみすること）
【へきえき】
意 辟＝さける

□ 2 山間の**険路**を通り抜けるのに四苦八苦した。（狭く通りにくい路・障害）
【あいろ】
意 険＝せまい

□ 3 文芸作品には作者の思いが**籠**められている。（含ませる）
【こ】
意 籠＝かご
注意 「込める」とも書く

□ 4 私の心は不安という**情緒**で染め上げられている。（折にふれておこる感情）
【じょうちょ】
注意 「ジョウショ」とも読む

□ 5 放置された畑には雑草が**繁茂**している。（草木がおいしげること）
【はんも】
訓 茂《しげ》る
意 繁＝ふえ広がる

□ 6 **戦慄**すべき凶悪な事件を題材にした推理小説。（おののきふるえること）
【せんりつ】

□ 7 対戦相手を**完膚**なきまでに打ちのめす。（傷のない皮膚）
【かんぷ】
表 完膚《カンプ》なきまで＝徹底的に

□ 8 事件の経過を**逐一**報告するよう指示する。（ひとつひとつ詳細に）
【ちくいち】
注意 「チクイツ」とも読む

□ 9 政治的対立によるテロが**頻発**している。（しきりに起こること）
【ひんぱつ】
意 頻＝しきりに

□ 10 卑怯な行為をしたものは**侮蔑**の対象となる。（人をばかにして軽んじること）
【ぶべつ】
訓 侮《あなど》る

□ 11 降りかかる苦難を**超克**して人生を切り開く。（困難や苦しみに打ち勝ち乗り越えること）
【ちょうこく】
訓 超《こ》える
類 □□《コクフク》 ▼P.51・16

□ 12 一日の始まりに朝の**挨拶**は欠かさない。（人と会ったときや別れるときに交わす言葉）
【あいさつ】
注意 もと禅宗で問答をして相手の修行の程度を試すこと

13 伝統的な生活空間の**面影**が一掃された。
昔のことがしのばれるようす
（おもかげ）
訓 面《おもて》・面《つら》

14 **格子**戸をくぐり抜けて家の外へ出ていく。
細い角材を縦横に組んだもの
（こうし）

15 地球上には多種多様な生物が**棲息**している。
ある場所に生きて生活していること
（せいそく）
意 棲＝すむ
注意 「生息」とも書く

16 過ちは**潔**く認めて今後の糧にするのが得策だ。
すがすがしい・未練がない
（いさぎよ）

17 試合では**執拗**に相手の弱点をつくのが有効だ。
しつこいようす
（しつよう）
訓 執《と》る

18 絵画の基礎となる**素描**の訓練を重ねる。
鉛筆などで物の形や影を描くこと・デッサン
（そびょう）
訓 描《えが》く・描《か》く

19 振り返ってみると後悔と**諦**めの多い人生だった。
悪い状態を受け入れること・断念すること
（あきら）

20 よい師に巡り会えた喜びが**湧**いてくる。
次々と現れ出る
（わ）

21 **殺伐**とした風景が眼前に広がっている。
あらあらしさに満ちていること・すさんでいること
（さつばつ）
訓 殺《ころ》す

22 人生の**悲哀**をかみしめることになった。
かなしくあわれなこと
（ひあい）
訓 哀《あわ》れ

23 老人の尊厳が**冒**されているという事態がある。
けがし傷つける・困難なことをあえてする
（おか）
音 冒《ボウ》［冒険《ボウケン》］

24 詩は内容とともに**韻律**も重要な要素である。
詩の音楽的な調子
（いんりつ）

25 **彼我**の圧倒的な実力の違いを思い知らされた。
相手と自分
（ひが）

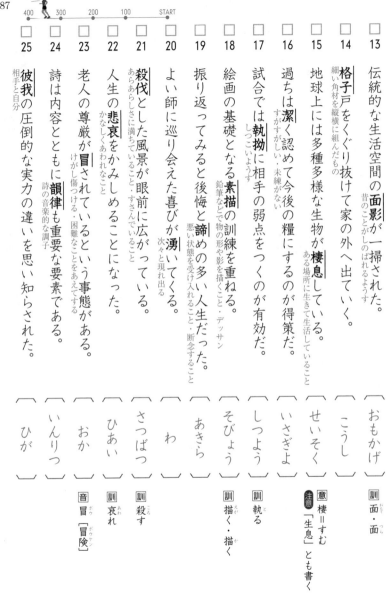

重要語 C

読み取り❸

□1 どの対戦相手も**侮**りがたい実力を備えている。（相手をばかにする）
〔あなど〕 音 侮《ブ》［侮辱《ブジョク》］

□2 他国の文化に対する**蔑視**は決して許せない。（ばかにして見下げること）
〔べっし〕

□3 現在の日本の政界は**惨憺**たるありさまである。（見るも無残なさま）
〔さんたん〕 訓 惨《みじ》め

□4 先方には**丁重**な断りの返事をするつもりだ。（手厚く丁寧なこと）
〔ていちょう〕

□5 **詭弁**を弄する人には気をつけたほうがよい。（無理にこじつけた弁論）
〔きべん〕 意 詭＝いつわる

□6 辞書の**凡例**は分かりやすく作られている。（書物の始めにあって編集の原則や、構成、使用法などを述べたもの）
〔はんれい〕 意 凡＝すべて

□7 戦争のない天下太平の世の中で**安逸**を貪る。（気楽に遊び暮らすこと）
〔あんいつ〕 意 逸＝気楽

□8 名誉を傷つけられて**慰藉**料を請求する。（なぐさめいたわること）
〔いしゃ〕 注意 ×籍

□9 今さら悔やんでみても**最早**手遅れである。（今となっては・すでに）
〔もはや〕 訓 最《もっと》も

□10 **梢**から漏れる光が明暗の斑点を描き出す。（幹や枝の先の部分）
〔こずえ〕

□11 **鷹揚**に構えて細かいことにはこだわらない。（ゆったりと落ち着いていること）
〔おうよう〕 意 鷹＝たか

□12 夜も眠れないほど**煩悶**する日が続いた。（もだえ苦しむこと）
〔はんもん〕 訓 煩《わずら》う

13 投資の勧誘や寄付の要請を**婉曲**に断る。
はっきりと表現せず遠回しに言うさま
（えんきょく）
意 婉＝しとやか

14 悪霊が**憑依**して奇妙な行動を繰り返す。
霊などがのりうつること
（ひょうい）
意 憑＝つく・のりうつる

15 少女は**含羞**に満ちた表情で見つめている。
はにかみ・はじらい
（がんしゅう）
訓 含《ふく》む

16 事が**公**になると多くの人が迷惑を被る。
表立つこと・私的でないこと
（おおやけ）
音 公《コウ》［公共《コウキョウ》］

17 古今集の歌はすこぶる人口に**膾炙**している。
広く知られていること
（かいしゃ）
表 人口《ジンコウ》に膾炙《カイシャ》する＝広く世の人に知られもてはやされる

18 人間の都合を優先して生態系を**蹂躙**する。
ふみにじること
（じゅうりん）
意 蹂・躙＝ふむ

19 自治会長の仕事を**躊躇**なく引き受けた。
決心がつかずぐずぐずすること
（ちゅうちょ）
意 躊＝ためらう
躇＝たちどまる

20 今さら首相の資質を**云々**してもはじまらない。
とやかく言うこと
（うんぬん）
意 云＝いう

21 **嬰児**の柔らかい肌を傷つけないように注意する。
生まれたばかりの子ども
（えいじ）
類 乳児《ニュウジ》

22 一度損なった健康を運動と節制で**恢復**した。
一度失ったものを取り戻すこと
（かいふく）
注意 「回復」とも書く

23 町のありさまは見るに**堪**えないものであった。
するだけの価値がある
（た）
音 堪《カン》［堪忍《カンニン》］

24 潮の香りを運ぶ風が**干潟**をわたって吹く。
遠浅の海で潮が引いて現れる場所
（ひがた）
訓 干《ひ》る・干《ほ》す

25 仏とは縁遠い迷いの**此岸**で生きている。
この世・生死を繰り返す迷いの世
（しがん）
対 □□《ヒガン》
▼P.114・11

類 対 解答　25 彼岸

第2章 重要語 C

読み取り❹

1 手に入る情報はどれもこれも**信憑**性に欠ける。
信憑：信じてより所とすること
（しんぴょう）
意 憑＝よる

2 人前で話すと緊張して**声音**が変わってしまう。
声音：声の調子・声色
（こわね）

3 彼女の騒ぎようはいかにも**大袈裟**である。
大袈裟：実際以上に誇張すること
（おおげさ）
類 大仰《おおぎょう》

4 大工の**棟梁**が本殿の解体修理を取り仕切る。
棟梁：特に大工のかしら・支えとなる重要な人・主だった人
（とうりょう）
訓 棟《むね》
意 梁＝はり（重みを支え柱を固定するための水平材）

5 理想と現実の**背馳**があまりにも大きい。
背馳：くいちがい・反対になること
（はいち）
意 馳＝はせる

6 穏和な人が急に粗暴な人格に**豹変**した。
豹変：態度や考えが急に変わること
（ひょうへん）

7 事業の失敗による損失を**補塡**せねばならない。
補塡：不足を補うこと
（ほてん）
類 □□《ホジュウ》 ▼P.178・9

8 名器に劣らず**妙**なる音を奏でる楽器がある。
妙：美しいさま・優れているさま
（たえ）
音 妙《ミョウ》［妙齢《ミョウレイ》］

9 駅前の古い商店街は昔の**名残**をとどめている。
名残：後に残る気配や影響
（なごり）
表 名残惜《なごりお》しい＝別れがつらい

10 どんな賞でも賞を**貰**うのはうれしいものだ。
貰う：受ける・自分の物とする
（もら）

11 チーム間の優劣が次第に**露**わになってきた。
露わ：はっきり目に見えること
（あら）
注意 「顕わ」とも書く

12 高名な評論家の**傲岸**な態度に腹が立つ。
傲岸：おごりたかぶっていること
（ごうがん）
類 傲慢《ゴウマン》

13 彼女は「さよなら」と**呟**いて去って行った。
（小さい声でひとり言を言う）
〔つぶや〕
音 喩《ユ》〔比喩《ヒユ》〕

14 人間の体の働きを機械に**喩**えて説明する。
（他の事柄になぞらえて言い表す）
〔たと〕

15 目頭を押さえて**嗚咽**する姿をじっと見守る。
（声をつまらせて泣くこと）
〔おえつ〕
意 咽＝むせぶ

16 **嗚呼**いつになったら平和な時が来るのだろうか。
（ものに感じて発する声）
〔ああ〕

17 **夭折**した天才画家の遺作展が開催される。
（若くして死ぬこと）
〔ようせつ〕
意 夭＝わかい

18 世の中には打算と**奸計**が渦巻いている。
（悪だくみ）
〔かんけい〕
意 奸＝正しくないこと

19 口に出しては言わないが不満が心中に**鬱積**する。
（はけ口がなく心にたまること）
〔うっせき〕
意 鬱＝こもる・ふさがる

20 批評家の**炯眼**によって作品が発掘された。
（洞察力が優れていること）
〔けいがん〕
意 炯＝あきらか
注意 「慧眼」とも書く

21 私は組織から裏切り者の**烙印**を押された。
（金属製の印を焼いて物に押し当ててつけたしるし）
〔らくいん〕
表 烙印《ラクイン》を押《お》される＝消せない汚名を受ける

22 江戸時代の江戸では町人の文化が**爛熟**した。
（熟しすぎること）
〔らんじゅく〕
訓 熟《う》れる

23 天下を**睥睨**するかのように天守閣がそびえ立つ。
（あたりをにらみつけること）
〔へいげい〕

24 子どもにきちんとした**躾**をするのが親の役目だ。
（礼儀作法を身につけさせること）
〔しつけ〕

25 過ぎ去った昔のことが**髣髴**として脳裏に浮かぶ。
（ありありと思い浮かぶさま・よく似ていること・ぼんやりしていること）
〔ほうふつ〕
注意 「彷彿」とも書く

第2章

重要語Cまとめ

1 間違えやすい漢字

赤で示した箇所に注意して、正確に書こう。

P.162・10	P.167・22	P.169・25	P.174・11
卑	拐	霊	弔
①一本の縦棒ではない。それぞれ、別の画 ②「丿」必要	突き抜けない	横画を忘れない	①突き抜けない ②はねない、「弓」と「|」
P.166・12	**P.169・13**	**P.173・18**	**P.186・5**
擁	刺	虐	茂
①なべぶた「亠」 ②「幺」ではない	①「束」ではない ②ハネ必要	①突き抜けない ②「ヨ」ではない。向きが逆	「戊」や、「成」ではなく、「戊」

2 形が似ている漢字

次の文から漢字の誤りを一つずつ探して――を付け、正しい漢字に直そう。

□ 1 塀を徹去して見通しがよくなった。 P.162・8 〔撤〕

□ 2 新人が文壇に施風を巻き起こした。 P.168・7 〔旋〕

□ 3 新首相が網紀粛正を図った。 P.174・8 〔綱〕

□ 4 クーデターの計画は未逐に終わった。 P.176・3 〔遂〕

□ 5 名画の復製を購入した。 P.182・9 〔複〕

3 語句の意味

次の意味を表す語を[ ]の語群からそれぞれ選び、正しい漢字に直そう。

□ 1 深くある事に熱中すること ▼P.163・14〔沈潜〕
□ 2 取り調べて決めること ▼P.172・2〔査定〕
□ 3 苦しめしいたげること ▼P.172・3〔迫害〕
□ 4 もとからなくすこと ▼P.180・3〔根絶〕

サテイ　チンセン　コンゼツ　ハクガイ

□ 5 やりかた ▼P.170・8〔流儀〕
□ 6 うわべ ▼P.176・5〔皮相〕
□ 7 使いみち ▼P.178・12〔用途〕
□ 8 前触れ ▼P.183・15〔予兆〕

ヒソウ　ヨチョウ　リュウギ　ヨウト

4 表現

次の各文の〔　〕に当てはまる語句を、漢字を使って書こう。

□ 1 彼女の人生は〔筆舌〕に尽くしがたい苦労の連続だった。▼P.168・11
□ 2 今日の人類の繁栄は砂上の〔楼閣〕のようなものだ。▼P.174・10
□ 3 父は〔寝食〕を忘れて趣味の模型製作に没頭している。▼P.181・22
□ 4 私の提出した企画書は、〔完膚〕なきまでに修正された。▼P.186・7
□ 5 *一度の失敗で仕事のできない人という〔烙印〕を押された。▼P.191・21

コラム

書き取りの選択問題―熟語の知識

●熟語全体が音読み

記述より出題数が少ないとはいうものの、選択肢形式の出題も決して無視はできない。共通テストをはじめ、多くの私立大学で出題されている。

問 人間の心に不安と恐怖をカンキする。

カンキ
① 証人としてショウカンされる
② 優勝旗をヘンカンする
③ 勝利のエイカンに輝く
④ 意見をコウカンする
［共通テスト］

「喚起」→正解①（①召喚 ②返還 ③栄冠 ④交換）

問題とする漢字を含む単語をカタカナで書き、その漢字と同音の漢字を含む単語をカタカナ書きにした選択肢を作る。傍線を引いて対応する漢字を示してある。

記述式のように一点一画に細心の注意を払う必要はないかわりに、一つの正解にたどり着くまでに数個の単語の知識を必要とする。この問題の場合、問題文の内容から、「カンキ」が「歓喜」でなく「喚起」であることを思い浮かべることができるかどうかが第一のポイント。「喚起」は「呼び起こす」という意味であるから、正解の①「召喚（呼び出す）」と、意味のつながりで判断できる。漢字力というよりも、その前に語彙力がまず試されている。

●音読みと訓読みが混合

数は多くないが、音訓両方の読みを出題する場合がある。

問 時間をヘダてることで認識が大きく変貌する。

ヘダてる
① 敵をイカクする
② 施設のカクジュウをはかる
③ 外界とカクゼツする
④ 海底のチカクが変動する
［共通テスト］

「隔てる」→正解③（①威嚇 ②拡充 ③隔絶 ④地殻）

「隔」の音読みが「カク」なので、同音の漢字を含む熟語を選択肢として並べてある。問題が訓読みだから意味はすでに判明している。「遠くへだたっていること」という正解まではあとほんの一息である。

音と訓が逆のパターンもある。つまり、出題漢字は音読みだが、選択肢にそれと同じ音読みの漢字を訓読みで並べる。異なった読みが選択肢に並ぶので奇異な感じを受ける。

問 葛トウ
イ ヒトしい権利
ロ 敵とタタカう
ハ 風前のトモシ火
ニ 宝くじがアたる
ホ フジの花が咲く
［早稲田大学］

「葛藤」→正解ホ（イ等 ロ闘 ハ灯 ニ当 ホ藤）

第 3 章

字形のよく似た漢字や、同音・同訓の漢字は使い分けが難しいものです。パソコンで文章を作成することが多くなった昨今、意識して覚えないとうっかり間違えそうです。

また、共通テストや私立大学の入試では選択肢形式の書き取りが出題されます。同音・同訓の漢字を知らないことには歯が立ちません。

この章で取り上げた漢字は、いずれも出題頻度が高いものばかりです。実際の入試問題の形式にも慣れて、使い分けをしっかり習得しましょう。

第3章 似形・同音・同訓

1 似形

番号	問題	意味	答え
1	勢力の均コウを保つ。	釣り合いがとれていること	衡
2	意見がショウ突する。	ぶつかること	衝
3	赤は情熱の象チョウ。	代表的なしるし	徴
4	ビ妙な色彩の変化。	ふくざつで言い表しにくいさま	微
5	制限をカン和する。	ゆるめること	緩
6	温ダンな土地である。	あたたかくおだやかなさま	暖
7	大臣を更テツする。	その役にある人をかえること	迭
8	ソウ迎バスで通う。	おくりむかえ	送
9	ゲン影を見る。	まぼろし	幻
10	ヨウ稚園に通う。	おさないこと	幼
11	最大のブ辱を受ける。	軽んじはずかしめること	侮
12	後カイ先に立たず。	後になってくやむこと	悔
13	情勢を分セキする。	細かく分けて調べること	析
14	平和をキ念する。	いのり念じること	祈
15	光が屈セツする。	おれまがること	折
16	オン便に処理する。	おだやかでかどがたたないさま	穏
17	気楽なイン居の身だ。	仕事をやめてのんびり暮らす人	隠
18	生命のヤク動を感じる。	いきいきとして勢いのあること	躍
19	日ヨウ日に出かける。	週の第一日で休日	曜
20	貧コンとたたかう。	まずしく生活苦の状態	困
21	原インが判明した。	物事や状態を引き起こすもと	因
22	敗戦で虜シュウとなる。	敵の捕虜	囚
23	ハク情な仕打ちに泣く。	思いやりの気持ちに欠けること	薄
24	家計ボをつける。	一家の収入・支出などを記入する帳面	簿

- 25 小麦を**サイ**培する。（植物を植え育てること）　栽
- 26 **サイ**判官をめざす。（法律を適用してさばくこと）　裁
- 27 連**サイ**記事を書く。（続き物として記事などをのせること）　載
- 28 新たな**ヘイ**害が生じる。（害となる悪いこと）　弊
- 29 紙**ヘイ**が新しくなる。（紙のお金）　幣
- 30 ビルを破**カイ**する。（うちこわすこと）　壊
- 31 **カイ**中時計を贈る。（ふところやポケットのうち）　懐
- 32 友人を**ショウ**介する。（取り持ち引き合わせること）　紹
- 33 式に**ショウ**待する。（客をまねいてもてなすこと）　招
- 34 土**ジョウ**を改良する。（食物を育てる土）　壌
- 35 令**ジョウ**に会う。（他人の娘を敬って呼ぶ語）　嬢
- 36 かなり**ジョウ**歩した。（相手にゆずること）　譲
- 37 酒を**ジョウ**造する。（発酵により酒などを造ること）　醸
- 38 **ソ**先を尊敬する。（その家の先代以前の人々）　祖
- 39 **ソ**税を納入する。（国などが人民から法に基づき集めるお金）　租
- 40 建設を**ソ**止する。（はばみとどめること）　阻
- 41 左右から**キョウ**撃する。（はさみうちにすること）　挟
- 42 **キョウ**義に解釈する。（せまいほうの意味）　狭
- 43 台風で床下**シン**水した。（水にひたること）　浸
- 44 著作権を**シン**害する。（他人の権利などをおかすこと）　侵
- 45 学校と家を往**フク**する。（行って戻ること）　復
- 46 問題が**フク**雑になる。（こみ入って入りくんでいるさま）　複
- 47 目**ヒョウ**を定める。（目的を達成するためのめあて）　標
- 48 大海で**ヒョウ**流する。（ただよい流れること）　漂
- 49 紡**ショク**工場に勤める。（糸を紡ぐことと布をおること）　織
- 50 **ショク**員会議が始まる。（仕事を担当する人）　職

読めるかな？　(1) 雉　(2) 啄木鳥　解答は次ページ

第3章 似形・同音・同訓

2 同音 ①

番号	問題	意味	解答
□ 1	研究の対ショウとなる。	目標となるもの・客体	象
□ 2	左右が対ショウの図形。	互いにつり合っていること	称
□ 3	原文と対ショウする。	てらし合わせること	照
□ 4	真理を追キュウする。	学問などをつきつめきわめること	究
□ 5	利益を追キュウする。	おいもとめること	求
□ 6	責任を追キュウする。	責めておいつめること	及
□ 7	政治にカン心がある。	注意を払うこと・興味を持つこと	関
□ 8	子供のカン心を買う。	喜んでうれしいと思う心	歓
□ 9	できばえにカン心する。	心に深くかんじること	感
□ 10	食欲不シンである。	いきおいがふるわないこと	振
□ 11	不シンな人物が逃げる。	うたがわしいさま	審
□ 12	人間不シンになる。	しんじないこと	信
□ 13	暗ショウに乗り上げる。	海中に隠れて見えない岩	礁
□ 14	詩を暗ショウする。	そらで覚えていうこと	唱・誦
□ 15	県の主サイする博覧会。	中心となってもよおすこと	催
□ 16	サークルを主サイする。	中心となって事に当たること	宰
□ 17	時コウの挨拶。	四季それぞれの天気のようす	候
□ 18	事件が時コウになる。	一定の期間後こう力がなくなること	効
□ 19	人格が形セイされる。	形ができあがること	成
□ 20	形セイが有利である。	物事のなりゆき	勢
□ 21	会のシュ旨に賛同する。	目的や理由・述べようとすること	趣
□ 22	論文のシュ旨をつかむ。	おもな意味	主
□ 23	ゼン後策を施す。	うまく後始末をすること	善
□ 24	ゼン後の見境がない。	物の順序・まえとうしろ	前

解答 (1) きじ　(2) きつつき

25 論文の**コウセイ**をする。（文字の誤りをただすこと）〔校正〕

26 **コウセイ**に判断する。（かたよらず、ただしいさま）〔公正〕

27 **カンキ**扇を回す。（くうきの入れかえ）〔換気〕

28 世論を**カンキ**する。（よびおこすこと）〔喚起〕

29 利益を**カンゲン**する。（もとに戻すこと）〔還元〕

30 **カンゲン**にだまされる。（相手の好みにあうようなことば）〔甘言〕

31 易しく**カンゲン**する。（別のことばにいいかえること）〔換言〕

32 医学部の**キョウジュ**。（大学で真理をきわめおしえる人）〔教授〕

33 自由を**キョウジュ**する。（うけ取って楽しむこと）〔享受〕

34 **フキュウ**の名作。（古くならずに後世まで残ること）〔不朽〕

35 携帯電話の**フキュウ**。（広く一般に行き渡ること）〔普及〕

36 映画を**カンショウ**する。（芸術作品を理解し味わうこと）〔鑑賞〕

37 内政に**カンショウ**する。（口出しして従わせようとすること）〔干渉〕

38 技を**ケイショウ**する。（うけつぐこと）〔継承〕

39 **ケイショウ**を鳴らす。（危険を知らせるために鳴らすかね）〔警鐘〕

40 美しい**ケイショウ**の地。（けしきがすぐれていること）〔景勝〕

41 指に**ケイショウ**を負う。（かるいきず）〔軽傷〕

42 進歩を**ソガイ**する。（さまたげること）〔阻害〕

43 よそ者を**ソガイ**する。（仲間はずれにすること）〔疎外〕

44 **キセキ**的に助かった。（考えられないふしぎな出来事）〔奇跡〕

45 発展の**キセキ**をたどる。（移り変わってきた道筋）〔軌跡〕

46 体力を**ヨウセイ**する。（やしないそだてること）〔養成〕

47 時代の**ヨウセイ**に従う。（強く願いもとめること）〔要請〕

48 保守と**カクシン**。（かえてあたらしくすること）〔革新〕

49 問題の**カクシン**をつく。（物事の最も大切なところ）〔核心〕

50 無罪を**カクシン**する。（かたくしんじて疑わないこと）〔確信〕

読めるかな？ (1) 鴛鴦 (2) 鵲 解答は次ページ

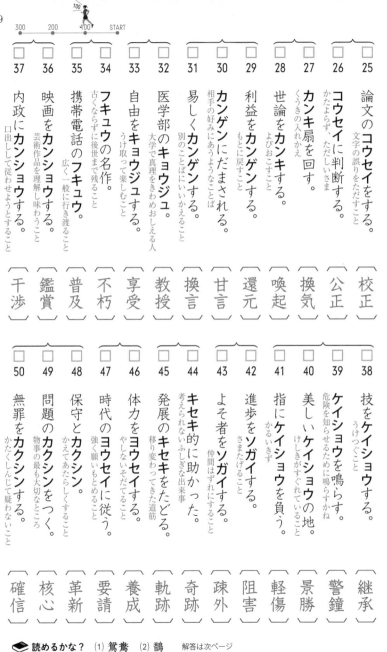

第3章 似形・同音・同訓

2 同音 ②

番号	問題	意味	答え
1	教育**カテイ**を調べる。	ある期間の学習の内容	課程
2	製造**カテイ**に問題がある。	とおりすぎた道筋	過程
3	重力が零と**カテイ**する。	事実と関わりなくかりにきめること	仮定
4	**コウショウ**による決着。	取り引きのために話し合うこと	交渉
5	**コウショウ**な話題。	ていどがたかく上品であるさま	高尚
6	時代**コウショウ**をする。	昔のことを調べ説明すること	考証
7	原案を**シンギ**する。	詳しく検討し可否を決めること	審議
8	**シンギ**を確かめる。	まこととい つわり	真偽
9	誠実に**シンギ**を守る。	約束を守り務めを果たすこと	信義
10	調査を**イショク**する。	外部の人にゆだね頼むこと	委嘱
11	肝臓を**イショク**する。	うつしかえること	移植
12	**イショク**の人材。	他と違って、目立つ点があること	異色
13	舞台**イショウ**に着替える。	いふく	衣装
14	**イショウ**を凝らす。	ものを作る上でのくふう	意匠
15	**カイコ**趣味に没頭する。	昔のことをなつかしく思うこと	懐古
16	元大統領の**カイコ**録。	昔をふり返ること	回顧
17	**カイコ**されて失業した。	やとっている人を辞めさせること	解雇
18	責任を**テンカ**する。	罪などを他人になすりつけること	転嫁
19	薪《たきぎ》に**テンカ**する。	ひをともすこと	点火
20	人柄を**ホショウ**する。	確かだとうけあうこと	保証
21	安全**ホショウ**は必要だ。	損害のないように守ること	保障
22	災害**ホショウ**金。	損害を金銭でつぐなうこと	補償
23	恋人を**ショウカイ**する。	取りもち引き合わせること	紹介
24	身元を**ショウカイ**する。	問い合わせること	照会

解答 (1) おしどり (2) かささぎ

25 意味**シンチョウ**な言葉。
ふかみがあって含蓄が多いこと
深長

26 **シンチョウ**に検討する。
注意ぶかくおもおもしいさま
慎重

27 月は地球の**エイセイ**だ。
わくせいの周囲をまわる天体
衛星

28 **エイセイ**状態がよくない。
清潔にすること
衛生

29 病人を**カイホウ**する。
病人などの世話をすること
介抱

30 人質を**カイホウ**する。
束縛をやめて自由にすること
解放

31 門戸を**カイホウ**する。
あけたままにしておくこと
開放

32 情報の**シュウシュウ**。
いろいろとあつめること
収集

33 難局の**シュウシュウ**。
混乱をおさめること
収拾

34 議事が**シンコウ**する。
すすんでいくこと
進行

35 学術の**シンコウ**を図る。
ものごとを盛んにすること
振興

36 全国に**ヘンザイ**する。
広くあちこちにあること
遍在

37 富の**ヘンザイ**を正す。
かたよってあること
偏在

38 独断**センコウ**する。
自分だけの判断ですすめること
専行

39 書類**センコウ**をする。
才能などを調べてえらび出すこと
選考

40 人類学を**センコウ**する。
せんもん的に研究すること
専攻

41 **ヘイコウ**感覚を失う。
つりあいがとれていること
平衡

42 **ヘイコウ**四辺形を描く。
二直線がまじわらないこと
平行

43 暑さに**ヘイコウ**する。
困り果てること
閉口

44 方針に**イギ**を唱える。
他人と違う考え
異議

45 **イギ**を正して整列する。
いかめしい作法通りのふるまい
威儀

46 大きな**イギ**のある職業。
ものごとのもつ価値
意義

47 書類を**オウシュウ**する。
捜査の証拠として物をとりあげること
押収

48 非難の**オウシュウ**。
互いにやりあうこと
応酬

49 著名な教授に**シジ**する。
先生として敬い教えを受けること
師事

50 政党を**シジ**する。
考えに賛同して後おしすること
支持

読めるかな？ (1) 蛸 (2) 烏賊 解答は次ページ

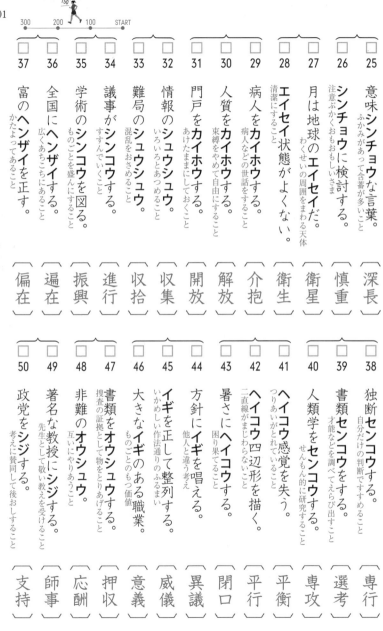

第3章 似形・同音・同訓

2 同音 ③

1 時期**ショウソウ**な計画。
まだはやすぎること

2 失敗に**ショウソウ**する。
いらだちあせること

3 メモを原簿に**テンキ**する。
書き写すこと

4 人生の**テンキ**を迎える。
状況がかわるきっかけ

5 今年の米は**ホウサク**だ。
さくもつがよくみのること

6 防犯の**ホウサク**を立てる。
やろうと計画すること

7 契約を**コウシン**する。
あたらしくあらためること

8 宇宙船と**コウシン**する。
つうしんでやりとりすること

9 売り切れ**ヒッシ**の商品。
かならずそうなること

10 **ヒッシ**に練習した。
全力をつくすさま

11 原材料を**メイキ**する。
はっきりと書くこと

12 教訓を**メイキ**する。
深くこころにきざみつけて忘れないこと

1〔尚早〕 2〔焦燥〕 3〔転記〕 4〔転機〕 5〔豊作〕 6〔方策〕 7〔更新〕 8〔交信〕 9〔必至〕 10〔必死〕 11〔明記〕 12〔銘記〕

13 **カイシン**して出直す。
悪いこころをあらためること

14 **カイシン**の出来映えだ。
こころにかなって満足すること

15 住民の**ソウイ**に基づく。
すべての人の考え

16 **ソウイ**工夫を重ねる。
新しい工夫や思いつき

17 列の**サイゴ**に並ぶ。
もっともあとであること

18 人生の**サイゴ**を迎える。
命の終わるとき

19 貸し借りの**ソウサイ**。
互いに差し引き損得なしにすること

20 冠婚**ソウサイ**のマナー。
そうしきとまつり

21 落ち葉が**サンラン**する。
ばらばらにちらばること

22 ウミガメの**サンラン**。
たまごをうむこと

23 駐車を**ゲンキン**する。
固く差し止めること

24 **ゲンキン**で購入する。
実際にある貨幣

13〔改心〕 14〔会心〕 15〔総意〕 16〔創意〕 17〔最後〕 18〔最期〕 19〔相殺〕 20〔葬祭〕 21〔散乱〕 22〔産卵〕 23〔厳禁〕 24〔現金〕

解答 (1) たこ (2) いか

25	**キコウ**文学を愛好する。	旅の間の見聞を書いたもの	紀行
26	流通**キコウ**を変革する。	組織・しくみ	機構
27	寒冷な**キコウ**だ。	その地域のてんきの平均的な状態	気候
28	**タイセイ**を確立する。	組織されているぜんたいのありさま	体制
29	着地の**タイセイ**に入る。	からだのかまえ	体勢
30	**タイセイ**には影響ない。	だいたいの状況・世のなりゆき	大勢
31	故人の**イシ**を尊重する。	亡くなった人の生前のこころざし	遺志
32	**イシ**の弱い人。	物事を成し遂げようとするきもち	意志
33	反対の**イシ**を示す。	考え・おもうこと	意思
34	不動産を**トウキ**する。	権利公示のため帳簿に載せること	登記
35	株の**トウキ**で失敗した。	損を覚悟でもうけをねらうこと	投機
36	ゴミを海洋に**トウキ**する。	なげすてること	投棄
37	円が**トウキ**する。	物価や相場が高くなること	騰貴
38	**キセイ**服を購入する。	注文の品ではなく、商品として出来上がっていること	既製
39	夏休みに**キセイ**する。	故郷にかえること	帰省
40	排出量を**キセイ**する。	きまりによりせいげんすること	規制
41	**ソウギョウ**五十周年。	会社や店を新しく始めること	創業
42	**ソウギョウ**を短縮する。	きかいをそうさして仕事をすること	操業
43	**チンツウ**剤を投与する。	いたみをしずめること	鎮痛
44	**チンツウ**な面持ち。	深い悲しみで胸がいたむさま	沈痛
45	諸行**ムジョウ**の響き。	一切のものは定まりがないこと	無常
46	冷酷**ムジョウ**な仕打ち。	おもいやるこころがないこと	無情
47	支持率が急**コウカ**する。	さがること	降下
48	**コウカ**な物を買う。	値段のたかいさま	高価
49	頬が**コウチョウ**する。	血がのぼって赤みをおびること	紅潮
50	仕事は**コウチョウ**だ。	うまくいっていること	好調

読めるかな？ (1) 栄螺　(2) 蛤　解答は次ページ

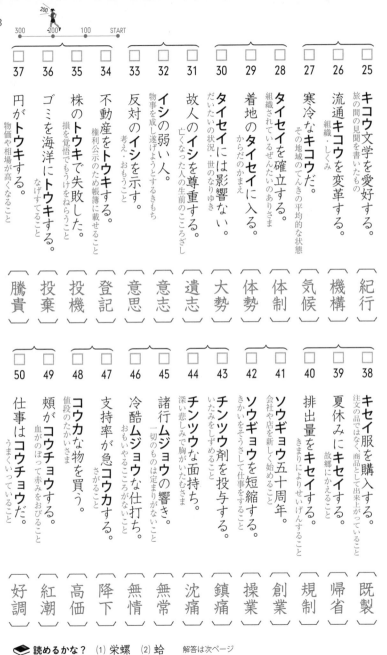

3 同訓 ①

番号	問題	意味	解答
1	ピアノを**ナラ**う。	教えられて身につける	習
2	先例に**ナラ**う。	手本としてまねをする	倣
3	包丁で魚の腹を**サ**く。	引き破る	裂
4	趣味に時間を**サ**く。	分けて他の用途にあてる	割
5	合格を**ノゾ**む。	願う・期待する	望
6	入学試験に**ノゾ**む。	直面する	臨
7	他国の領土を**オカ**す。	不法にはいりこむ	侵
8	重大な過ちを**オカ**す。	きまりなどをやぶる	犯
9	危険を**オカ**す。	困難なことをあえてする	冒
10	彼を役員に**スス**める。	適当として採用するよう説く	薦
11	保険の加入を**スス**める。	そうするようにさそう	勧
12	工事を**スス**める。	物事をはかどらせる	進
13	運転免許を**ト**る。	手に入れる	取
14	事務を**ト**る。	仕事や職務をおこなう	執
15	川で魚を**ト**る。	つかまえる	捕
16	記念写真を**ト**る。	カメラなどでうつす	撮
17	白は平等を**アラワ**す。	特定の意味を伝え示す	表
18	数々の名作を**アラワ**す。	書きつづる	著
19	正体を**アラワ**す。	見えなかったものを見えるようにする	現
20	手のひらを**カエ**す。	向きを反対にする	返
21	生徒を家に**カエ**す。	元の所へ戻す	帰
22	広い家に一人で**ス**む。	場所を定めて生活する	住
23	川の水が**ス**む。	濁りがなくきれいになる	澄
24	電話で話が**ス**む。	事が終わる	済

解答 (1) さざえ (2) はまぐり

番号	問題	意味	答え
25	時間を**ハカ**る。	数や時間を調べる	計
26	土地の面積を**ハカ**る。	長さや面積を調べる	測
27	幼児の体重を**ハカ**る。	重さや容積を調べる	量
28	会社が合理化を**ハカ**る。	具体的な方策を考える	図
29	政権の転覆を**ハカ**る。	企てる・もくろむ	謀
30	腹が**ヘ**ると力が出ない。	少なくなる	減
31	審議を**ヘ**て実行に移す。	その過程を通る	経
32	重い病気を**ワズラ**う。	病気になる	患
33	思い**ワズラ**う。	あれこれと心をいためる	煩
34	目の**アラ**いザル。	こまやかでない	粗
35	海の波が**アラ**い。	勢いがはげしい	荒
36	フラメンコを**オド**る。	歌や曲に合わせて体を動かす	踊
37	血わき肉**オド**る。	喜びわくわくするさま	躍
38	髪型を**カ**える。	今までと違った状態にする	変
39	電車を乗り**カ**える。	別の新しいものにする	換
40	休みを振り**カ**える。	別のものととりかえる	替
41	挙手をもって投票に**カ**える。	役目を他のものにさせる	代
42	洗濯物が**カワ**く。	水分や湿気がなくなる	乾
43	のどが**カワ**く。	うるおいがなくなり飲料を欲する	渇
44	財布のひもを**シ**める。	力を加えて緩めない	締
45	真綿で首を**シ**める。	ひもなどを交差させてくる	絞
46	病院に付き**ソ**う。	つきしたがう	添
47	会社の方針に**ソ**う。	並行した形で続いている	沿
48	夜が**ア**ける前に出発だ。	朝になる	明
49	金庫を**ア**ける。	閉じたものをひらく	開
50	仕事で家を**ア**ける。	からっぽにする	空

読めるかな？ (1) 水母 (2) 雲丹 解答は次ページ

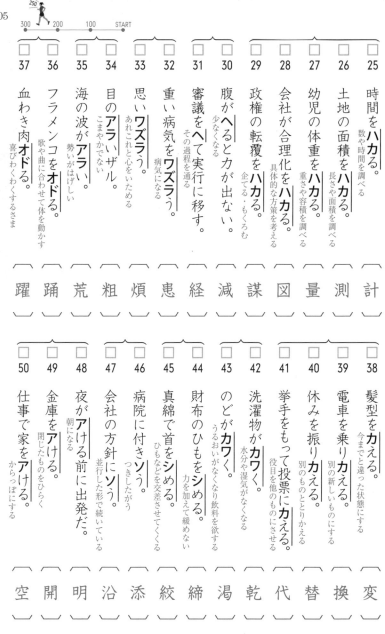

3 同訓 ②

番号	問題	意味	解答
1	仏前に花をソナえる。	神仏などに物をささげる	供
2	災害にソナえる。	じゅんびをととのえる	備
3	言動をツツシむ。	控えめにする	慎
4	ツツシんで新年を祝う。	うやうやしくかしこまる	謹
5	二人は気がアう。	ぴたりとあわさる	合
6	人にアう用事がある。	あつまって対面する	会
7	アツい風呂に入る。	温度が著しく高いさま	熱
8	選手層がアツい。	層をなして詰まっているさま	厚
9	アツい夏が好きだ。	気温が著しく高いさま	暑
10	地面にくいをウつ。	たたいて中に入れる	打
11	主君の仇《あだ》をウつ。	せめ滅ぼす	討
12	猟銃で猪《いのしし》をウつ。	弾丸や矢を発射する	撃
13	素直にアヤマる。	おわびを言う	謝
14	運転操作をアヤマる。	失敗する	誤
15	机の位置をウツす。	位置や時間を他に変える	移
16	黒板の文章をウツす。	元の字などを別の所に書く	写
17	スクリーンにウツす。	画像などを見えるようにする	映
18	選手に声援をオクる。	気持ちが相手に届くようにする	送
19	卒業記念品をオクる。	物を相手に与える	贈
20	私の友人は口がカタい。	しっかりしていて確か	堅
21	父は頭がカタい。	融通がきかない	固
22	ダイヤモンドはカタい。	簡単に形を崩さない	硬
23	ふと魔がサす。	ある種の心理的状況におちいる	差
24	他言無用と釘《くぎ》をサす。	突きとおす	刺

解答 (1) くらげ (2) うに

300 200 100 START

□	25	料理が**サメ**る。	つめたくなる	冷
□	26	真夜中に目が**サメ**る。	意識が元の状態に戻る	覚
□	27	計画の失敗を**セ**める。	相手の過失などをとがめる	責
□	28	相手のゴールを**セ**める。	戦いをしかける	攻
□	29	難しい問題を**ト**く。	不明のものを明らかにする	解
□	30	小麦粉を水で**ト**く。	液体に他の物をまぜて均一にする	溶
□	31	民衆に真理を**ト**く。	道理を言う・せつめいする	説
□	32	物資の支給を**ト**める。	動きをやめさせる	止
□	33	思い出を心に**ト**める。	とどめ残す	留
□	34	駅まで車に**ノ**せる。	車などに人や物を入れる	乗
□	35	雑誌に記事を**ノ**せる。	新聞や雑誌などに文章などを発表する	載
□	36	語学力を**ノ**ばす。	勢力や能力などを大きくする	伸
□	37	締め切りを**ノ**ばす。	時間を長びかせる	延
□	38	人の口に**ノボ**る。	取り出して示される	上
□	39	富士山に**ノボ**る。	高いところへ行く	登
□	40	空に日が**ノボ**る。	空中をうえの方へ動く	昇
□	41	煙突が煙を**ハ**く。	中のものを外へ出す	吐
□	42	家の前の道路を**ハ**く。	ほうきなどできれいにする	掃
□	43	新しい靴を**ハ**く。	はきものを足につける	履
□	44	友人と楽しく**ハナ**す。	言葉で伝える	話
□	45	牧場に馬を**ハナ**す。	束縛していたものを自由にする	放
□	46	ちょっと目を**ハナ**す。	くっついているものを分ける	離
□	47	朝**ハヤ**い時間に起きる。	時間的に前の方である	早
□	48	彼は足が**ハヤ**い。	すみやかである	速
□	49	耳に**ヤサ**しい歌声。	ゆったりとおだやかである	優
□	50	**ヤサ**しい問題から解く。	簡単である	易

読めるかな？ (1) 鮎 (2) 公魚 解答は次ページ

コラム　書き取りの選択問題──一目で判断

●漢字一字だけカナに

次に示すのは、問題とする漢字のみをカタカナで示し、選択肢もその漢字の部分のみカタカナで表示してあるものである。

問　雑誌のカン頭を飾る論文。

カン頭
① カン獄を舞台にしたドラマ。
② 喜びにカン声をあげる。
③ この作品が、出品作の中では圧カンだ。
④ カン静な住まい。
⑤ 空きカンを捨てる。
〔明治大学〕

「巻頭」→正解③（①監獄　②歓声　③圧巻　④閑静　⑤空き缶）

単語のうち一漢字のみがカタカナ書きで、単語としては半ば示されている。その漢字のみを知っているかどうかが問われている。同音の漢字をいくつ思い出せるだろうか。熟語全体をカタカナ書きするのに比べると、語彙力にかかる比重は小さいと思われる。

実際の用例の中で漢字を考えさせようという意図から、選択肢は単文で示されていることが多いが、単語のみの場合もある。

問　リン郭

ア　人リン　イ　年リン
ウ　君リン　エ　リン立
オ　リン接
〔早稲田大学〕

「輪郭」→正解イ（ア人倫　イ年輪　ウ君臨　エ林立　オ隣接）

単語のみで選択肢が作られていると、全体を一目で視野に入れて判断できるだろう。解答に要する時間はより短くてすむはずだ。

◆熟語丸ごと同音の選択肢

一目で判断できると言えば、熟語を丸ごと同音の選択肢で並べているタイプの問題もある。

問「人類は世界の多様性をショウヨウする。」

ア　逍遥　イ　賞用　ウ　招要
エ　従容　オ　称揚
〔青山学院大学〕

→正解オ

選択肢を頭の中で漢字に変換する必要がないので、即座に判断できる。ただし、選択肢には少し無理がある。「賞用」はあまりなじみがない語であるし、「招要」はそもそも単語として存在するかどうか怪しい。「従容」は読みを問われることの多い難読字である。

解答　(1) あゆ　(2) わかさぎ

付録

四字熟語を効果的に使用すると文章が締まります。また、大学入試でも単なる書き取りだけでなく、四字熟語の一部や意味を問われたり、文脈に当てはまるものを選ばせたりします。意味も併せて確実に覚えましょう。

共通テストの第２問・文学的な文章では、言葉の意味が問われるので、慣用句や和語をたくさん知っていると心強いでしょう。また、私立大学では文章題だけではなく単独で言葉の問題を出題するところもあるので、私立大学対策としても効果的です。

付録

四字熟語 1

□1 曖**マイ**模糊とした状態。
〔曖昧模糊〕・あいまいもこ
〔ぼんやりとはっきりしないようす〕

□2 悪**セン**苦闘して仕上げた。
〔悪戦苦闘〕・あくせんくとう
〔困難に打ち勝つために必死に努力すること〕

□3 悪口**ゾウ**言は慎もう。
〔悪口雑言〕・あっこうぞうごん
〔悪口やののしりの言葉〕

□4 解決策を暗中模**サク**する。
〔暗中模索〕・あんちゅうもさく
〔見通しのない状態であれこれ手探りでやってみること〕

□5 初対面で意気**トウ**合する。
〔意気投合〕・いきとうごう
〔気持ちがぴったり合うこと〕

□6 一意専**シン**に勉強する。
〔一意専心〕・いちいせんしん
〔ひとつのことにひたすら集中する〕

□7 一日千**シュウ**の思いで待つ。
〔一日千秋〕・いちじつせんしゅう（いちにちせんしゅう）
〔時間が長く感じられて非常に待ち遠しいこと〕

□8 悪党を一網打**ジン**にする。
〔一網打尽〕・いちもうだじん
〔悪人などを一度に全員捕らえること〕

□9 君と僕は一蓮托**ショウ**だ。
〔一蓮托生〕・いちれんたくしょう
〔良くも悪くも行動・運命をともにすること〕

□10 一騎当**セン**の強者《つわもの》である。
〔一騎当千〕・いっきとうせん
〔一人でせんにんの敵を相手に戦えるほど強いこと〕

□11 一触**ソク**発の状態にある。
〔一触即発〕・いっしょくそくはつ
〔ちょっとしたきっかけでおおごとになりそうな危険な状態〕

□12 一進一**タイ**の好ゲーム。
〔一進一退〕・いっしんいったい
〔進んだり後戻りしたり、良くなったり悪くなったりすること〕

□13 一石二チョウの妙案。（一石二鳥・いっせきにちょう）一つの行為で同時に二つの利益を得ること

□14 一知ハン解の知識を話す。（一知半解・いっちはんかい）少し知っているだけで物事を十分に理解していないこと

□15 一朝一セキには身につかぬ。（一朝一夕・いっちょういっせき）きわめて短い時間のこと

□16 どの候補も一チョウ一短だ。（一長一短・いっちょういったん）良いところも悪いところもあわせ持っていること

□17 ウ為転変は世の習い。（有為転変・ういてんぺん）世の中は移り変わって一定の状態にならないこと

□18 思わぬ事態にウ往左往する。（右往左往・うおうさおう）あわてふためいて混乱状態になること

□19 右顧サ眄して決まらない。（右顧左眄・うこさべん）周りを気にして決断しかねているようす

□20 紆余曲セツのすえ決定した。（紆余曲折・うよきょくせつ）事情が複雑に込み入って、いろいろ変わること

□21 彼の指摘はオカ目八目だ。（傍（岡）目八目・おかめはちもく）当事者よりも第三者の方が冷静に正しく判断できること

□22 温コ知新を信条とする。（温故知新・おんこちしん）昔のことを研究して新しい理解や知識を得ること

□23 外ジュウ内剛の人柄。（外柔内剛・がいじゅうないごう）外見はものやわらかだが、内面はしっかりして芯の強いこと

□24 彼女の働きは快刀乱マだ。（快刀乱麻・かいとうらんま）複雑に絡み合ってこじれたことを、手際よく処理すること

□25 臥薪嘗タンの日々を過ごす。（臥薪嘗胆・がしんしょうたん）目的を達成するために苦心し努力を重ねること

読めるかな？ (1) 蝙蝠 (2) 守宮 解答は次ページ

付録

四字熟語 2

□1 カッ靴掻痒のもどかしさ。
（隔靴掻痒・かっかそうよう）
物事の核心に触れられず、歯がゆいこと

□2 ガ竜点睛を欠いている。
（画竜点睛・がりょうてんせい（がりゅうてんせい））
物事の最後の重要な仕上げ

□3 うまく換コツ奪胎する。
（換骨奪胎・かんこつだったい）
既存の作品の形式や着想を利用して新しい作品を作ること

□4 カン善懲悪の小説を読む。
（勧善懲悪・かんぜんちょうあく）
善いことをすすめ悪行を懲らしめること

□5 危機一パツで助かった。
（危機一髪・ききいっぱつ）
ほんのわずかな差のところまで危機が迫ること

□6 危急ソン亡の秋《とき》を迎える。
（危急存亡・ききゅうそんぼう）
危機が迫って生き残るか滅びるかの瀬戸際であること

□7 起死カイ生の策を打つ。
（起死回生・きしかいせい）
絶望的な状況を好転させ立ち直らせること

□8 旗幟セン明に振る舞う。
（旗幟鮮明・きしせんめい）
立場や意見がはっきりしているようす

□9 喜色マン面の笑みを見せる。
（喜色満面・きしょくまんめん）
喜びが顔全体に表れているようす

□10 喜ド哀楽の激しい人。
（喜怒哀楽・きどあいらく）
喜び・いかり・悲しみ・楽しみなど人間のさまざまな感情

□11 旧態イ然とした官僚組織。
（旧態依然・きゅうたいいぜん）
昔のままで進歩や変化が見られないさま

□12 事件はキュウ転直下解決した。
（急転直下・きゅうてんちょっか）
事態がきゅうに変化して解決に向かうこと

解答 (1) こうもり (2) やもり

□13 行ジュウ坐臥教えを守る。
行住坐臥・ぎょうじゅうざが
常日頃・ふだん

□14 キョウ天動地の事件が起こる。
驚天動地・きょうてんどうち
世間をあっとおどろかせること

□15 空前ゼツ後の大ヒット商品。
空前絶後・くうぜんぜつご
過去にもこれからもないような珍しいこと

□16 群ユウ割拠の戦国時代。
群雄割拠・ぐんゆうかっきょ
多くの実力者が勢力を張り合って対抗すること

□17 軽キョ妄動を慎む。
軽挙妄動・けいきょもうどう
軽はずみな行動をすること

□18 その論は牽強フ会に過ぎる。
牽強付(附)会・けんきょうふかい
都合のいいように無理やり理屈をこじつけること

□19 乾坤イッ擲の大企画。
乾坤一擲・けんこんいってき
運命をかけてのるかそるかの大勝負をすること

□20 堅ニン不抜の覚悟を持つ。
堅忍不抜・けんにんふばつ
我慢強く堪えしのんで動揺しないこと

□21 コウ顔無恥の振る舞い。
厚顔無恥・こうがんむち
恥知らずでずうずうしいようす

□22 コウ言令色に惑わされない。
巧言令色・こうげんれいしょく
口先だけの優しい言葉や顔つきで人にこびへつらうこと。

□23 荒トウ無稽な小説を書く。
荒唐無稽・こうとうむけい
根拠がなく現実離れしてでたらめであるさま

□24 彼女は豪ホウ磊落な性格だ。
豪放磊落・ごうほうらいらく
度量が大きく、細かいことにこだわらないさま

□25 呉エツ同舟で仕事を進める。
呉越同舟・ごえつどうしゅう
仲の悪いもの同士が同席したり協力したりすること

読めるかな？ (1) 蟋蟀 (2) 蟷螂 解答は次ページ

付録

四字熟語 3

1	**コ**視眈眈と王座を狙う。	虎視眈眈	・こしたんたん	油断なく機会をうかがっているようす
2	**コ**色蒼然とした神社。	古色蒼然	・こしょくそうぜん	ふるめかしい趣のあるようす
3	**コッ**苦勉励の末に大成した。	刻苦勉励	・こっくべんれい	非常に苦労して学問や仕事に務め励むこと
4	真相は今なお五里**ム**中だ。	五里霧中	・ごりむちゅう	状況が把握できずどうしたらよいかわからないこと
5	光と色が渾**ゼン**一体となる。	渾然一体	・こんぜんいったい	さまざまなものが混じり合って区別がつかないさま
6	山紫**スイ**明の景勝地。	山紫水明	・さんしすいめい	自然の景色が美しく清らかなこと
7	宿題に四苦**ハッ**苦する。	四苦八苦	・しくはっく	事が思うように運ばず非常に苦しむこと
8	今回の失敗は自**ゴウ**自得だ。	自業自得	・じごうじとく	自分のした悪い行いの報いを自分が受けること
9	獅子**フン**迅の大活躍をする。	獅子奮迅	・ししふんじん	猛烈な勢いで活動するようす
10	七転八**トウ**の苦しみ。	七転八倒	・しちてんばっとう（しってんばっとう）	ひどい苦しみのためのたうち回ること
11	質実剛**ケン**の校風が誇りだ。	質実剛健	・しつじつごうけん	飾り気がなく、まじめでしっかりしていること
12	疾風迅**ライ**のごとき攻撃。	疾風迅雷	・しっぷうじんらい	事態の変化が急なさま・行動がすばやいさま

解答 (1) こおろぎ (2) かまきり

□13 自暴自**キ**な態度を叱られた。
自暴自棄・じぼうじき
やけを起こし投げやりになること

□14 四**メン**楚歌のつらい状況。
四面楚歌・しめんそか
周囲を敵に包囲されて孤立していること

□15 杓子**ジョウ**規に考える。
杓子定規・しゃくしじょうぎ
決まり切ったやり方で処理して融通のきかないこと

□16 詰問されて周章**ロウ**狽した。
周章狼狽・しゅうしょうろうばい
あわてふためくこと

□17 衆人**カン**視の中、脱出した。
衆人環視・しゅうじんかんし
多くの人が周りを取り囲んで見ていること

□18 秋**ソウ**烈日のごとき裁決。
秋霜烈日・しゅうそうれつじつ
刑罰や権威などが非常にきびしいこと

□19 自由奔**ポウ**に生きた人。
自由奔放・じゆうほんぽう
気兼ねなく思うままに振る舞うさま

□20 心**キ**一転して勉学に励む。
心機一転・しんきいってん
あることをきっかけに気持ちを良い方に切り替えること

□21 信**ショウ**必罰を徹底する。
信賞必罰・しんしょうひつばつ
功績のある者には褒美を与え、罪を犯した者は罰すること

□22 新進気**エイ**の映画監督。
新進気鋭・しんしんきえい
新しく登場して勢いの盛んな人

□23 チームの新**チン**代謝を図る。
新陳代謝・しんちんたいしゃ
古いものが去り、代わって新しいものが現れること

□24 **シン**謀遠慮をかさねる。
深謀遠慮・しんぼうえんりょ
将来のことまで見通してふかく思慮を巡らすこと

□25 **セイ**廉潔白な候補者を選ぶ。
清廉潔白・せいれんけっぱく
心がきよらかで私欲のないこと

読めるかな？ (1) 杜若 (2) 紫陽花 解答は次ページ

付録

四字熟語 4

- □ 1 仲間と切磋琢**マ**する。 〈切磋琢磨・せっさたくま〉 仲間同士が競い合って向上しようとすること・学問や修養に励みに励むこと
- □ 2 出し抜かれて切**シ**扼腕する。 〈切歯扼腕・せっしやくわん〉 はぎしりをし腕を握りしめること・非常に悔しがるさま
- □ 3 **セン**学非才を顧みず努める。 〈浅学非才・せんがくひさい〉 学問が未熟で才能が乏しいこと（自分を謙遜していう表現）
- □ 4 千**ザイ**一遇の大チャンス。 〈千載一遇・せんざいいちぐう〉 千年に一度しか巡り合えないほどまれな、絶好の機会
- □ 5 彼は大器**バン**成型である。 〈大器晩成・たいきばんせい〉 大人物は才能の現れは遅いが後に大成すること
- □ 6 泰然自**ジャク**と難局に対する。 〈泰然自若・たいぜんじじゃく〉 ゆったりと落ち着いて物事に動じないさま
- □ 7 大**タン**不敵な行動をする。 〈大胆不敵・だいたんふてき〉 度胸があって敵や物事を恐れないようす
- □ 8 選択肢が多く多**キ**亡羊とする。 〈多岐亡羊・たきぼうよう〉 方針が多くあってどれを選べばよいのか迷うこと
- □ 9 直**ジョウ**径行で妥協を嫌う。 〈直情径行・ちょくじょうけいこう〉 周囲を気にせず自分の思ったとおりに行動すること
- □ 10 適**ザイ**適所に人員を配置する。 〈適材適所・てきざいてきしょ〉 その人の才能にふさわしい地位や仕事につけること
- □ 11 徹**トウ**徹尾主張を曲げない。 〈徹頭徹尾・てっとうてつび〉 初めから終わりまで考えを変えないようす
- □ 12 同工異**キョク**の作品である。 〈同工異曲・どうこういきょく〉 見かけは違っているが中身はだいたい同じであること

解答 ⑴ かきつばた ⑵ あじさい

□ 13 馬ジ東風と聞き流す。
〔馬耳東風〕 ・ばじとうふう
〔人の意見や批評を気にせず聞き流すこと〕

□ 14 波瀾バン丈の生涯であった。
〔波瀾万丈〕 ・はらんばんじょう
〔物事の展開が多様で変化に富んでいること〕

□ 15 半信半ギで話を聞く。
〔半信半疑〕 ・はんしんはんぎ
〔半ば信じ半ばうたがうこと〕

□ 16 不倶戴テンの敵を倒す。
〔不倶戴天〕 ・ふぐたいてん
〔命を懸けて倒さねばならないほどの深い憎しみがあること〕

□ 17 不ソク不離の関係にある。
〔不即不離〕 ・ふそくふり
〔つかず離れず適度な距離を保っていること〕

□ 18 不ヘン不党の立場に立つ。
〔不偏不党〕 ・ふへんふとう
〔かたよりなく公平中立であること〕

□ 19 家族のためフン骨砕身する。
〔粉骨砕身〕 ・ふんこつさいしん
〔骨身を削って力の限り努力すること〕

□ 20 面従腹ハイの態度をとる。
〔面従腹背〕 ・めんじゅうふくはい
〔表面は従うように見せかけて内心は逆らっていること〕

□ 21 孟ボ三遷の教えを守る。
〔孟母三遷〕 ・もうぼさんせん
〔子供の教育には環境が大切であることのたとえ〕

□ 22 この広告はヨウ頭狗肉だ。
〔羊頭狗肉〕 ・ようとうくにく
〔見かけは立派だが中身が伴わないこと〕

□ 23 理非キョク直を明確にする。
〔理非曲直〕 ・りひきょくちょく
〔道理にかなった正しいことと間違ったこと〕

□ 24 彼の計画は竜頭ダ尾だ。
〔竜頭蛇尾〕 ・りゅうとうだび（りょうとうだび）
〔初めは勢いが盛んだが終わりが振るわないこと〕

□ 25 和魂洋サイで国造りをする。
〔和魂洋才〕 ・わこんようさい
〔日本的精神と西洋の学問の両方を身につけていること〕

読めるかな？ (1) 銀杏 (2) 百日紅 解答は次ページ

付録

四字熟語 5

1	負けて意気ショウチンした。	意気消沈	いきしょうちん	元気がなくしょげているようす
2	意気ヨウヨウとひきあげる。	意気揚揚	いきようよう	得意で元気いっぱいのようす
3	イク同音に反対した。	異口同音	いくどうおん	複数の人がくちをそろえて同じことを言うこと
4	以心デンシンで通じ合う。	以心伝心	いしんでんしん	言葉によらずお互いの気持ちが通じ合うこと
5	一期イチエの不思議な縁。	一期一会	いちごいちえ	いっしょうにいちどあるかどうかの不思議なきかい
6	一念ホッキして資格を取る。	一念発起	いちねんほっき	あることを成し遂げようと決心すること
7	優劣の差はイチモク瞭然だ。	一目瞭然	いちもくりょうぜん	ひとめではっきりとわかるさま
8	試験の結果にイッキ一憂する。	一喜一憂	いっきいちゆう	状況が変化するたびによろこんだり心配したりすること
9	夫婦は一心ドウタイだ。	一心同体	いっしんどうたい	心もからだも一つのような強い結びつき
10	イットウ両断で解決する。	一刀両断	いっとうりょうだん	思い切って明快に処理すること
11	イフウ堂堂と入場する。	威風堂堂	いふうどうどう	いげんがあって堂々としたようす
12	意味シンチョウな発言。	意味深長	いみしんちょう	言外にふかい意味が潜んでいるようす

解答 (1) いちょう（ぎんなん） (2) さるすべり

□ 13 因果**オウホウ**の死生観。

□ 14 **ブレイ**な対応は不愉快だ。慇懃

□ 15 当分は隠忍**ジチョウ**する。

□ 16 懸念は雲散**ムショウ**した。

□ 17 ローマ帝国の**エイコ**盛衰。

□ 18 **カチョウ**風月を愛《め》でる。

□ 19 我田**インスイ**の主張をする。

□ 20 汗牛**ジュウトウ**の蔵書数。

□ 21 完全**ムケツ**な法律はない。

□ 22 **キショウ**転結を整える。

□ 23 裏切りで**ギシン**暗鬼になる。

□ 24 奇想**テンガイ**な考え。

□ 25 逆転勝利に狂喜**ランブ**する。

- 因果応報 ・いんがおうほう 善行悪行のむくいは必ずやって来るということ
- 慇懃無礼 ・いんぎんぶれい 表面はれいぎ正しく丁寧だが、内面では尊大であること
- 隠忍自重 ・いんにんじちょう じっと我慢して軽はずみな行動をしないこと
- 雲散霧消 ・うんさんむしょう 跡形もなくきえ去ってしまうこと
- 栄枯盛衰 ・えいこせいすい さかえることと衰えること
- 花鳥風月 ・かちょうふうげつ 自然の美しい風物のこと
- 我田引水 ・がでんいんすい 自分に都合の良いように物事を進めること
- 汗牛充棟 ・かんぎゅうじゅうとう 蔵書数が非常に多いことのたとえ
- 完全無欠 ・かんぜんむけつ かけたところが全くなく完全であるさま
- 起承転結 ・きしょうてんけつ 物事の順序や組み立て
- 疑心暗鬼 ・ぎしんあんき うたがい出すと何でもないことまで不安に恐ろしく感じること
- 奇想天外 ・きそうてんがい 普通では思いつかないほど変わっているさま
- 狂喜乱舞 ・きょうきらんぶ 非常に喜んで体全体であらわすようす

読めるかな？ (1) 蒲公英 (2) 土筆 解答は次ページ

付録

四字熟語 6

1 興味シンシンで見つめる。
2 虚虚ジツジツのかけひき。
3 曲学アセイの徒を排除する。
4 企画案はギョクセキ混交だ。
5 忠告を虚心タンカイに聞く。
6 遺訓をキンカ玉条とする。
7 吉報に欣喜ジャクヤクする。
8 謹厳ジッチョクな働き。
9 軽佻フハクな番組は見ない。
10 捲土チョウライを期す。
11 権謀ジュッスウが渦巻く王宮。
12 コウメイ正大な選挙。

〔興味津津〕・きょうみしんしん　後から後から興味がわいてきて尽きないさま

〔虚虚実実〕・きょきょじつじつ　あらゆる策略を尽くして相手のすきをついて戦うこと

〔曲学阿世〕・きょくがくあせい　真理をまげて権力やせけんが気に入るような言動をとること

〔玉石混交〕・ぎょくせきこんこう　善いものと悪いものが混じっている状態

〔虚心坦懐〕・きょしんたんかい　わだかまりがなくさっぱりしているようす

〔金科玉条〕・きんかぎょくじょう　大切に守るべき規則や信条

〔欣喜雀躍〕・きんきじゃくやく　こおどりして歓喜すること

〔謹厳実直〕・きんげんじっちょく　慎み深くまじめなようす

〔軽佻浮薄〕・けいちょうふはく　軽々しく浅はかであるさま

〔捲土重来〕・けんどちょうらい（けんどじゅうらい）　一度失敗した者が再び盛り返すこと

〔権謀術数〕・けんぼうじゅっすう　巧みに人を欺くはかりごと

〔公明正大〕・こうめいせいだい　こうへいで少しも私心のないさま

解答　(1) たんぽぽ　(2) つくし

□13 孤軍フントウの大活躍。
（孤軍奮闘・こぐんふんとう）
助けもなく一人で懸命に努力すること

□14 孤立ムエンの育児はつらい。
（孤立無援・こりつむえん）
たった一人で周囲からの助けがないようす

□15 ゴンゴ道断のふるまい。
（言語道断・ごんごどうだん）
ことばで表現できないようなもってのほかのこと

□16 斎戒モクヨクして式に臨む。
（斎戒沐浴・さいかいもくよく）
食べるものや行いを慎み、体を洗い身を清めること

□17 サイショク兼備の女性。
（才色兼備・さいしょくけんび）
女性が能力と美貌を兼ね備えていること

□18 できばえを自画ジサンする。
（自画自賛・じがじさん）
じぶんでじぶんをほめること

□19 主張がジカ撞着に陥る。
（自家撞着・じかどうちゃく）
同じ人の言動のつじつまが合わないこと

□20 シコウ錯誤して改良する。
（試行錯誤・しこうさくご）
いろいろとこころみて失敗を重ねながら進歩していくこと

□21 嘘《うそ》からジジョウ自縛に陥る。
（自縄自縛・じじょうじばく）
じぶんの言動でじぶんじしんの身動きがとれなくなること

□22 ジュウオウ無尽に活躍する。
（縦横無尽・じゅうおうむじん）
思う存分じゆうじざいに物事を行うようす

□23 データをシュシャ選択する。
（取捨選択・しゅしゃせんたく）
良いものを選びとり悪いものをすてること

□24 シュビ一貫した主張である。
（首尾一貫・しゅびいっかん）
初めから終わりまで態度や方針が変わらないこと

□25 子供のジュンシン無垢な瞳。
（純真無垢・じゅんしんむく）
心に汚れがなく清らかなさま

読めるかな？ (1) 南瓜 (2) 胡瓜 解答は次ページ

付録

四字熟語 7

□1 ジュンプウ満帆な学生生活。
（順風満帆）・じゅんぷうまんぱん
物事がとどこおりなく進むようす

□2 敵が怖いとはショウシ千万。
（笑止千万）・しょうしせんばん
言動が愚かで話にならないこと

□3 正真ショウメイの黒真珠。
（正真正銘）・しょうしんしょうめい
間違いなく本物であること

□4 ショウ末節にこだわる。
（枝葉末節）・しようまっせつ
本筋からはずれた取るに足りないこと

□5 シリ滅裂な文章を修正する。
（支離滅裂）・しりめつれつ
ばらばらでまとまりのないさま

□6 シリョ分別のある大人。
（思慮分別）・しりょふんべつ
注意深く考え判断力のあること

□7 シンシュツ鬼没のどろぼう。
（神出鬼没）・しんしゅつきぼつ
自由自在に現れたり隠れたりして所在がつかめないこと

□8 シンショウ棒大に話す。
（針小棒大）・しんしょうぼうだい
物事を大げさに言うこと

□9 神は森羅バンショウに宿る。
（森羅万象）・しんらばんしょう
宇宙に存在するすべてのもの

□10 スイセイ夢死の一生。
（酔生夢死）・すいせいむし
これといった価値のあることをせずいっしょうを終わること

□11 セイコウ雨読の生活をする。
（晴耕雨読）・せいこううどく
自由な境遇の気ままな生活

□12 生殺ヨダツの権を握る。
（生殺与奪）・せいさつよだつ
相手を自分の思い通りにすること

解答 (1) かぼちゃ (2) きゅうり

- □ 13 **ゼッタイ**絶命の大ピンチ。 （絶体絶命） ・ぜったいぜつめい （逃れようのないほどの危機にあること）
- □ 14 人の好みは**センサ**万別だ。 （千差万別） ・せんさばんべつ （さまざまなものがそれぞれ違っていること）
- □ 15 前代**ミモン**の出来事だ。 （前代未聞） ・ぜんだいみもん （今までにきいたこともないような珍しいことや大変な出来事）
- □ 16 景色が千変**バンカ**する。 （千変万化） ・せんぺんばんか （さまざまにへんかすること）
- □ 17 大義**メイブン**が立たない。 （大義名分） ・たいぎめいぶん （行動の根拠となるもっともな道理・理由づけ）
- □ 18 「優勝する」と大言**ソウゴ**する。 （大言壮語） ・たいげんそうご （できもしない大きなことを大いばりで言うこと）
- □ 19 二人の説は**ダイドウ**小異だ。 （大同小異） ・だいどうしょうい （細かい点は異なるが全体的にはほぼおなじこと）
- □ 20 暖衣**ホウショク**に慣れる。 （暖衣飽食） ・だんいほうしょく （何不自由なく安楽に暮らすこと）
- □ 21 **タントウ**直入に尋ねる。 （単刀直入） ・たんとうちょくにゅう （遠回しに言わずにいきなり話の本題に入ること）
- □ 22 方針が朝令**ボカイ**である。 （朝令暮改） ・ちょうれいぼかい （命令や方針が頻繁に変わって一定しないこと）
- □ 23 しばし**チンシ**黙考する。 （沈思黙考） ・ちんしもっこう （言葉を発することなく黙って考え込むこと）
- □ 24 **テンイ**無縫の傑作だ。 （天衣無縫） ・てんいむほう （技巧のあとがなく自然で美しいこと）
- □ 25 電光**セッカ**の早業である。 （電光石火） ・でんこうせっか （動作がきわめて素早いさま）

読めるかな？ (1) 牛蒡　(2) 玉蜀黍　解答は次ページ

付録

四字熟語 8

□1 妹はテンシン爛漫な性格だ。

□2 テンペン地異に見舞われる。

□3 当意ソクミョウの受け答え。

□4 仕事で東奔セイソウする。

□5 内憂ガイカンに悩まされる。

□6 難攻フラクと言われる山城。

□7 ニソク三文で本を売る。

□8 技術はニッシン月歩である。

□9 二律ハイハンに苦しむ。

□10 吉報にハガン一笑した。

□11 漱石《そうせき》は博覧キョウキの人だ。

□12 ビジ麗句をつらねる。

1. 天真爛漫・てんしんらんまん　飾り気がなく無邪気であるさま
2. 天変地異・てんぺんちい　自然界に起こるいへん
3. 当意即妙・とういそくみょう　その場の状況に応じてうまく機転をきかすさま
4. 東奔西走・とうほんせいそう　ある目的のためあちこち忙しく駆け回ること
5. 内憂外患・ないゆうがいかん　うちにもそとにも心配事があること
6. 難攻不落・なんこうふらく　攻めにくくなかなか思い通りにならないこと
7. 二束(足)三文・にそくさんもん　値段が非常に安いことのたとえ
8. 日進月歩・にっしんげっぽ　絶え間なくしんぽしていること
9. 二律背反・にりつはいはん　正しい二つの命題が互いにくいちがうこと
10. 破顔一笑・はがんいっしょう　かおをほころばせてにっこり笑うこと
11. 博覧強記・はくらんきょうき　広く書物を読みいろいろなことを知っていること
12. 美辞麗句・びじれいく　うわべだけうつくしく飾り立てた中身のない言葉

解答　(1) ごぼう　(2) とうもろこし

□13 世の乱れにヒフン慷慨する。
悲憤慷慨 ・ひふんこうがい
世の中や運命に対してかなしみいきどおること

□14 眉目シュウレイな若者。
眉目秀麗 ・びもくしゅうれい
男性の顔立ちが美しいこと

□15 権威にフワ雷同する。
付(附)和雷同 ・ふわらいどう
自分の意見をもたずむやみに他人の説に同調すること

□16 平身テイトウして謝る。
平身低頭 ・へいしんていとう
ひたすらあたまを下げてわびること

□17 傍若ブジンな態度をとる。
傍若無人 ・ぼうじゃくぶじん
周囲を気にせず勝手気ままに振る舞うさま

□18 ムミ乾燥な物語を読む。
無味乾燥 ・むみかんそう
内容が乏しくおもしろみのないさま

□19 メイキョウ止水で過ごす。
明鏡止水 ・めいきょうしすい
邪念がなく静かに澄み切った心境

□20 主将のメンボク躍如たる活躍。
面目躍如 ・めんぼくやくじょ（めんもくやくじょ）
いかにもその人にふさわしく立派であること

□21 優柔フダンな態度はいやだ。
優柔不断 ・ゆうじゅうふだん
ぐずぐずしてなかなか決められないさま

□22 権威は有名ムジツと化した。
有名無実 ・ゆうめいむじつ
名前ばかりで中身の伴わないこと

□23 用意シュウトウな計画。
用意周到 ・よういしゅうとう
十分に用意が整っているようす

□24 派閥の離合シュウサン。
離合集散 ・りごうしゅうさん
はなれたりあつまったりすること

□25 リンキ応変な処置。
臨機応変 ・りんきおうへん
状況に応じて適切な処置をとること

読めるかな？ (1) 大蒜 (2) 葱 解答は次ページ

付録

慣用句・和語 1

□	1 あたかも	まるで
□	2 ありてい	ありのまま
□	3 居心地《いごこち》が悪《わる》い	その場にいてよい気分がせず決まりが悪い
□	4 いたいけな	幼くてかわいらしい
□	5 徒《いたずら》に	むだに
□	6 一矢《いっし》を報《むく》いる	相手の攻撃に対して少しでも反撃する
□	7 いやしくも	かりにも・かりそめにも
□	8 言《い》わずもがな	言わないほうがよい・言うまでもない
□	9 言《い》わぬが花《はな》	はっきり言わないほうがよい
□	10 烏合《うごう》の衆《しゅう》	規律のない寄せ集めの群衆
□	11 うそぶく	えらそうに大きなことを言う・とぼける
□	12 うつつを抜《ぬ》かす	心を奪われて夢中になる
□	13 鵜呑《うの》み	よく考えもせずそのまま受け入れる
□	14 馬《うま》が合《あ》う	気が合う・意気投合する
□	15 うわの空《そら》	他のことに心を奪われて注意が向かないようす
□	16 得体《えたい》の知《し》れない	本当の姿がわからない
□	17 えてして	どうかすると
□	18 絵《え》に描《か》いた餅《もち》	役に立たないこと
□	19 往々《おうおう》にして	しばしば
□	20 臆《おく》する	気おくれしておどおどする
□	21 臆面《おくめん》もない	遠慮するようすがない
□	22 おしなべて	すべて同様に
□	23 尾《お》ひれがつく	事実ではないこともいろいろ付いて話が大げさになる
□	24 覚束《おぼつか》ない	疑わしい・はっきりしない

解答 (1) にんにく (2) ねぎ

□ 25 おもむろに
□ 26 およそ
□ 27 かけがえのない
□ 28 固唾《かたず》を呑《の》む
□ 29 かまける
□ 30 歓心《かんしん》を買《か》う
□ 31 間髪《かんはつ》を容《い》れず
□ 32 気《き》が置《お》けない
□ 33 机上《きじょう》の空論《くうろん》
□ 34 木《き》に竹《たけ》を接《つ》ぐ
□ 35 肝《きも》に銘《めい》じる
□ 36 琴線《きんせん》に触《ふ》れる
□ 37 口八丁手八丁《くちはっちょうてはっちょう》

しずかにゆっくりと
おおざっぱに・一般に・（否定表現を伴って）全く
非常に大切な
緊張して事のなりゆきを見守る
一つにかかわって他がおろそかになる
相手に気に入られるよう努める
少しも間をおかず・即座に
気詰まりでない・気遣いをしなくてよい
実際には役立たない意見
不調和で筋道が通らない
深く心に刻みつけて忘れない
よいものやすばらしいものに触れて感動する
言うこともすることも達者なようす

□ 38 口《くち》を濁《にご》す
□ 39 首《くび》を横《よこ》に振《ふ》る
□ 40 警鐘《けいしょう》を鳴《な》らす
□ 41 逆鱗《げきりん》に触《ふ》れる
□ 42 下駄《げた》をはかせる
□ 43 後塵《こうじん》を拝《はい》する
□ 44 さかしらな
□ 45 さじを投《な》げる
□ 46 敷居《しきい》が高《たか》い
□ 47 したり顔《がお》
□ 48 鎬《しのぎ》を削《けず》る
□ 49 性懲《しょうこ》りもない
□ 50 食指《しょくし》が動《うご》く

はっきりせずあいまいに言う
承知しない・賛成しない
広く社会に警告をする
目上の人を激しく怒らせる
実際よりも高くまたはよく見せる
おくれを取る
利口ぶった
物事の改善の見込みや手立てがないとあきらめる
不義理があってその人の家に行きにくい
得意げな顔つき
はげしく争う
何度こらしめられてもこりない
何かをしたいという気持ちが起こる

読めるかな？ (1) 斑鳩 (2) 石見 解答は次ページ

付録 慣用句・和語 2

	慣用句・和語	意味
□ 1	人口《じんこう》に膾炙《かいしゃ》する	広く世の人に知られもてはやされる
□ 2	進退《しんたい》きわまる	どうしたらよいか困り果てる
□ 3	立《た》て板《いた》に水《みず》	すらすらとよどみのないようす
□ 4	棚《たな》から牡丹餅《ぼたもち》	思いがけない幸運に出会うこと
□ 5	竹馬《ちくば》の友《とも》	幼いころからの友
□ 6	つまびらか	細かいところまで明白なさま
□ 7	手塩《てしお》にかける	自ら面倒を見て大事に育てる
□ 8	鉄《てつ》は熱《あつ》いうちに打《う》て	純粋な若いうちに鍛えるべきだ・何事も時機を逃してはいけない
□ 9	頭角《とうかく》を現《あらわ》す	学識才能がより目立ってすぐれる
□ 10	取《と》りつくしまもない	とげとげしく受け入れる態度が見られない
□ 11	なかんずく	とりわけ・特に
□ 12	習《なら》い性《せい》となる	習慣がついに生まれつきの性質のようになる
□ 13	錦《にしき》を飾《かざ》る	立派に事を成し遂げて故郷に帰る
□ 14	にべもない	愛想が全くない
□ 15	抜《ぬ》き差《さ》しならない	どうにもならない
□ 16	猫《ねこ》も杓子《しゃくし》も	何もかも誰も彼もみんな
□ 17	寝耳《ねみみ》に水《みず》	思いがけないことが起こりひどく驚くこと
□ 18	歯《は》が浮《う》く	軽薄な言動を見たり聞いたりして不快になる
□ 19	歯《は》が立《た》たない	相手が強すぎてとてもかなわない
□ 20	馬脚《ばきゃく》を露《あらわ》す	隠していた正体が明るみに出てしまう
□ 21	はたして	本当に・思ったとおり
□ 22	鼻《はな》にかける	自慢する
□ 23	歯《は》に衣《きぬ》着《き》せぬ	遠慮せずに思っていることを率直に言う
□ 24	火《ひ》に油《あぶら》を注《そそ》ぐ	勢いの盛んなものにさらに勢いを加えること

解答 (1) いかるが (2) いわみ

25 百害《ひゃくがい》あって一利《いちり》なし
害になる悪いことばかりがあって利益が少しもないこと

26 顰蹙《ひんしゅく》を買《か》う
軽蔑されて嫌われる

27 腑《ふ》に落《お》ちない
納得できない

28 ほぞをかむ
後悔する・後悔しても及ばない

29 馬子《まご》にも衣裳《いしょう》
誰でも外見を飾れば立派に見えること

30 まどろむ
うとうと眠る

31 的《まと》を射《い》る
ポイントをついている

32 まなじりを決《けっ》する
目を見開く・怒りや決意のときのさま

33 ままある
時として起きる

34 水《みず》と油《あぶら》
反発し合って混じり合わないもののこと

35 水《みず》に流《なが》す
過去のことはなかったことにする

36 身《み》も蓋《ふた》もない
あからさまで含みも味わいもない

37 虫《むし》が好《す》かない
何となく好感が持てず気にくわない

38 むっつり
口数が少なく無愛想なさま

39 名状《めいじょう》しがたい
言葉では言い表せない

40 目《め》がない
度を超えて好きである

41 目《め》から鱗《うろこ》が落《お》ちる
今までわからなかったことが突然わかるようになる

42 元《もと》も子《こ》もない
全て失って何もかもない

43 諸刃《もろは》の剣《つるぎ》
役に立つと同時に危険でもあるもの

44 紋切《もんき》り型《がた》
型通りのやり方

45 やぶさかでない
快くおこないたい

46 やぶへび
よけいなことをしてかえって災いを招くこと

47 ややもすると
どうかすると・とかく

48 余儀《よぎ》ない
やむを得ない

49 埒《らち》が明《あ》かない
物事が進まない・決まりがつかない

50 渡《わた》りに船《ふね》
困っているときに好都合な条件が与えられること

読めるかな？ (1) 朝臣 (2) 上達部 解答は次ページ

索引

上は頁数
下は問題番号

解答　(1) あそん　(2) かんだちべ（かんだちめ）

き

く

さ

す

せ

ひ

初　版第1刷発行　2008年11月 1 日
初　版第8刷発行　2010年 4 月20日
第2版第1刷発行　2011年 2 月 1 日
第2版第2刷発行　2012年 2 月 1 日
改訂版 第3版第1刷発行　2012年10月 1 日
改訂版 第3版第7刷発行　2015年10月 1 日
改訂版 第4版第1刷発行　2016年 2 月 1 日
改訂版 第4版第2刷発行　2017年 1 月 1 日
三訂版 初　版第1刷発行　2017年 8 月10日
三訂版 初　版第6刷発行　2021年 1 月10日
四訂版 初　版第1刷発行　2021年10月10日

3ランク方式　基礎からのマスター

大学入試漢字 TOP 2000 四訂版

著　　者｜谷本 文男
発 行 者｜前田 道彦
発 行 所｜株式会社 いいずな書店
〒110-0016
東京都台東区台東1-32-8　清鷹ビル4F
TEL 03-5826-4370
振替 00150-4-281286
ホームページ　https://www.iizuna-shoten.com
印刷・製本｜株式会社 ウイル・コーポレーション

◆ 装丁／BLANC design inc. 阿部ヒロシ
◆ 本文デザイン・組版／株式会社明昌堂

ISBN978-4-86460-602-8 C7081

※本書では「書き取り」問題として扱ったものもあります。一つの漢字に、ある大学が複数表示されているのは、過去に複数出題されたことを示します。

番号	漢字	読み	大学
			東京経済大学、愛知大学、岐阜大学、成城大学
8	浸す	おか	防衛大学校、山梨大学、愛知教育大学、愛知教育大学、高知大学、聖心女子大学、甲南大学、弘前大学、富山大学、学習院女子大学、山口大学
9	絡める	から	埼玉大学、白百合女子大学、名古屋大学、山形大学、埼玉大学、防衛大学校、白百合女子大学、東京経済大学、同志社女子大学、宇都宮大学
10	潜む	ひそ	獨協大学、琉球大学、埼玉大学、大妻女子大学、弘前大学、長崎大学、立教大学、高知工科大学、愛知大学、長崎大学
11	携わる	たずさ	札幌大学、日本大学、弘前大学、関西学院大学、名古屋大学、弘前大学、防衛大学校、玉川大学、京都女子大学、千葉大学
12	恣意	しい	成城大学、南山大学、千葉大学、成城大学、釧路公立大学、亜細亜大学、東京経済大学、福井県立大学、明治大学、関西学院大学
13	糧	かて	富山大学、高知大学、高知大学、山形大学、埼玉大学、信州大学、防衛大学校、琉球大学、釧路公立大学、信州大学
14	赴く	おもむ	高知大学、成城大学、青山学院大学、名古屋大学、防衛大学校、千葉大学、玉川大学、香川大学、清泉女子大学、関西学院大学
15	辿る	たど	琉球大学、防衛大学校、北海学園大学、関西学院大学、釧路公立大学、成城大学、弘前大学、関西学院大学、東京経済大学、福岡女子大学、和洋女子大学
16	厄介	やっかい	成城大学、香川大学、中央大学、大阪府立大学、琉球大学、高崎経済大学、立教大学、成城大学
17	遂行	すいこう	神奈川大学、信州大学、獨協大学、東京経済大学、東京経済大学、甲南大学、滋賀県立大学、中央大学、津田塾大学
18	紡ぐ	つむ	愛媛大学、京都教育大学、名古屋大学、大分大学、埼玉大学、中央大学、防衛大学校、静岡文化芸術大学、名古屋大学
19	倣う	なら	名古屋市立大学、熊本県立大学、大阪府立大学、神奈川大学、防衛大学校、立教大学、聖心女子大学、北海学園大学、福井県立大学
20	免れる	まぬか	岐阜大学、愛媛大学、佛教大学、熊本県立大学、青森公立大学、玉川大学、防衛大学校、香川大学、神戸女学院大学
21	否応	いやおう	岐阜大学、青山学院大学、熊本県立大学、立命館大学、静岡文化芸術大学、釧路公立大学、関西学院大学、釧路公立大学、東京経済大学
22	混沌 渾沌	こんとん	愛知大学、千葉大学、札幌学院大学、佛教大学、西南学院大学、東京経済大学、愛知教育大学、成城大学、関西学院大学
23	乖離	かいり	東京学芸大学、法政大学、佛教大学、千葉大学、法政大学、成城大学、防衛大学校、神奈川大学、関西学院大学
24	溢れる	あふ	札幌大学、日本大学、獨協大学、都留文科大学、甲南大学、愛知教育大学、東京経済大学、関西学院大学、防衛大学校
25	晒す 曝す	さら	津田塾大学、高崎経済大学、防衛大学校、西南学院大学、岐阜大学、琉球大学、立教大学、関西学院大学、弘前大学
26	歪曲	わいきょく	立命館大学、成城大学、玉川大学、法政大学、早稲田大学、愛知大学、東京学芸大学、佛教大学、津田塾大学
27	齟齬	そご	立教大学、佛教大学、福岡女子大学、津田塾大学、尾道大学、防衛大学校、立命館大学、東北福祉大学、尾道市立大学
28	享受	きょうじゅ	札幌大学、防衛大学校、高崎経済大学、白百合女子大学、京都女子大学、信州大学、愛媛大学、福井県立大学
29	流布	るふ	広島修道大学、日本大学、学習院女子大学、関西学院大学、信州大学、奈良教育大学、千葉大学、学習院大学
30	凝らす	こ	防衛大学校、白百合女子大学、玉川大学、宇都宮大学、聖心女子大学、関西学院大学、愛知大学、関西学院大学
31	払拭	ふっしょく	学習院大学、立命館大学、東京学芸大学、成城大学、立命館大学、静岡文化芸術大学、千葉大学、早稲田大学
32	精緻	せいち	琉球大学、京都教育大学、静岡文化芸術大学、甲南大学、岐阜大学、大分大学、同志社女子大学、北海学園大学
33	素人	しろうと	清泉女子大学、甲南大学、山形大学、弘前大学、聖心女子大学、中京大学、埼玉大学
34	被る 蒙る	こうむ	埼玉大学、成城大学、甲南大学、青山学院大学、東京経済大学、福岡女子大学、奈良教育大学
35	造詣	ぞうけい	東京経済大学、立命館大学、南山大学、学習院大学、釧路公立大学、関西学院大学、埼玉大学
36	暫く	しばら	関西学院大学、立教大学、香川大学、南山大学、防衛大学校、琉球大学、熊本県立大学
37	敷衍	ふえん	法政大学、西南学院大学、成城大学、防衛大学校、関西学院大学、静岡文化芸術大学、成蹊大学
38	些末 瑣末	さまつ	岩手大学、北海学園大学、熊本県立大学、南山大学、北海学園大学、関西学院大学、東京経済大学
39	拮抗	きっこう	都留文科大学、東洋英和女学院大学、名古屋大学、岐阜大学、福岡女子大学、香川大学、昭和女子大学
40	膨大	ぼうだい	岩手大学、中央大学、埼玉大学、千葉大学、東京経済大学、千葉大学
41	駆逐	くちく	昭和女子大学、國學院大學、同志社女子大学、信州大学、神奈川大学、京都女子大学
42	培う	つちか	愛媛大学、千葉大学、青森公立大学、立命館大学、福岡教育大学、京都女子大学
43	隔たり	へだ	津田塾大学、青森公立大学、札幌学院大学、大妻女子大学、岐阜大学、香川大学
44	促す	うなが	高知大学、東京学芸大学、山口大学、釧路公立大学、名古屋大学、白百合女子大学
45	痕跡	こんせき	立命館大学、名古屋市立大学、北海学園大学、名古屋大学、長崎大学、福岡女子大学
46	顧みる	かえり	京都教育大学、埼玉大学、九州産業大学、高崎経済大学、高崎経済大学、熊本県立大学
47	翻る	ひるがえ	津田塾大学、埼玉大学、関西学院大学、岐阜大学、愛知教育大学、亜細亜大学
48	操る	あやつ	愛媛大学、東北大学、青山学院大学、高知大学、名古屋大学、甲南大学
49	翻弄	ほんろう	香川大学、玉川大学、防衛大学校、愛知教育大学、愛知教育大学、千葉大学
50	遵守 順守	じゅんしゅ	青山学院大学、東北福祉大学、埼玉大学、熊本県立大学、同志社女子大学、関西学院大学